社会的つながりの
弱い人々への
ソーシャルワーク

J. パーカー・S. A. クラブトゥリー　著

熊谷忠和・植田 嘉好子　訳

晃洋書房

SOCIAL WORK WITH DISADVANTAGED AND MARGINALISED PEOPLE

by

Jonathan Parker & Sara Ashencaen Crabtree

Copyright © 2018 by Jonathan Parker & Sara Ashencaen Crabtree

米国，英国，およびニューデリーにおける原書の出版者としての権利者を明示し
本翻訳は権利者との契約に基づき出版されたものである．

Japanese translation published by arrangement with SAGE Publications Ltd.

through The English Agency (Japan) Ltd.

i

目　次

日本語版にむけて

献　辞

序　文

謝　辞

序　論

凡　例

Case Study（事例研究）一覧

パートⅠ：社会的不利と周縁化の理解

第1章　概念の理解 …………………………………………………… 3

第2章　社会的不利と周縁におかれた人々とは誰か ………………… 29

第3章　過　程 ………………………………………………………… 62
　　　　──人々はどのように周縁化され社会的不利におかれていくのか──

第4章　影　響 ………………………………………………………… 88
　　　　──社会的不利と周縁化はどのように経験されるのか──

パートⅡ：知識と技能

第5章　事実上そして解釈的な知識 …………………………………… 113

第6章　技　能 ………………………………………………………… 136

ii

第7章　専門的知識と技能 ……………………………………………… 161

パートⅢ：倫理的にそして省察的に実践すること

第8章　法と政策を活用すること ……………………………………… 189

第9章　実践における倫理的ジレンマ ………………………………… 213

第10章　ふりかえりと結論 …………………………………………… 237
　　　　──険しい山道を歩く──

訳者あとがき　　243
参 考 文 献　　245
人 名 索 引　　261
事 項 索 引　　263

日本語版にむけて

　本書の日本語版にむけて，その道のりを書くことは素晴らしく嬉しいことである．

　2017年末に本書の初版が出版されて以来，世界中で社会的に排除されている人々の数は減少していない．おそらく，残念なことに社会的に不利な状況や社会から周縁化された状況にある人々は増加している．多くの人々は社会的にそして市民社会に参加するための基本的な資源から毀棄されている．国連の「持続可能な開発目標（Sustainable Development Goals：SDGs）」に反映されている楽観論は，このような現状に対する現実的な評価によって否定される．戦争，飢饉，異常気象，世界的なパンデミック，そして貧富の差，権力者と被権力者，より貧困な南半球と豊かな北半球の格差の拡大から，見通しは明らかに暗い．

　このような分析から，本書は世界中のソーシャルワーカーにとってより適切なものとなっている．それゆえに本書の日本語版が実現したことは喜ばしい．本書がソーシャルワーカーにとって，不公正や不利益がどこにあろうとも，それに取り組むための指針となり，人々を鼓舞し，また日々の実践の中では隠れてしまいがちなソーシャルワークの政治的側面を認識する一助となることを願っている．

　熊谷忠和先生との長いつきあいは，植田嘉好子先生のサポートとともに，この翻訳を可能にする道を促進してくれた．熊谷先生と初めて会ったのは2010年のことだった．彼は同僚と一緒にボーンマス大学を訪れ，有益な協力関係を築き，パーカーの著書2冊の翻訳に取り組むことになった．パーカーとアシェンカーン・クラブトゥリーはその同じくらいの時期に国際ソーシャルワーク学校連盟から資金援助を受けて，世界中のカリキュラムが「脆弱性の概念（the concept of vulnerability）」をどのように取り入れ，アプローチしているかについての調査を行っていた．熊谷先生は，ソーシャルワークとハンセン病（古くからスティグマをきせられてきた病気）患者に関する専門知識を生かし，この委員会の日本側の委員を担った．私たちの報告書と学術論文は2012年に出版された．

共に，そして個々の，脆弱性に関する継続的な取り組みへとつながった．英国における医療とソーシャルワークの現象に関する私たちの研究は，熊谷先生と植田先生の研究と呼応していた．企業責任よりも個人責任を優遇する競争的で市場化された社会において，人々が社会的，政治的，経済的，精神的に周縁化されていることに関する研究ラインは彼らと私たちの研究を結びつけるものであった．その結果，パーカーの『Social Work Practice』やアシェンカーン・クラブトゥリーの『Islam and Social Work』の改訂版が生まれ，そこでは脆弱性や構造的不利 vulnerabilities and structural disadvantages が前面に押し出されるようになった．そして，こうした学問の集大成となったのが本書『Social Work with Disadvantaged and Marginalised People』の執筆と出版であった．

　2018年にパーカーは光栄なことに倉敷で開催された日本ソーシャルワーク学会の年次大会に招かれ，基調講演の機会を得ることができた．この栄誉は，熊谷先生とその素晴らしいご家族のご厚意によってさらに大きなものとなり，いつまでも懐かしく思い出されるひとときとなった．この学会でパーカーは，歴史的分析を通してソーシャルワークの役割の構造的不利について講演した．その後も探求し続け，2023/24年の著書『Analysing the History of British Social Welfare』（『英国社会福祉の史的分析』）に結実させた．この学会でパーカーは植田先生と出会い，ソーシャルワーク研究における現象学の位置づけについて意見を交わした．その結果，2023年に東京で開催された第40回国際人間科学研究会議（the 40th International Human Science Research Conference）で，パーカーの教え子の元博士課程学生（現在は教授）が基調講演を行うことになった．

　本書の日本語版は，国際的な協力と友情の証である．地域を超え，共通の関心事を持つ同僚たちが生産的に協働することで，何が達成できるかをささやかながら示している．願わくば，本書によってソーシャルワーカーが，人間の状態（the human condition），社会の役割（the role of society）そして社会構造（social structures）について積極的な考察を続け，21世紀に世界中の人々が直面している私的なそして公的な問題との関連性を見出すきっかけとなることを願ってやまない．ひいては，それが個人的，組織的，社会的なレベルでの行動につながり，私たちが共に分かち合う世界に前向きな変化をもたらすことを，私たちは

願い，祈っている．

2024年4月

Professor Jonathan Parker PhD
Professor Sara Ashencaen Crabtree PhD
Bournemouth University, UK & University of Stavanger, Norway

献　辞

本書を子どもたちのイザベルとミランダ，そして，私たちがかつてソーシャルワーカーであった時のすべてのサービス利用者，クライエントとその家族に捧げる．そしてラテン語のフレーズをなぞって：*illegitimi non carborundum!* 気を落とさず頑張ろう！

序　文

　私たちは，近年著しい変化と衝撃を目のあたりにしている．これは，より広い世界で，そして英国（イングランド，北アイルランド，スコットランド，およびウェールズ）の四つのすべてに，多数の挑戦をもたらしている．これらには，政治的な「大衆受けする（popular）」右派へのシフト，ケアやサポートへの反感の高まり，日常生活の偽りと「もう一つの真実（alternative truths）」での対応などが含まれている．並びに，高齢者人口増加の影響，その結果としてともなう社会的ケアニーズとそのような人口統計学上の変化がもたらす財政的影響に連動することに対応するニーズである．一方，社会が発展し，ライフスパンの変化に対応するにつれ，公正な質の高い育児ケア，福祉，擁護サービスの必要性が浮き彫りになっている．需要が高まり同時にコストがかかる，そして緊縮財政が必要であるという絶対的な思い込みは，サービス，政策に緊張を生み出す状況が続いている．

　移住すること（migration）は世界的な現象として増加している．私たちは日々の地域での生活が国際的な問題に影響された今を生きそして働いている．しばしばこれらの問題は私たちがどうソーシャルサービスを構成するかに影響を及ぼし，どんなサービスを提供する必要があるのかを決めていくことになる．ソーシャルワーカーであるあなたはキャリアをとおして多岐にわたる人々に働きかけるだろう．そしてその多くの人々は，専門職のケア対応が求められる出来事に出会い深刻でトラウマさえ経験している．しかしながら，あなたは，個人に働きかけるだけでなく，世界的な出来事により特定のコミュニティで社会的不利におかれ，あるいは彼らに対する憶測からローカルなコミュニティにいることを除外される人々のニーズに応じることを要求されるかもしれない．

　私たちが現代生活の複雑さに十分応えようとするならば，高い質のソーシャルワーク教育の重要性はいまだ残っている．ソーシャルワーカーになることを学ぶときに，これが明らかに役に立ちどんな知識と絡みあうべきかについての焦点を許容するような教育の優秀さに私たちは絶えず努めるべきである．すべ

x

てに疑問を投げかけることは，特に知識の点から，ソーシャルワークにとって中心的なことである．

　本書は専門職団体，政府と専門分野の見直しによってもたらされた変化に対応している．そして本書は最新の知識に基づくテキストの紹介で組み立てられ提供されており，親しみやすい方法で伝えることを目指している．そして，あなたのソーシャルワークキャリアを発展させるような将来の研究や良い実践の励みとなるよう地ならしをしていこうとしている．本書はソーシャルワークとソーシャルサービスについて情熱的な人間によって書かれており，他の人の情熱に染みることを目指している．この最新テキストはすべての実践者が直面している中心的なソーシャルワークのテーマを紹介している．周縁化と社会的不利に働きかけることは，この専門職業の中心課題である．

Professor Jonathan Parker

謝　辞

　私たちは本書の刊行に際して，ある意味での進んだアイデアや考えを議論することに時間と情熱を費やしてくれた学生，同僚，そしてサービス利用者とケアラーに最も感謝している．このことについて特にスージー，テリーそしてミュリエルに感謝したい．私たちはこのプロセスにおいて誰もが十分によかったと評価してくれることを願っている．私たちは，また，このプロジェクトをスタートして，そして完成までに素晴らしいサポートを提供してくれた SAGE のケイト・キアーズに感謝している．

序　論

　この序論では，本書の根底にある原理を紹介する．すなわち，ソーシャルワークの成長と広がりについての少史，また実践のための倫理・価値についての発展を述べ現代ソーシャルワークを理解するための場を提供する．ソーシャルワークの多くの形態やその多面性に焦点があてられるが，本書は，社会のふち（the edges）にある，あるいは社会から除外されている人々にともなうソーシャルワークの政治的そして個別的局面が強調される．本書では英国のソーシャルワークが主とされるが，ソーシャルワークの概念，言説，そして実践の議論は国や政府を横断し超える．したがって横断する国々の異なった組織文化上，文脈上そして実践上の視点を見失うことなくコアテーマの考察と実践を述べていく．そのために国際的なソーシャルワークからの例証を活用していく．この序論の終わりには，各章を紹介し，本書の適用についての概観を提供する．

本書の論理的根拠

　周縁化（marginalisation）と社会的不利（disadvantage）に関しては，すでに様々なテキストがある．Burke and Parker, 2007; Sheppard, 2012; Matthies and Uggerhøj, 2014; Al-Krenawi et al., 2016などである．反差別と反抑圧的実践では Dominelli, 2002, 2008; Dalrymple and Burke, 2006; Laird, 2008; Bhatti-Sinclair, 2011; Bartoli, 2013; Thompson, 2016; Williams and Graham, 2016がある．そして社会正義および人権については Ferguson, 2008; Lundy, 2011; Dominelli, 2012; Austin, 2014がある．このような中で，ソーシャルワーク実践に対する一見同様の中心的な問題を対処するために本書がなぜ必要であるかは重要なことである．本書のタイトルに関して，一つ二つの言葉を添える必要がある．このタイトルを提案するとき，どういうわけかより広い社会から周縁にあるかあるいは取り残された，個人と集団にあるすべての人々を検討したいと

考えた．このタイトルは，記述しなければならない多くの疑問を含んでいる．
たとえば，誰があるいは誰を周縁化するのか？　それはどのように行われるか，
それはいつもネガティブであるのか？　そして周縁化された人々は必ず社会的
不利を経験するのか？　また，周縁化におよぶ道のりを検討することは，本書
の目的が何であるかを理解することにおいても重要である．これらの検討は，
流動的であり，歴史に関わるので，時間が経つにつれて，変化するだろう．そ
していくばくかは，ソーシャルワークが慎重に踏み固めてきたあゆみを通して，
哲学的，政治的，そして，倫理的な構造に根づいている．

　第1章において，周縁化の概念に関しては詳しく述べていくが，周縁化は，
人あるいは集団に関して，社会や生活の文脈で縁に押し出されている人々とし
て認識するのは大変重要であるので，いくぶんここでも言及しておく．時おり
社会の中にいることが「心地よい（good）」ものではないかもしれない．そし
て周縁化の認識は，人あるいは集団が共同で行うことができるか，あるいはで
きないことである．それは意図的である場合がある．たとえば，20世紀初期に
おける特定のジェンダー不平等の維持，そして政策において男性優位の位置を
強化する手段としての女性の選挙権の不十分さを示すことができる．また，そ
れは意図的でなくても，いろいろなことがそうあるべきか，人々がどう行動す
るべきかについての暗黙の了解は，バックグラウンドと文脈を気にかけずに
人々に容認され適用されることが当然とされる．このような例は，子どものジェ
ンダーをどちらかに仮定するときにみることができる．つまり彼や彼女が受け
取るプレゼント──少年にはおもちゃの拳銃を，そして少女には人形を──の
タイプに影響を及ぼすかもしれない．これは，意図的でなくとも，これらの基
準に反抗する子どもにとっては否定的な結果をもち，そして反抗する子どもを
「奇妙な」あるいは「特異な」と考えられるように導くことになる．これは周
縁化過程の始まりを反映している．

　上記のように，社会の概念は複雑なものである．しばしば周縁化は，皆が知っ
ている何かを言及するものとして当然の文言として考えられている．そしてそ
のようなものと見なされる．この簡単な仮説は，当時の英国首相（マーガレット・
サッチャー Margaret Thatcher）が，1987年の数年前よりの急激で過剰であると救
済の話題を持ちだし，国家の信用と福祉問題サポートへの依存に区別をつける

こと，そして集団責任から個人責任に形勢を一変させ，このような言い回しを否定した（Thatcher, 1993）．これは，それ以来ずっと専門職業の普及そして政治的シフト，つまり，人がおかれた状況を見る焦点が，より社会状況や構造よりも個人の病理に帰ることが奨励されたことは，当時のソーシャルワークにとって，重要な意味がもたらされた．

　ソーシャルワーカーは，彼らの専門分野，雇用されている組織あるいは団体が何であったとしても，社会のへり（縁）にある人々への実践を行うこととなる．二元の質問，個別責任対（VS）集合としての責任，個人の病理対（VS）構造は，ソーシャルワークの文脈と実践の影響に絡み合う．しかしながらソーシャルワーカーは，社会的な要請として機能する過程が当然のことと考えられる．そしてソーシャルワーカーは社会の現在的機能を維持するために埋め込まれている構造において，特権を持った他者によって，市民権を剥奪された，社会的に排斥され，そして不公平な扱いをされた人々に寄り添っている．ソーシャルワーカーは，人々が何を経験するのか，そして，彼らがどのようにそれを経験するか，そして，これらの状態がなぜ起きるかに関して批評的な理解を必要とする．これらは複雑な領域である．そして，もちろん，どんな唯一の説明も適切ではない．社会的不利と周縁におかれることの過程は，コミュニティ，職場そして学校文化，そして家族の個人間レベルにおいてだけではなく，社会の構造上レベルにおいても生じる．ラベリング言説理論や他の多くのものから，これらの過程の経験が，社会的不利の内面的な経験を個人として受け入れることに至しめられると推察することができる．

　したがって，ソーシャルワーカー学生は，社会的不利と周縁に至しめられる過程，これはどのような経験や結果であることが，個人，集団，家族そしてコミュニティにもたらされていくかの理解をしていく必要がある．また，ソーシャルワーカーは，周縁化されることに対抗するため，そして否定的な結果と社会的不利を軽減する働きかけにおいて，個別的そして政策的レベル両方から批評的省察をする必要がある．社会的不利と周縁化の過程と結果は実践においてすべてのソーシャルワーカーが直面するものである．そして，それは，ソーシャルワーク資格につながるすべてのプログラムを通して教えられる必要がある．

現代的ソーシャルワークとその文脈

　1948年の英国で福祉国家が実現して以来，ソーシャルワークは，法によって動かされ，現在においても，法によって規制されている．the Equality Act 2010, the Welfare Reform Act 2012, the Welfare Reform and Work Act 2016, the Care Act 2014, the Counter-Terrorism and Security Act 2015, the Children and Social Work Act 2017, そして2016年の英国におけるヨーロッパ連合（EU）離脱の国民投票がなされているが，これらの法は EU とのパラレルな法律となっている．この点から，このような法は英国と他の国のソーシャルワーク教育において中心となっている．法は，人々を包括あるいは保護のために必要であるが，一方で法は行動規制をとおして追放され，罰せられ，そして縁に追いやられることで社会において脆弱な人々をつくりだす．ソーシャルワーカーは，複雑な政治上そして個人的な見通し，そして起こりうる罠を見通した上で，歩んでいく道を可能としていくための知識，技能そして価値を必要とする．公正な対処を確実にするために法を活用することは，社会的不利と周縁化におかれることを予防したり妨げたりするために，ソーシャルワーカーにとって重要なことであるがいつも十分でない．そして法が害を与えていないということはできない．そして法を支えている政治的気まぐれを価値とすることが明らかであるとき，それは批判されなければならない．したがって，ソーシャルワーカーは，「betwixt」と「between」の２つの間，時々反対するところ，つまり，周縁におかれた人々を支援するための法の視点と社会的不利を永続させる言外の基準を強要するための法の視点の間に立っている．

　英国のソーシャルワークは「専門職化（professionalise）」した——言葉自体が問題を生みだす多くの意味を含んだそして論議を呼ぶ用語——ので，その焦点は関係性（relational）と急進性（radical）から大衆受けする政治性のあることにシフトされた(Parker and Doel, 2013a)．ソーシャルワーク実践は「大衆受け(popular)」するものでないかもしれないが，政策立案者とソーシャルワークの開発を管理する政策者は，実践をそのようなものとして知らしめるように描く．それは，また，けっして，関係性実践と急進的実践が吹き込まれたソーシャルワークの「黄金時代（golden age）」はそこにはない (Payne, 2005)．しかしながら，1960年代

と1970年代の公民権運動拡大と反差別法，そしてマルキシストのアプローチに基づく急進的なソーシャルワークの続発は，精神分析学的ケースワークの治療法の開発である個人主義への非常な挑戦が提供された（Corrigan and Leonard, 1978）．1980年代と1990年代の保守党政権の下で始められた専門職化傾向は，1997年の新しい労働党政権の「行動計画のモダニゼーション化（modernizing agenda）」を通して継続された．この専門職化はソーシャルワークが地方自治体の仕事において社会維持と管理（policing）にソーシャルワークの仕事を絞って，そして当局の支配権獲得のためのニーズと価値をひろげ，余分な政治的行動を抑制する漏斗として実現している．

　これらの変化と並んで，規則と登録と教育そして教育訓練の（中央政府から地方自治体への）権限移譲は，2003年から2004年の政権でソーシャルワークが違った発展をしていくことを許した．英国において安全を確保する（safeguarding）に関して（保護（protection）を包含する用語ではあるが，おそらく後でどのように定義されようとも，safeguardingはより広いウェルビーイング（wellbeing）を含み，より快いアプローチに思えるように強調する用語として）使用されることが増えるようになった．英国ソーシャルワークは，必要で重要な社会的管理のソフトな形態として必要でありまたリスクのある貴重な仕事であることにおいて，脆弱な人々の保護（protection）に関係がある——価値ある仕事，しばしば激しくそして骨の折れる仕事である．焦点は，ソーシャルワークがその批判的で急進的な見解を取り除かれ，再定義されるにしても，社会からそして社会によって，社会的不利と周縁におかれた人々がアシストされるためにソーシャルワークは必要であるということである．

　国際シャルワーカー連盟（International Federation of Social Workers：IFSW）そして国際ソーシャルワーク学校連盟（International Association of Schools of Social Work：IASSW）のソーシャルワーク専門職の教育訓練のためのグローバルスタンダード（2012）とIFSWのグローバル定義（2014）が指摘しているように，貧困，ジェンダー，セクシャリティ，年齢，健康状態，民族，宗教信仰あるいは信念を通して社会的不利と周縁化への世界的課題が定められたことは，ソーシャルワークが位置している国際的状況を提供している．個々の人生で最後まで展開されるこれらの社会構造上の問題は，今読んでいる本書を不可欠にする．

ソーシャルワークとは何であるか？

ソーシャルワークとは何であるかと問いただされるとき，解釈と関連質問の泥沼に落ち込み自分達をあらわにしてしまう．質問は，私たちがソーシャルワークという名前で呼ばれるただ一つの，独特の存在，仕事（job）あるいは職業（profession）であることを含むものなのか？　そうだとすれば，ソーシャルワークはグローバルな現象であるのか，それとも特定の期間に開発された特定の国に関連するものなのか？　このような問いかけから英国のソーシャルワークの再定義の議論をすることは重要である．

定義にかかるこの問いを分析するとき，さらにソーシャルワーク実践は異なることがわかる．ソーシャルワーカーが働いている世界の国々や地域の事情から予想されるだろう何かの異なりだけではなく，英国自体の中でもそれは異なる．英国の四つの行政区の中で，職業団体によるソーシャルワークの規則は異なり，そして特に英国と，ウェールズと，スコットランドの間では，ソーシャルワーク実践の法的土台が異なる．私たちがソーシャルワーカーとして何をするかが，市民目線において描かれるなら，そして何をするかが，国あるいは地域の特殊な法で決定するとするなら，私たちは，様々なソーシャルワークのタイプをもっていることになる．

それは，ソーシャルワークが均質の存在でないという経験的事実である．ソーシャルワーク実践の複雑さと世界中で，国内でにおいてさえ，英国の四つの行政（区）のような，それについて関連した多様な意味づけは，文献において認められる（Hutchings and Taylor, 2007）．しかし，ソーシャルワークのIFSW委員会の承認（2014）は，類似性とスタンダード，ソーシャルワークカリキュラム，方法，実践，そして法律と行政の（それぞれの）局面がわかち合われたアプローチの中でさらに示されたことが暗示されている（Parker et al., 2012a; Paker, 2017）．

> 「ソーシャルワークは，社会変革と社会開発，社会的結束，および人々のエンパワメントと解放を促進する，実践に基づいた専門職であり学問である．社会正義，人権，集団的責任，および多様性尊重の諸原理は，ソーシャルワークの中核をなす．ソーシャルワークの理論，社会科学，人文学，

および地域・民族固有の知を基盤として，ソーシャルワークは，生活課題に取り組みウェルビーイングを高めるよう，人々や様々な構造に働きかける.

この定義は，各国および世界の各地域で展開してもよい.」

(IFSW, 2014)

他書において私たちは，ソーシャルワークに関して分かち合われたアプローチは，植民地の歴史によって生じ，そして固有の用語において新植民地主義の行動を表しているとした (Parker and Doel, 2013b). 以前の定義は（旧定義：2000年定義）は，むしろ拡張的そして包括的にいくぶん還元されているように見えた. 上記の2014年定義は，個々の国と政府の独自性を損うことなく付け加える機会を提供し，地域・民族固有に言及することを含んだ. しかしながら，現代の英国ソーシャルワークへの挑戦として，その焦点は，市民あるいは人々の福祉とケアのため政治責任を持っているコミュティと社会の集団的責任にソーシャルワークが関係することにある.

本書の焦点は，西洋のソーシャルワーク構造の組織的そして政治的配列を認識しながら，そして押しつけあるいは当然のこととして決め込むことなく，システムが異なった方法で展開しているところの役に立つ見解を提供しながら，英国のイングランドと他の残り（スコットランド，ウェールズ，北アイルランド）のソーシャルワークの位置を見つけ出すことである.

本書の構成

本書は，世界中のソーシャルワークに共通する現代的問題に対処している. そして社会的不利と周縁化の経験を考察している. 本書は，また，人々が周縁化されるようになる過程に向けられ，三つのレベルでソーシャルワークの対応が検討されるという点で独自性がある. 三つのレベルとは，個人の内面と対人関係 (the intrapersonal and interpersonal)，組織とコミュニティ (the organisational and community)，社会的あるいは構造的 (the societal or structural) のレベルである.

それは

1. 現代的であること
2. 個人的なことと政治的なことがつながっていること
3. 実践的であること
4. 理論づけられること

　本書は三つのコア部分（三部構成）で書かれている．最初の部分は，社会的不利と周縁化の複雑な，しかし，どこにでもある概念を紹介する（パートⅠ）．そして，社会の，組織の，そしてコミュニティのレベルで社会の縁に押し出された人への働きかけのプロセスを探求する（パートⅡ）．そして社会的不利と周縁化が個々の人々と，個人と組織／機構の間でどのように作用するのかを探索する（パートⅢ）．

　パートⅠでは，人々が周縁化と社会的不利を経験することへの道が考察され，そして，誰が社会的不利と周縁化におかれた人なのかを示す．

　パートⅠで示された概念は，ソーシャルワーカーがこの領域で適切でそして敏感に実践するために必要がある知識と技能の検討がなされるパートⅡに続く．このセクションでは，人々の周縁化のための状況をうみだす社会，そこに巻き込まれている人々，社会それ自身，そして耐えられない状況を緩和するために働きかけていることとともにその両方の一部として扱うことの重要性について考察する．

　パートⅢは，社会的不利と周縁化に関してのソーシャルワークのはっきりしない立場が省察されることで補足される．パートⅢは，ソーシャルワーカーが，法律や政策からの活用，地方自治体／法令からのソーシャルワーク，そして第三セクターや特定営利団体目線からのソーシャルワーク実践であるために要求される方法，そして，ソーシャルワーカーが専門職として思い込まれている価値に関してのパーソナルなそして政治的な省察を通して彼らの実践が高められていく方法について紹介していく．

パートⅠ：社会的不利と周縁化の理解

　本書の最初の部分は，本書の焦点となる概念を紹介するための理論と研究上の材料を提示している．社会的不利と周縁化とは何と理解しているか，どのような集団と個人が社会的不利と周縁に立たされていると考えられるか，どのようにそうなっていくのか，そしてこれは彼らにもたらされるのはどんな結果なのかについての輪郭がソーシャルワークの文脈で序論と最初の四つの章において述べられる．これはパートⅡとパートⅢのために道を開く，つまり社会的不利あるいは周縁化におかれた人々へ働きかけるためのソーシャルワークの特性，知識，技能，および価値に関連していく．

　この序論において簡潔にソーシャルワークに関する歴史的背景を記したので，第1章は現代社会におけるそれらの意味を探りながら，社会的不利と周縁化についての中心的な概念を紹介する．第1章に続いて，第2章では集団が社会的不利あるいは周縁に立たされるのは誰でありどれであるのか，そしてどんな風に説明されるのかを検討する．以下を含む，社会文化的なものと心理社会的な要素の両方を考察する．貧困，民族性と移住状態，教育的達成と能力，未就業状態，健康状態，障害，性差とセクシャリティ，信念と文化のシステム（宗教，政治行動），サブカルチャーのかかわり，イントラ家族の周縁化，いじめ，虐待と自己周縁化．この検討は次の章である第3章での，人々がどのように社会的不利と周縁化立たされることになるのかを理解することにつながっていく．社会的不利と周縁化に立たされることについて，個人そして集団自体に対する非難を分配するという機能主義，そしてラベリング理論，ひずみ（strain）理論，逸脱理論，コンフリクト理論の活用，さらに批判的な方法でその過程を理解する日常生活実践の視点から理論づけられる．

　社会的不利と周縁化を構成すると認められる人々と集団は，そのような存在として，そしてそれに通じる過程で，社会的不利と周縁化として分類される人々に経験される道のりのいくつかについて概説するために，私たちは第4章を位置付けている．そこでは彼らの経験の潜在的結果が概説される．

パートⅡ：知識と技能

　本書の中心的概念，定義，および理論上のベースを保持しながら，私たちは，社会的不利と周縁化に立たされた人々と集団への働きかけに必要とされる知識と技能の探求をするパートⅡに移っていく．私たちは異なったレンズを通してこれを見る——より広い事実に基づく知識のレンズ，技能のレンズ，そして最終的に，専門的知識と実践知を通して．社会的不利と周縁化に立たされた人と集団への働きかけの知識ベースは，広く連なっている．

　第5章では，私たちは，事実に基づく知識の連なりを討議する．事実に基づく知識の連なりとは，ソーシャルワーカーと彼らが働きかける人々によって内在されている社会世界（the social world）において存在して，解釈される知識である．これらは，人々や集団そしてコミュニティに影響をもたらされるより広い世界的出来事の理解から，違い，多様性，差別，そして社会的不利と周縁化，価値と倫理への働きかけの理論的理解に至り，さらに様々な実践的理解と法律，組織の政策と手続きの活用の理解に連なっている．

　第6章は，社会的不利そしてまた周縁に立たされる人々や集団にともなう実践の基礎となる知識を探求する．そしてソーシャルワーカーが必要であり，彼らが自分達のスキル，つまり変化に向かっている人々に寄り添い構築的な働きかけのためのスキルを活用することができる基礎を提供する．

　第7章は，パートⅡの最終章であり，ソーシャルワーカーの成長を見ることにより，知識とスキルを接近させる．彼らの実践を通して，ソーシャルワーカーが人々，集団，状況，そして出来事に応じていく直感的，そして「感覚的（felt）」方法である実践知を開発していく．本章の最終部分では，その他すべてにおいて複雑で，情緒的に消耗するトラウマな出来事にともなう対処のためのスキルと情緒的なタフさを見出しながら，脆弱性と，レジリエンス，そしてソーシャルワーカー自身のセルフケアに焦点をあてていく．

パートⅢ：倫理的にそして省察的に実践すること

　本書の最終的実質的な部分であるパートⅢは，社会的不利そしてあるいは周

縁におかれている人々への実践で遭遇するとき，どのような法律や政策が活用することができるか，どんな種類の倫理的ジレンマがあるのかを探求する．そのことによりソーシャルワークに対する倫理的そして省察的アプローチを見出していく．

第8章はパートⅡの第5章とは異なっている．つまり第8章では実践の知識から人々，集団そして地域にかかる法の活用にシフトされている．ここでは，他者が法律に目覚めること，そして彼らが法律の活用により変化を可能にするようアシストすること——ソーシャルワーカーとして，政治的に直接行動することを含んでいる．そしてここでは社会的に弱い立場に置かれている人々や集団への働きかけから生じるかもしれない倫理的ジレンマを検討している第9章への道を準備している．第9章は以下の探求を含んでいる．

　　・政策や実践が，人々，集団，コミュニティを疎外し，不利な立場に置く
　　　場合
　　・組織の方針とソーシャルワーカー自身の道徳感覚（moral sense）が衝突
　　　するとき
　　・資源がそこにないとき
　　・コミュニティでお互いが衝突するとき
　　・ソーシャルワークの利用者が，ソーシャルワーカー自身の道徳的感覚あ
　　　るいは価値ベースに挑戦するとき

最終章では，本書の内容と社会的不利と差別のソーシャルワークとそのメカニズムと過程についての概念的検討の短い結論を，ソーシャルワーカーがどのように実践するか，そして彼らが出会うかもしれない出来事と問題について要約しながら述べる．

要約すると本書は，縁におかれることによる社会的不利と周縁化の経験に向けられている．この領域で，社会正義の責務と威厳，人間の価値とウェルビーイングに関与することによってそれ自体が現代専門職ソーシャルワークの焦点であることが実証されることを示している．

xxiv

訳注

訳注0-1 'betwixt' と 'between' は両方が「二つのものの中間に位置すること」を意味するが，'betwixt' はより抽象的，不確実性に使用される．

凡　例

1 ）"disadvantage" "disadvantaged" について基本的には「社会的不利」「社会的不利におかれた」としているが文脈などにより他に訳し分けしている場合がある.

2 ）"marginalisation" "marginalised" について基本的に「周縁化」「周縁化におかれた」としているが文脈などにより他に訳し分けしている場合がある.

3 ）1．2．に限らず頻出する用語（たとえば "abuse" "guidance" "power" "profession" "professional" "professionalism" "reflexive" "reflection" "skill"）についても文脈などにより訳し分けしている場合がある.

4 ）原文の正確な意味確認が必要とあると思われる人名，文言，フレーズには原文（英語）を付記している.

5 ）訳出のみではわかりにくい箇所については訳注をつけている．また訳注は序論および各章末に説明している.

xxvii

Case Study（事例研究）一覧

章	タイトル	頁
1	ソーシャルワーカー 3 人のそれぞれの不利	5
	コミュティセンターの建設をめぐって	8
	性的周縁化について～ソーシャルワーク女性教員マギーの例	15
	社会文化的差別について～行動障害児の母親バヒーヤとヤドウィカ	18
2	貧困と疾病そして NHS ～ミュリエルの語りから	40
	亡命者～アフガニスタンの少年アフサー（18歳）の例	48
	田舎の貧困～シェアボーンのフードバンクサービス	52
3	ひずみと同調～ジェームズとロビーの例	68
	逸脱・逃避・反抗～ジェームズ，ロビー，マーティン，ジリアンの例	69
	ジェームズと友人の社会的不利	75
	それぞれの「日常生活実践」～ジェームズ，ベロニク，ロビーの例	82
4	緊縮政策と社会ケア～レイチェルの例	92
	緊縮政策と高齢者ケア～シブリーの例	95
	緊縮政策と一人暮らし高齢者の在宅ケア～ウッドの例	97
5	批判的な自己省察～グリーンウッドチームの難民家族支援	123
	敵対的な態度の裏にある信条～チャンの例	132
6	実践における現実～新人ソーシャルワーカーブリジットの例から	138
	相手の言語・文化を知る～ルイスの例	148
	相手の文化・行動様式を知る～アメリアの例	149
	ソーシャルワークで遭遇する敵意・攻撃性	153
7	学習障害のある青年の仲間づきあいを見守る～ジェームスの例	179
8	慣行への異議と信頼関係の形成～マックスによる法律の解釈	193
	人権アプローチ～ローレンスの事例	196
	政治的に働きかける～グレンフェル・タワー火災の例	199
	全員への同じ支援は平等か？～ブラントンチームの例	202
	公平な支援へのサポート～ミシェルの例	203
	法廷での答弁～児童虐待における権利と安全	204
	法の不当な適用に異議を唱える～アミラへの難民支援	206
	地方議会への要求～パウエルがヘイトクライムの苦しみから声を上げるまで	210
9	ウッドのサービス対応をめぐる娘サラの語りから	217
	財産処分しないとケアが受けられない事例へのソーシャルワーカー・ジュリーのかかわり	225
	「ゴミ収集人」コニーへのソーシャルワーカー・ワヒーダのかかわり	229
	支援困難なテレサへのソーシャルワーカー・マックスのかかわり	233

パートⅠ：社会的不利と周縁化の理解
Understanding disadvantage and marginalisation

　第1章〜第4章は，社会によって周縁化され，社会的不利に立たされた人々にソーシャルワークが実践される文脈と環境について述べる．周縁化と社会的不利に立たされることを理解するための理論モデルと，人々が周縁化される過程で誰が経験するかもしれないのか，そしてこの影響が討議される．

第1章　概念の理解

ソーシャルワーク学位の達成

　本章では，専門職能力枠組み（Professional Capabilities Framework）^{訳注1-1}にそって適正な水準に向けて，次のような能力を発展させていくことを手助けする．

多様性

　文化，経済状態，家族構成，人生経験，そして人格のような要素がどのように個人のアイデンティティとして形成されていくのか理解する，そして，これらを考慮に入れて，必要な所を仮定して問いながら，彼らの経験を理解する．

権利，正義，および経済的ウェルビーイング

　社会正義，インクルージョン，および平等の原則を理解し，認識し，実践に適用する．

　貧困と社会的疎外の影響を認識し，教育，仕事，住宅，ヘルスサービス，および福祉給付へのアクセスを通して経済状況の向上を促進する．

知　識

　ストレングス，レジリエンス，脆弱性，リスクと抵抗の概念に基づき，危害の形態と人々への影響を理解し，実践に応用する．

　また，ソーシャルワーク科目指標書（social work subject benchmark statement）で出されている，以下のアカデミックな基準を紹介しておく．
5.2.i, iv, ix：ソーシャルワーク理論
5.3.vi：価値，倫理
5.4.i−v サービス利用者とケアラー

4　パートⅠ：社会的不利と周縁化の理解

イントロダクション

　本章では，社会的不利と周縁化に関する中心的概念を現代社会の意味とそれらが人々の人生にもたらす関係を探求しながら紹介する．ソーシャルワークの変化と流動的な概念は先の序論に述べられている．そして，ここでは，私たちが中心的概念とする最初の理解がいくつか述べられる．社会的不利と周縁化の複雑性について，広くソーシャルワーク思考を描きながら，人々の経験間の相互作用を探求する．そのために，交差性そして超多様性の説明的概念をより深く使用することによって本章でより発展される．また，私たちが使用している定義を広げるかあるいは洗練するのと同じ起源をもつ思考や用語に関するいくらかの議論もしていく．本章を通して，特定の例を使用することで概念を例証して，その議論から出てくる理解のいくつかをつなぎあわせ，読者に問いかけていく．

社会的不利とは何であるか？

　テニスで，一方のプレーヤーが１点をとったとき，そのプレーヤーは，ゲームに勝つため１点分のアドバンテージを獲得する．テニスでは他方のプレーヤーが不利に立たされていると考えるかもしれないが，これが道徳的であるか，社会的あるいは政治的意味があるとは考えないだろう．この社会的不利の概念は，スポーツは別として，はるかに複雑である．事実，私たちがアドバンテージについて考えるとき，それは，よりある所有物，より多くの選択肢，そして／あるいは資源に，より重大な，より正当性をもつものと見なすかもしれない．それは，多面的でありそしてその議論の文脈や言葉を設定する力（the power）を持っている人に依存している．

演習1.1

あなたが不利であったと思うときを考えてみよう．この不利と思ったこ

第1章　概念の理解　5

とは何か，そしてそれは何に影響したか，そしてどのような対処をしたか
のリストをつくりなさい．

コメント

　演習をしてそれを完成することは，不利と周縁化に立たされることに共
通することの理解とアプローチについて考えるための有効な方法である．
これらは，ソーシャルワーカーとして実践するとき，思い出し，振り返り
をするために重要になるだろう．アン，ジェーン，およびマーク（ともに
認定ソーシャルワーカーであり，現在同じ地方公共団体で働いている）の以下のケー
ススタディで考えてみよう．

ケーススタディ

　アンは6年間の経験がある認定ソーシャルワーカーである．彼女は，資
格を得て以来，里親永続チーム（fostering and permanence team）で働きなが
ら，ソーシャルワーカーになるトレーニングを経て，インテークチームで
の複雑な調査とアセスメントの仕事を含んで，多くの仕事と役割をもち働
いている．彼女は，キャリアのためには行き止まりであると年上の同僚に
言われた．たしかに，将来において管理職やリーダーシップの役割をとる
ことは，あまり考えられそうにないが，彼女はこの仕事を持つことを幸運
であると感じている．

　アンは二人の同僚と並んで地方公共団体で働く資格を得た．ジェーン
は，産休の期間を経て，6年以前に始めたインテークチームに残された．
現在はハーフタイムで働いている．ジェーンは，彼女の地位で幸せであり，
家族のために柔軟に働けていると信じている．しかし非常勤の地位である
こと，そして小さい子どもを持つことは，キャリアにおいて，急速な出世
はありそうもないことを認めている．

　マークは，子ども見守りチーム（looked-after children team）のチームリー

6　パートⅠ：社会的不利と周縁化の理解

ダーであるエリアマネージメント役に抜擢されて，時々マネジャーの手が
ふさがっているときの代役を務める．マークは自分がこれまで，児童や若
者，彼らの親に行えていた直接的支援のいくらかは逃すが，彼はキャリア
が昇進していくことに満足している．

　すべての三人のソーシャルワーカーは何らかの不利な立場にあると見
られる．キャリアの選択をしないアン（彼女はそのように感じないかもしれな
いが），直的支援の仕事の楽しさを見失っているマーク，そして，ライフ
スタイルと仕事の選択を通してのジェーン．社会的不利の言外の局面は，
ジェンダーと責務（commitments）に基づいて各人がとる異なったアプロー
チの結果であるかもしれない(Parker and Achencaen Crabtree, 2014a)．これは，
将来において，彼らの所得に影響を与えうるものであり，選択の個々の局
面は，役割，キャリア，およびジェンダーについての構造的前提に影響さ
れる．そして，このタイプの不利は，将来の地位を決定づけるかもしれな
い．

　ある点で，私たちは皆，様々な方法で，アドバンテージを達成しようとする．
たとえば，より多くのお金，より多くの書籍へのアクセス，そしてより多くの
家族，友人あるいは有力な人からのサポートがあれば，私たちは，他者よりも，
より容易にあるいはスピーディーに研究またはキャリアにおいて成功できるか
もしれない．もちろん，このことは対立（conflict）と不正使用（abuse）に道を
開く不平等なシステムを必要とすることになる．そしてアドバンテージは，人々
の好みあるいは特定の信念や生活の方法を持つことを執り行いながら優先的に
保護されコントロールされる（Wilkinson and Pickett, 2010）．人々の能力，欲望，
願望，好みの違いとアンフェアは，もちろん，社会的世界（the social world）の
一部であり，それに豊かさを加えるかもしれない．しかしながら，他者より優
れる特定の人々あるいは集団を支持することは，様々な社会的世界からなるよ
り広い社会的な個々の意見の相違よりむしろ特性や生来的素養に基づき社会的
不利に立たされる人々に不公平（inequality）と並んで不公正（inequity）を与える．

第1章 概念の理解　7

演習1.2

不公平（inequlity）と不公正（inequity）^訳注1-2 との間には，何の違いがあると思うか？　これらのリストを作りなさい．

コメント

あなたは，経済状態，生得的な地位と国籍，健康状態，ジェンダー，年齢，地理などに基づく道徳の価値や疑問をもとにして様々な違いをリストにしたかもしれない．不公平は人々と彼らの好みの違いのためであったかもしれないが，あなたは人々が彼らの違いの結果として意図的であるか意図的でない好ましくない扱いを不公正として書いたかもしれない．あなたがどんな例を書き留めたとしても，二つの用語の違いが重要であることは，明確である．不公正は故意にしばしば続けられている状態の回避可能な差別的な扱いからの結果として生じる．しかし，故意に差別的扱いをする側は個人あるいは集団によって持たれる特性に賛同して，アンフェアな不利を生み出していく．不公平は，ある特性の分類において生じる人々の違いあるいはたちまちのコントロールをこえた能力に関係する．スコーフィールド Schofield（2015）は，これらの区別を示すために健康社会学から例を提供する．不公平と不公正の両方が社会的不利を生み出し，打ち返される必要があると同時に，アンフェアな社会的不利が巧妙に引き起こされることについて，ソーシャルワーカーはそのことをより明らかに認識し挑戦していかなければならない．

私たちの意識する必要があるのは経済と資源的不利であり，また身体的，社会的，政治的そして空間的な不利でもある．経済的不利のような，不利のこれらのタイプは，権力の規範的位置から構造的に決定され，押しつけられる．すなわち，それらは社会の規範として受け入れられ，既存の政治構造と社会システムによって設定される．これらがしばしば疑問視されることなく単に思いこ

8　パートⅠ：社会的不利と周縁化の理解

まれ，規範設定する権力を持っている人によって，組織化されて，促進される（私たちは，これにしばしば無意識であると認めなければならないが）．その構造は「あるべきである」観点あるいはその規範をう見だしながら，権力をもつ人，そしてそれを最終的に受け入れる人に影響をもたらすことを，覚えておかなければならない．次のケーススタディはその例を提供する．

ケーススタディ

　A地域のコミュニティリソースセンターは，センター利用をしたいすべての人がアクセスしやすくするよう建物を建設するための資金提供を求めていた．現在の建物は，1950年代前半に建てられ，地域の運動場のうしろにあり，小さく，正面玄関は狭い戸口と階段であった．そのため，建物利用を望む障害人権団体による活動が開始された．地域委員会は，市からの基金開発を確実にするため一緒に努力をするために彼らと足並みを揃えていた．その申し出は，緊縮政策から生じる社会事業の融資減少のため，そして既に市が保有している，障害をもっている人々と車いす利用者が利用できる建物が近くにあるという理由により拒否された．コミュニティの他のみんなと同じ施設や資源を楽しむことがグループメンバーの望みであるとして運動組織と地域委員会は，この決定に対抗した．

　ここで，アンフェアな不利について議論をしていく．アンフェアな不利は，特定の人々と集団にネガティブな影響をもたらし，他から支持を受けることが意図される．市の前提は，使用できるビルが既にあるので地域資源変更の必要はないという，権威を発揮させるための社会規範に基づいている．障害者による権利の訴えは，これらの前提への挑戦であり，そして個別の特徴にかかわらない，フェアで等しいアクセスへの要求である．平等法（第5章と第8章を参照）の活用は，また障害に基づいてというよりむしろすべての人々をフェアに扱うよう圧力を加えているものである．ソーシャルワークの役割は，そのような不当な差別をもたらすアンフェアな不利に対抗することである．フェアプレーの

概念は，私たちの議論の多くに浸透している，他ならぬ重要なものであり，法律と政策を考えていくときそこにもどるべきである．

　このアンフェアな扱いは，一見ほとんどの人々が同意することであると思われる，そのように考えることが基本とされるかもしれない．シーズンで最も多くのゴールを決める人のためにシネマと食事旅行の報酬が提供されるフットボール・チームのメンバーを考えて見よう．これは，成功と達成を祝うために良いことに見えるかもしれない．しかしながら，そのような報酬は自動的にフォワードと攻撃している位置にいる人にアドバンテージを与える．そして，ゴールキーパー，フルバック，およびしばしばミッドフィールダーに不利となる．私たちは，それがチームの中の何人かのプレーヤーとポジションが他のものより大切であるという明確なメッセージを送り，チームメンバー間の利点と不利の違いを生み出し始め，何人かには機会が広がりそして他にとっては機会が閉じられる．これはゲームでいえると同時に同様の利点と不利は社会の他の領域で引き起こされる．たとえば，給付に頼っている家族にとって，文化と言語を学ぶためのスペイン修学旅行の余裕はありそうもない．一方，両親が専門的な仕事で働いている家族では可能かもしれない．これが意味することは，最初の家族の子どもには教育の不利がありそうであり，その家族は後でそれらの不利を繰り返しそうであるが，次の家族にとっては，正反対であることは事実である（Hills, 2017）．与えられた言外のメッセージは，貧困にある人々はそうでない人よりそれほど価値が少ないということになる．これは，人々に働きかけるときに，ソーシャルワーカーが心の最前線で向きあっていく必要のあるアンフェアな不利を意味している．よく知られているように，ソーシャルワーカーは他の専門職よりも経済的不利な人々に実践する．そして，不利にある人々は精神病，ドラッグ，アルコール問題，住宅問題などをしばしば経験している．

　ここまで考えてきた例は「社会的不利（disadvantage）」という用語がどのように略されて，人々の人生に埋めこまれているかという若干の示唆を与えている．しかし，そこから生じる非常に深刻な結果がしばしばある．社会的不利の位置におかれることが非難される可能性があることは重要である．たとえ他者が彼らを不利にするために誰かの特別な特性を利用するとしても，あるいは障害をともなう人が他者から耐えられない不利あるいは制限を経験する状況を引

10 　パートⅠ：社会的不利と周縁化の理解

き起こすかもしれないとしても，私たちは社会的不利が障害の社会モデルから
必ずしも個人の生得的なものではないことを示すことができる．社会的不利は
構造的，組織的，対人関係的あるいは道徳的言説に無理強いされ発展するかも
しれない．同時に社会的不利の正当性は合法化され，他の人々から人生が判断
されるかもしれない規範について彼ら自身がそれを無視することなく許容する
観点について想像することも重要である．そのように，本書で「社会的不利」
という用語を使用するとき，私たちは，「欠点（fault）」が必ず人にあるという
わけではなく，個人の可能性を制限するか縮小する外から押し付ける状況につ
いて言及している．不公正（inequity）にともなう関係はこの理解が重要である．

　しかしながら，社会的不利の概念は，論争されており問題がないわけではな
い．本書の概念を発展させようとしたとき，「社会的不利」という用語に関し
ていくらかの非常に役立つフィードバックがあること，そして同時に個人，集
団またはコミュニティは恵まれない人々として見ないかもしれなくて，社会的
不利というレッテルは問題を含むか間違っていると考えるかもしれないことを
受け入れている．このことは重要であり，このような用語の影響力はどのよう
に個人の人生やチャンスに作用するのか考える必要がある（第3章におけるラベ
ルの議論を参照）．社会的不利に関して問題の多い局面を認識するが，その使用
を共に取り出した周縁化への道程は，人々と構造にともなう社会的不利と不公
正を考えるためにソーシャルワーカーが仕事を始めるにあたり重要である．周
縁化の議論に移る前に，次の研究要約を読みなさい．

研究要約

　「社会のはずれ（the margins of society）」，「除外されて（excluded）」，「社会
的不利（disadvantaged）」な立場に置かれる人々を述べるために使われる表
現の複雑さあるいは有り余るほど利用できるどれもがフォスター Foster
(2000) の社会的疎外，薬物と犯罪の関係を検討している研究によってよく
表されている．彼女は，主体性と構造，つまり個人の特性や性格，欠点の
相対的な重要性と社会構造，思考，推論間の影響についての議論を大切な

こととして引き出している．彼女の研究は，当時の英国労働党政権が，英国の産業基盤を縮小し，社会に大きな変化をもたらした新自由主義的な政策が強まる中で，社会的排除とそれを最小限に抑える方法を開発することに関心を寄せていた時期に行われた．その研究では，特にイングランド北部の白人労働者階級男性が「排除」されている結果をもたらした（Sibley (1995) の地理学的排除（*geographies of exclusion*）を参照），このほとんど忘れ去られた異質な集団は，社会的特性や分裂の交錯と，社会的排除の局面の中心となる典型的な例示であった．

しかしながら，フォスター（Foster, 2000年）がこの集団に焦点をあてたことで，社会的不利と個人の責任について，より広範な疑問をもたらした．この考え方は政治的に満ちていて，私たちはそれらと取り組み合うことを避けることはできない．社会的不利は気をつけないといけない概念であり，行動や特徴に焦点をあてたり，アメリカの下層階級（*underclass*）という概念と結びつけたりすることで，その人の外側にあるのではなく，個人に責任があることを示唆することがある（Murray, 1994）．フォスターの立場は，多くの批判を浴びたルイス Lewis (1968) の「貧困の文化（*culture of poverty*）」のテーゼを用いて，社会の構造が人々を周縁に追いやるとき，人々の期待が影響を受け，「学習された無力感」が彼らの行動や態度を変化させることを思い起こさせる．

社会的，経済的，そして，個人的人生における社会的不利は，周縁化を導くことになる．いまから，そこに移る．

周縁化とは何であるか？

しばしば私たちは読んでいる本あるいは書いている本の中で欄外（margins）について考える．書けていない側のスペース（空間）において何が書かれるかあるいはどこに書かなければならないかに集中しているので気づかない空白がある．周縁化された人々のことで，さらに比喩を集めることができる．つまり，

12 パートⅠ：社会的不利と周縁化の理解

目に見えなくされる欲望，願望，ニーズが無視され人生のサイドラインに押される個人を見ることができる．しかしながら，欄外は，単に否定的なスペースではなく，解釈がつくられ書かれることができて，本流をのぞき込むことができる．このセクションのあとで，欄外で生み出されるかもしれない社会政治的生活（social and political life）に論評を加える周縁におかれた人々の声である注釈（the notes）を見るだろう．

　周縁化を考えるとき，否定的局面と潜在的な挑戦的局面のバランスが求められる．また，人々がどのように周縁化されていくかの過程を理解することが求められる（第3章を参照）．これらのことは，さらに，複雑でありそして必ずしも一定方向ではない．時に，人々は，故意に彼ら自身から周縁に立ち去るかもしれない．また，誰かを社会に返すことは，いつも良いことであるというわけではないことを覚えていなければならない．社会は，不当でありアンフェアな場合がある，そこでは弱体化させるかもしれなく，そして周縁に行くことが，保護的そしてポジティブでありえることもある．

演習1.3

　訳注1-3
「周縁化（*marginalisation*）」という用語から意味されるとあなたが思うことを書き留めなさい．

　あなた，あるいはあなたが知っている誰かが周縁化されているときを考えなさい．これは何から成ったか，そして，その時それをどのように感じたか？

コメント

　ここに私たちは何かを書いてしまうだろうが，その経験は，ユニークであり，そして，私たちがそこで書くことは，今のところの，それぞれの人生の固有な方法である．除外され，周囲に押し出され，無視され，見えなくされることについて書いたかもしれない．これらの経験はやる気を失わせ，一種の学習された無力（*learned helplessness*）（Maier and Seligman, 1976）

である，何もしていないほうがよいという感情と信念であり，それをする
なら何も認識しないで，また，運命を発展させようとしない．しかしなが
ら，いくらかの周縁化された人々は，非常に怒り，暴動や暴力さえするこ
とがあるかもしれない．時にはこれらの暴動は，人々を共に限界に押し出
した暴力システムに対する正当防衛であると考えられるかもしれない．

　あなたが，あるいはあなたが知っている誰かについて感じたことをどう
書いているかについて注意深くすることは重要である．これらをよくふり
返りなさい．そしてこの気持ちをキープしておきなさい．周縁におかれた
経験を持つ人々に働きかけるときのために，それは結果として，その文脈
と原因を見ることなしにラベルをはられ，さらなる周縁化されることに対
して見守ることの手助けができることになる（第3章を参照）．

社会空間的周縁化

　地理学（geography）は，人のまたは集団の周縁化に関係する（Sibley, 1995）．
国際レベルで，北半球と南半球間で地理的分水嶺を見ている．そこでの論争の
用語としてセットされる富，資源，およびパワーは，南半球より北半球により
ぎっしりとかかる（Hugman, 2010）．同様に，これは地理的パワーが植民地以前
と植民地独立後の経験によって決定していく歴史の周縁化を反映している
（Razack, 2009; Parker et al., 2016a）．ほとんどのソーシャルワーカーは，構造的な
レベルでこの周縁化を減らせていくためにできることは小さいけれども，グ
ローバルな地域で不利にされている人々に働きかけることになるので広く地理
的周縁化を知ることは重要である．そして世界が組織化されている方法やその
状況がどのように生じたのかについて理解する必要がある．そして働きかける
人々のために，人々が何を経験しているのか理解し，個人レベルとして見るこ
とを訂正することが求められる必要がある（第5章を参照）．また，これらの文
脈の中で，自分自身の利点と特権を意識することを必要とする．社会的，経済
的，地理的そして人種的バックグラウンドが何であってもソーシャルワーカー
は重要な影響力をもつ位置にいるだろう．

14　パートⅠ：社会的不利と周縁化の理解

　しかしながら，地理学周縁化はグローバルなレベルにただ位置しているわけではない．ヨーロッパにおいて，他国から妨害された国やこれらのいくつかの国で構造化された方法（たとえばギリシアの状況そして緊縮政策で生じた負債危機のように）によって経験された社会的不利に気づくことができる（Ioakimidis, 2013; Varoufakis, 2017）．また，それは，より身近にもある，つまり都市／田舎の分水嶺，英国の国間の区別（Scott et al., 2007）あるいは英国の北部と南部間の行政区（Robbins, 2005）を考えてみる場合である．また，それは金持ちと貧困者の地勢的分布に関連するかもしれない（McDuff, 2017）．社会空間的な周縁化はソーシャルワークと関係しなければならない．そして次に，政治的周縁化に関して考えていく．

政治的周縁化

　前述した研究要約のフォスターの論文において，彼女は英国の東北地域が経験してきた社会的不利について指摘している．これらは，雇用機会が少ない，投資が少ない，多くの難民と亡命者が集められた英国北部で再現されている．善かれ悪しかれ，ウェストミンスター地区で周縁化がみられる．これは，緊張が走った世紀（20世紀）の初期にみられ，コミュニティの感情的そして行動的パターンに広がった（Zizek, 2011）．ソーシャルワーカーは，コミュニティの結束を促進していくために，社会的不利に立たされた縁での生活を受け入れ，また社会の拒否を暴力で訴えようとする人々に働きかけを行うために，周縁化の関心，知覚，そして生きた経験（lived experiences）を通して方向を踏み固め歩んだ．

　2016年の国民投票に従い，さらに政治にかかわりを持つようになった若年層は，疎外や周縁化の感情を表している（さらに詳細に第4章で議論する話題）．伝統的に労働党に投票する地域の人々は，これらの伝統を拒絶してより過激な政党に転向した．そして市民に役立つよりむしろ自らを守ろうとした英国政治の均質化された雰囲気の中で無視されているという信念を持つようになった．しかしながら，政治的な縁（margins）にあることは，ソーシャルワーカーが抵抗をもたらすために働く必要があることに再点火することになった（Guo and Tsui, 2010）．

性的周縁化

セクシュアリティとジェンダーに基づいた周縁化は，平等法の制定やピーター・タッチェル Peter Tatchell のようなゲイの権利運動家のレガシー，および1960年代後半からのフェミニズム第二波にもかかわらずひろがったまま残った（Ahmed, 2017）．ソーシャルワークは，ほとんどの認定登録された実践家が女性であり，そしてソーシャルワークを学ぶ学生のほとんどが女性である専門職種である．それに対して多くの管理者そして政策指揮者，教育やアカデミックのポジションにある人は男性のままであり，それは不相応なことである（Ashencaen Crabtree and Parker, 2014; Parker and Ashencaen Crabtree, 2014a）．ソーシャルワーク自体が性差別によって苦しめられたまま残っている．そしてそれはより広い社会を反映して，世界の人々の想定の一部になる．これを明るみに出すことで，ソーシャルワーカーとして行動をとることは重要である．しかしながら，ソーシャルワーク固有の性差別，そしてより広い社会が疑いをかけないことはより複雑である．男性ソーシャルワーク学生の研究において，明白ではないが，男子学生に逸脱性（be deviant），潜在的侵略性（potentially predatory），権力関心性（interested in power）をもつとされる見方が示されている（Ashencaen Crabtree and Parker, 2014; Parker and Ashencaen Crabtree, 2014a）（この話題は第4章で再考される）．

ジェンダーあるいはセクシュアリティに基づいた周縁化は，ソーシャルワーカーが関係することができ，思い込みを露呈し，公正を求める運動が展開できる重要な分野である．これはソーシャルワーカー学生であるあなたが積極的に行動できることである．以下のケーススタディを考えなさい．

ケーススタディ

マギーは英国の大きい都市の大学のソーシャルワークコースのプログラムリーダーであった．学生は国内の女性で占められていた．それは国中の他のプログラムも同じようであった．七人の教員スタッフで彼女はたっ

16　パートⅠ：社会的不利と周縁化の理解

た二人の女性のうちの一人であった．プログラムへの最近の変化について学生とスタッフグループに説明するために召集したミーティングで，彼女が簡単に会釈し，学生に挨拶しようとしたとき，学生はこんにちはと男性スタッフに言って，彼らに握手しに行ったのに気付いた．ミーティングが始まったとき，学生グループは，言われたことを男性スタッフに確認する傾向がみられた．マギーは，端に追いやられた感覚があったことを同僚に話した．同僚はこれに気付いて，男性スタッフグループのこの言外の，そして，間違いなく無意識の特権を与えられていることに挑戦する何かをしなければならないと認めた．

マージナリア（Marginalia）訳注1-4

　私たちはこのセクションを始めたとき，見えない空白の空間を示して，本の欄外（margins）について言及した．もちろん，これはいつもそうであるというわけではないが，多くのテキストにおいて欄外の書き込みが，解釈，理解，および解明をそれらに加える類似として同時に描くことは役にたつ．社会政治的な欄外の書き込みに関して解釈を与えることとして周縁化を理解することは可能である．ソーシャルワーカーは欄外にある人々のレンズをとおして彼らの経験を明らかにすること，そして解釈するための責任を持っている．そして，社会の欄外から人間をきざみそして／また読むことができる．そして広くこれらを公表することができる．本書で議論されるように，ソーシャルワークは政治的活動であり，縁にいることになることが，しばしば解放の視点（liberation perspective）を探求するために必要となる（Freire, 1972）．これはロマンチックに聞こえるかもしれないが，人々が経験する痛みと苦悩は，行動のための私たちのガイドであるに違いない．そして，政治的，社会的，コミュニティと個人の変化を通して彼らの緩和を求めていくことは，ソーシャルワーカーとしての役割である．

　周縁化は人々の経験とこれらが与える社会的な分断について考える語彙を広げる．周縁化は様々な社会的分断相互作用の違った方法のより微妙な個人，家

族，集団とコミュニティの経験に関与する．周縁化はアフマド Ahmed とロジャース Rogers（2016）のように，人種／民族，ジェンダーとセクシャリティの複雑性を階層のような社会的区別への規範的アプローチに焦点をあてる旧来の説明枠組みを超えていく概念として理解できる．主として本来的な健康と社会ケアに焦点を合わせながら，アフマドとロジャースは以下のように述べている．

> 私たちは，社会において聞かれることが少ない集団の健康と社会ケアサービスのアクセスに関して解決しがたい経験をつくる力動と過程を意味する用語として「周縁化」という用語を使う．しかしそれには，より広い適用性がある．周縁化はまた，社会的地位に関連して，社会（たとえば，民族集団）における特定のグルーピングにより生まれ生じるが，他では，それは障害者になることをとおして，あるいは経済システムの変化によって生じる．
>
> （Ahmed and Rogers, 2016: 12）

　私たちが本書で周縁化を取り上げるのは，このより広い用語としての使用である．

　周縁化そして差別と抑圧の概念間には関連がある．差別と抑圧はソーシャルワークでよく交差される．次のセクションでは，交差性と超多様性の関連言説を使用する．社会的不利と周縁化の概念がどのように関連するかを描きながら考察していく．

差別，抑圧，交差性と超多様性

　しばしば差別は間違っていると疑いなく思われている．しかしながら，差別は価値中立であることを思い出すことは重要である．正当な差別とアンフェアな差別の両方がある（Benatar, 2012）．次の例は，この考えを例証するのを助けるだろう．絵画芸術家がカラーパレットで染色をするとき，遅い夕空を描くためにピンクの最も良い色合いを選ぼうとするときのことを考えてみよう．この芸術家は良い色を見つけるまで様々な色合いを差別するだろう．それで，差別とは，選択をしていくために選ぶことと何かに特権を与えることに関係がある．

18 パートⅠ：社会的不利と周縁化の理解

何かに特権が与えられる行為は，その扱いが社会あるいは文化的特性や区別からの判断や提供のためのクライテリア（評価基準）となり，一人の個人に分け与えられるその扱いがもう一つに与えられる扱いと異なるならば差別はアンフェアになる．

　再度，次の例はこの理解を助けるだろう．

ケーススタディ

　バヒーヤは幼児ヤヒヤの若い母である．そして，ヤヒヤには行動上の困難があった．ヤヒヤ（男児）は，地元の幼児教室で，しばしば母親や友人に攻撃的になり噛みついたり，蹴ったりしてしまうかんしゃくを持っていた．そのせいで，他の親から疎外され，バヒーヤは孤立していた．彼女は，彼の行動を管理することに関してソーシャルサービス部に紹介されることに同意した．ヤドウィガは，ステファンに似たような困難を経験していたので，サポートのための紹介に同意した．

　バヒーヤとヤドウィガの二人は，ソーシャルワーカーのトムから訪問の申し出を受け入れた．そして，バヒーヤの夫は，トムが訪問したとき，会うために仕事の休みを取った．ヤドウィガのパートナーは，その時に，仕事があり都合を付けられなかった．トムは，バヒーヤとヤドウィガ両方に一対一での行動ワークプログラム（行動障害をもつ親のプログラム）を提供することが可能であった．

　しかしながら，トムは特定の時間にこれを引き受けることができるだけであり，バヒーヤの夫がその時に同席することができないので，バヒーヤはプログラムを受けることができなかった（男性と女性が一対一でいることが難しい文化的背景から）．ソーシャルワークチームは非常に忙しく，そして，手があいている他の女性ワーカーは誰もいなかった．ヤドウィガにはサポートを提供することは可能であったが，バヒーヤにサポートを提供するのは可能ではなかった．バヒーヤは，ヤヒヤが他の子どもを混乱させ過ぎるので，幼児グループから外れるように頼まれた．

第1章 概念の理解　19

　両方の母親に手助けとサポートが提供されようとした一方で，バヒーヤの女性として単独に動くことに否定的文化的ニーズから適用されることができなかった．彼女は，男性とともに動くのが許容されたヤドウィガのようにはサービスを利用できなかったので，バヒーヤとヤヒヤのニーズは満たされなかった．そして，文化的な特性に基づいて，そのサポートは利用できなかったといえる．[訳注1-5] これはトムとソーシャルワークチームの善意にもかかわらずアンフェアな差別の表れである．

　差別に関する討議はかなり論議を呼び，対応するための複雑さと困難さがある．次の演習でのいくつかの論点を通して考えてみよう．

演習1.4

　以下のケーススタディを読み込みなさい，そして，新聞記事のリンクにアクセスしなさい（*http://www.guardian.co.uk/society/2012/nov/26/ukip-fostering-row-couple-apology*）．読んだ後でそのケースと記事について考えてみよう．

1. ソーシャルワーカーの行動は正当であったか？
2. ソーシャルワーカーが差別していて，そうだとすれば，この差別は，フェアであったかアンフェアであったか？
3. このような複雑で論争のある状況でソーシャルワーカーはどのように行動するだろうか？

　2012年11月に，ソーシャルワーカーは，サウスヨークシアの二人の里親の三人の里子を，里親が UKIP のメンバーであることがわかってから，彼[訳注1-6] *らから里子を引き離した．ソーシャルワーカーは，子どもたちが人種差別主義のイデオロギーにさらされて，そのような UKIP の提示を信じるとしたならば，彼ら（子どもたち）の心理社会的にさしつかえるリスクがあることを心配した．夫婦は，ソーシャルワーカーの行動は異なった政党の政治的リーダーによる質問を受けた対応であったとして訴えた．そして，その件は審議会によって調査された．*

20 パートⅠ：社会的不利と周縁化の理解

コメント

　これは複雑なケースであり，ソーシャルワーカーとしての義務は，子ども
の安全と福祉を確実にすることである．これは，身体的危害からと同様
に非常に心理的危害やダメージからの保護を意味する．このケースは非常
に複雑であり，ソーシャルワーカーは子どもの文化的民族的ニーズが保持
されることを確実にするための行動を取った．しかしながら，UKIP の民
族性と移民に関してそれが破壊的なイデオロギーと考えるにしても，それ
が英国の合法的政党の政党員であるだけで養護ケアから誰かを締め出す
という決定はアンフェアな差別をつくるだろう（悪意のある人種差別主義の視
点を表現した誰かがケアラーになるのを防ぐのは，アンフェアとはいえないだろうけれ
ども）．

　この演習での質問は，あなたの考えの省察をさせるよう設計されてい
る．簡単な答えはなくて，ソーシャルワーカーとして，このような複雑な
ケースに直面するとき私たちは，ソーシャルワークは足を止めて専門的
スーパービジョンのサポートにおいて，倫理的そして道徳的な基本に戻ら
なければならない．

　トンプソン Thompson（2016）は，差別はそれ自体中立的な用語であるが，
私たちも促してきたように，それが一般的に，ソーシャルワーク研究の文献
（social work literature）で考察されるアンフェア（unfair）な差別であることを認
めている．認識の違いがある特性の評価が結果として人々への特異で不利な扱
いの基礎となっていく．トンプソンは中立的な用語が特性の評価の結果として
特異な不利な扱いとなることに権力の複合的概念を追加している．それは差別
と抑圧に関するホリスティックモデルの発展を与えており，心理学的／個人的
偏見，文化組織的視点と社会構造の中に埋め込まれた相互作用であることが認
められる．これらのレベルにおける抑圧が，影響を及ぼすあるいは口を出すか
もしれない権利がある社会において個人の周縁化が導かれることは確かなこと
である．次にトンプソンの個人的・文化的・社会的（PCS）モデル（2016）を探^{訳注1-7}

ることとする.

差別の個人的文化的社会的局面

トンプソンは，差別と抑圧に関する相互的に絡み合うモデルを開発した．重要なことに，性差別，人種差別あるいは年齢差別そして他の社会的特性者としてレッテルがはられることは個人的偏見だけではないことを指摘した．むしろ，彼は，人種差別，性差別，年齢差別，および障害者差別は，人々が暮らしている文化とコミュニティに影響を及ぼす社会の構造の中で深く染み込ませられて，これらの両方（文化とコミュニティに影響を及ぼす社会の構造）が個人のふるまいと信念に影響を及ぼすと説明した．また，彼は，これは多面的方向であると指摘した．すなわち，個人的信念もまた組織やコミュニティの進展において彼らの中にある特定の習慣（ethos）に反映し，そして個人とコミュニティあるいは文化は，社会の構造が再創造されるところにおいて社会の方法に反映する（Thompson, 2016）．時々，コミュニティと個人的偏見の影響は，愛国心，ポピリズムそしてそれへの反応で見られる．たとえば，2008年の緊縮対策導入，そしてとりわけ2016年の英国における EU 資格の国民投票以来ヨーロッパにおける右翼ポピリズムの高まりに注意がいる．しかしながら，よりしばしば，この再帰的な形式である社会的構造は，様々な社会的な特性と分類への，当然のこととして取られるアプローチに関して複雑な起源を解くことは難しく，より微妙な方法で個人，コミュニティ，社会的思考および行動に影響を及ぼす．

反抑圧的実践

アンフェアな扱いに構造的原因に働きかけるための別の重要なアプローチは反抑圧的実践から起こった．ドミネリ Dominelli とトンプソンの仕事は，英国とそれ以外のソーシャルワーカーのレパートリーの中では埋もれてしまう可能性はあるが反抑圧実践は探検することに価値がある．ソーシャルワークは，様々な領域で抑圧された人々と長い歴史をもっている．文献を通して，20世紀の後半に変化を見ることができる．ソーシャルワークは個人に焦点があてられた方法とケースワーク（Perlman, 1957; Biestek, 1961; Hollis, 1964）から，今では，人間に関する非常に必要な現代的焦点を実証するアプローチにシフトしている．これ

22 　パートⅠ：社会的不利と周縁化の理解

はより多く顕在化する政治的問題，ラディカル・ソーシャルワークアプローチ（*radical social work*）とレッテルが貼られる有力なマルキストアプローチ（Bailey and Brake, 1975; Corrigan and Leonard, 1978）を通して，また近年，ラファレット Lavalette（2011）とファーガソン Ferguson（2008）のネオマルキストと批評的視点の学派が増加している（Ife, 1997; Fook, 2016）ことで再起している．その関係と政治上の間に点在しているのは，ソーシャルワークにおける反人種差別主義（Dominelli, 2008; Bartoli, 2013），フェミニスト視点（Dominelli and McLeod, 1989; Langan and Day, 1992; Milner, 2001）そしてエイジズム（ageism）（Thompson, 2005）への強調である．

　この考えと実践が一緒に描かれる概念は，反差別あるいは反抑圧的実践で練り上げられている．この用語は同義であるというよりむしろ区別され異なるが，しばしば互換性を持って使用される（Dalrymple and Burke, 2006; Clifford and Burke, 2009; Parker, 2010）．反差別実践は，特定の特性と人々によって経験された問題に焦点を合わせる傾向があるが，後で見るように，個人は，彼らの生活史と自伝による多方面の方法で世界を経験する．人々はただ一つの問題に焦点を合わせられない．したがって，反抑圧実践は，交差していて，非階層的な方法で権力，その不正使用（abuse）に人々のネガティブな経験を考えていく傾向がある．この理解は，社会的特性と区分のために社会的，組織的そして個別的応答から生じるパワー（power）の不利に関して，私たちが，周縁化を概念化することを助ける（Thompson, 2016と PCS モデルを参照）．^{訳注1-7}社会と他者の中と外から周縁化されている人々の位置と文脈を理解するためのこのアプローチは，次にむけられていく交差性そして超多様性モデルの出現によって，さらに広げられ，導かれる．

交差性

　ロメロ Romero（2017）は，これまでの社会的差別や不平等に対するそれぞれの一元的アプローチは，人のアイデンティティと経験の一つあるいは部分的特性に焦点が合わられていて，もはや実用的でないと主張する．特定の時間に関係する社会的相違に焦点を合わせる必要を認めることは重要ではあるが，他

との相互作用がなされない限り，人はそのような了解事項がかつてあったかどうかさえ疑うことになる．ロメロは社会的不利と差別のすべてのシステムの活発な相互作用が，彼らの人生経験を形成しながら，そして彼らにそれらがどのようにもたらされる影響が個人の中に相互作用するかを理解して考えることが必要であるという．この理解の重要性は，コリンズとビルジ Hill Collins and Bilge（2016）によって強調され，アンダーソンとコリンズ Anderson and Hill Collins（2007）の初期の仕事で打ち立てられている．彼らは人種，階級そしてジェンダーの交差性と相互作用性に焦点をあてる．これは*支配のマトリクス*として述べられている．

> *支配のマトリクスとは，人種，階級，ジェンダーの社会構成に由来する，多面的そして連動的レベルの支配が仮定される．*

（Romero, 2017: 5 ）

フック Fook（2016）が説明するように，「交差性（intersectionality）」という用語は，かなり最近，差別と不利に関する領域の用語（lexicon）として導入されている．実際に，彼女は人種とジェンダーの相互作用が，黒人アメリカ人女性のネガティブな社会経験を複雑化させていることに注目したクレンショー Crenshaw（1991）の貢献を認識している．

アフマドとロジャース（2016）は，異なった社会的位置にある人々がどのように複数の層の経験とアイデンティティ構造を形成して，オーバラップしていくのかを理解する手段としての交差性を広げた．彼らは，周縁化と，それがどのように理解されるかを様々な視点から見るときに，交差性は非常に有用だと考えている．階層的アプローチの観点から知覚される多面的抑圧とその緊張の概念は，1990年代以来，不平等と抑圧のカテゴリーと交差する範囲を広げる方法においてソーシャルワークの中で明白に討議されてきた（Dalrymple and Burke, 2006; Parker, 2010）．残念なことに，このような議論の中には，連動する社会的分断がもたらす多大な影響には目を向けず，特定のグループを周縁に追いやったり，ある集団または別の集団に永続的な特別な地位を主張したりする傾向にある．

フックによって引用された議論への有益な追加は，社会学者ミール Meer

24 パートⅠ：社会的不利と周縁化の理解

(2014) からくる．ミールは異なる社会集団間の不平等に関係する構造的交差性
と，複数の構造的不平等から生じる政治的検討課題に関係する政治的交差性と
を役に立つよう分けている．残念ながら，もちろん，それらの政治的検討課題
の多くは，個人の，集団の，コミュニティの抑圧と周縁化の構造的な局面に注
意を遠くに紛らわすことを試みるかもしれない．

超多様性

　超多様性（super-diversity）の概念は，スティーブン・バートベック Stephen
Vertovec（2007a, b）がグローバル化する移民パターンの文脈を要約する用語と
して，その概念を使用した2007年に明らかにされることとなった．その概念は，
グローバル化する移民パターンの変化が受け入れ国の中で単に元々の民族性，
言語，国の同一性が拡大するというよりも広く，また包含することを示してい
る．

　　人々がどこで，どのように，誰と暮らすかに影響を与える重要な変数が増
　　しているのである．この10年間で，様々に新しく変化する移住の変数が急
　　増し，相互に条件付けしあうようになったことは，社会科学やより広い公
　　共圏で常態化しているように，「多様性」を民族性という観点だけでとら
　　えるだけでは不十分であることを示している．複雑な現代の特質，つまり
　　多様な移住者の動き，追加変数を理解することそして完全に表すためには，
　　社会科学者，政策立案者，実践家そして公によってよりよく認識される必
　　要がある．これには，法的地位の差とそれに付随する条件，労働市場から
　　逸脱する経験，性別と年齢の分離的構成，空間的分布のパターン，そして
　　サービス提供者と住民による複雑な地域対応などが含まれる．これらの変
　　数の力動的相互作用が「超多様性」によって意味されることである．

　　　　　　　　　　　　　　　　　　　　　　　　　（Vertovec, 2007a: 1025）

　この概念は，バートベック Vertovec（2014）が明らかにして発展した．300
以上の刊行物が，2007年以来「超多様性」の用語を使った．使用は，グローバル
であり，多くの異なった分野に及んで，多くの異なった方法で使用され，民族

にかかる焦点からの広がりから現代社会の複雑で多層性の関心までにおよぶ．事実，バーミンガム大学では，研究所があり，その IRiS は，超多様性の研究所として開所された (https://www.birmingham.ac.uk/research/activity/superdiversity-institute/index.aspx).

バートベックは，進行する多様化，増加する人種差別，人種を超えた移住に言及するところから，多様性が現代生活で複雑に経験され，応答され，あるいは，関連するところの社会政治状況が変化されていくことを認識し，用語が多くの異なった方法で使用されることをつきとめた．マイスナーとバートベック Meissner and Vertovec (2015) は，超多様性の概念の発展的活用を探究する特集誌を編集し，さらに概念を広げた．

この超多様性という多層的で複雑な概念は，ソーシャルワーク実践が文化を理解するのに役立つ．そこでのソーシャルワーク実践は，社会のある部分やある集団を支援し，イネーブリングしたり，調整したりする手段とはもはや見なされない．それは，ソーシャルワークが「他者」の不利益や疎外に反対する運動を展開するために，社会における特権的立場に挑戦することができるという視点を提供するものである．超多様性の概念は，おそらくマクロおよびメゾレベルでの特定の民族性，ジェンダー，セクシュアリティ，慢性性 (chronicities)，能力，宗教，スピリチュアリティなどを提示する多様な人々集団の複雑な理解へと向かうソーシャルワークへの道筋を提示するのに役立つ．

しかしながら私たちは個人と家族に明確に危険があるとき（複雑で，様々な行動の違いに関する説明なしで危険が認められるとき），超多様性概念の無批判な活用という危険が生じると主張している (Parker et al., 近刊)．たとえば，クリンビー調査 (Laming, 2003) では，危険な文化的信念に異議を唱えなかったことが，ビクトリアの悲劇的な死につながった状況に関連づけられる．繰り返しになるが，本書を通して強調しているように，このような潜在的な問題を相殺するためには，実践者の省察的な考え方が重要である．

超多様性は多くをシェアする．気づいたように，交差性と反抑圧実践の概念は人種，民族性，年齢，ジェンダー，および能力の簡単で，単一の焦点の考えを超えている．すべてのソーシャルワーカーが今日の複雑な仕事の世界，つまりサービス利用者と社会政治的要求がある中で働き続けるときに，複雑性の認

識は保つ必要のあるものである.

　人々が周縁におかれてしまうことになる方法を理解することを始めるとき，これまでの議論の多くが，影響力のある，社会的実践に関するフランスの社会理論家ピエール・ブルデュー Pierre Bourdieu（1977）の思考を使用することで理解することができる．彼は，ハビトゥス（*habitus*）（人生経験からの思考と行動の持続的方法），資本（capital）（異なったリソースと才能のある人は異なった環境を持つ），場（field）（人が住んで働く地域），およびドクサ（*doxa*：暗黙の了解はしばしば私たちの考えと行動を誘導する，深く根付いた無意識の信念）の複雑な相互関係（Bourdieu, 1977; Bourdieu and Wacquant, 1999）を前提とした．これらのことは，第3章において周縁化されるようになる人々のその過程を見るとき，より大きい深まりで探索される．

なぜ社会的不利と周縁化はソーシャルワーカーにとって重要なのか？

　社会的不利になることは，周知のごとく，おそらく多くの人々が自分たちのこととして考えたくないことである．しかしながら，社会的不利におかれることは周縁化と緊密に結びついている．周縁化に導かれるだけでなく社会的不利におかれるようになることは，他の人々が他からやってくることでその人たちを取り外すことを意味する.

　本書を通して探っていくが，ソーシャルワーカーはしばしば，脆弱であり閾（いき）の位置（liminal positions）にある他者とともに立つからこそ，際立つのである（Parker, 2007）．実際にソーシャルワーカーは社会から周縁化された人々（第2章参照）の集団を代表していると言えるかもしれないが，ソーシャルワークサービスを利用する人々がソーシャルワーカーに権力と権威を認識していることを考えると，これはより複雑である．ソーシャルワーカーは，むしろローマ神話に登場する二つの顔を持つ神ヤヌスのように，現代の社会構造やシステムの端にいると同時に，不可欠な存在でもある.

本章のまとめ

　本章では，社会的不利と周縁化に関する中心的概念を探求した．これらの経験が個人や集団の生活に与えるかもしれない現代社会の意味と影響を検討しながら，社会的不利と周縁化の検討と並んで，人々の経験の間にある相互関係を探求するために，反差別と反抑圧実践，交差性と超多様性のひろい概念を考察してきた．特定の人々と集団，そして片方に有利とすることのネガティブな影響をもつと判断されるアンフェアな不利を言及するために「社会的不利」という用語を使用している．周縁化に関する探求は，外部から人に苦しみを与える不公正（inequity）な扱いに関連付けられ，そして生来的（inherent）な劣勢の結果ではなく，個人の人生の複雑性を承認するために，人種／民族性，ジェンダーとセクシュアリティ，そして階層に基づく社会的分断に対しての規範的な（normative），そしてしばしば特異なアプローチに焦点を合わせる傾向のあった以前の説明的な枠組みを超える動きの概念として理解していくことを導いた．次の章では，社会的不利と周縁化がどのように生じていくかを見る前に，誰が周縁化あるいは社会的不利であるだろうかを考えていく．

さらなる読書

Ahmed, A. and Rogers, M. (eds.) (2016) *Working with Marginalised Groups*. Basingstroke : Palgrave.

この素晴らしく，短く編集された論文集は，様々な実際的で理論上の洞察を私たちに周縁化の理解にもたらし，社会の縁にいる人々への働きかけの方法を提供している．

Thompson, N. (2016) *Anti-Discriminatory Practice, 6th ed.* Basingstoke : Palgrave.

トンプソンの将来性のある仕事の最新版は，ソーシャルワーク実践において日常的に遭遇する様々な社会的分断に対して PCS モデルを徹底的に探り，それをあてはめる．トンプソンの明晰な学問的アプローチは，反差別と反抑圧実践を考察するときに，役立たせることができる．

訳注

訳注1-1　Professional Capabilities Framework（PCF）；PCF とは英国ソーシャルワーカー協会（BASW）により IFSW 定義などに合わせてつくられたソーシャルワーカーの専門職能力枠組みとして示されているものである．ソーシャルワーカーの資質として求められる9の領域（① プロフェッショナリズム，② 価値と倫理，③ 多様性，④ 権利・正義・経済

28 パートⅠ：社会的不利と周縁化の理解

的ウェルビーイング，⑤ 知識，⑥ 批判的省察と分析，⑦ 介入とスキル，⑧ 文脈と組織，
⑨ 専門的リーダーシップ）を総合して実践する能力枠組として示されている．https://
new.basw.co.uk/training-cpd/professional-capabilities-framework-pcf

訳注1-2　ここでは公平 equality は全てを同等に扱うことや偏りがないことを指している．そ
して公正 equity は正しさを重視し，法律や規則に基づいて利益や権利を分配することを意
味し，たとえば年齢や体重，身長と関係なく一定量の食糧を配給することが公平であり，
それぞれの状況にあわせ結果として必要な栄養が行きわたる権利があることが公正とされ
ている．

訳注1-3　「周縁化」は「端に追いやられる」「本流からはずされる」こととして考えてみなさい．

訳注1-4　マージナリアはここでは「欄外の書き込み」を示す．

訳注1-5　バヒーヤはイスラム圏の女性名であり，ヤドウィカはポーランド系の女性名である．
文化的背景が違うことがサポートの可否につながった事例である．

訳注1-6　UKIP：英国独立党（UK Independence Party）のことを示す．

訳注1-7　PCS モデルとはトンプソンの P(Personal, 個人的)C(Cultural, 文化的)S(Structural,
社会構造）の相互作用モデルを示す．

第2章　社会的不利と周縁におかれた人々とは誰か

ソーシャルワーク学位の達成

　本章は，専門職能力枠（Professional Capabilities Framework）にそって適正な水準に向けて，あなたが次のような能力を発展させていくことを手助けする．

プロフェッショナリズム
　専門職の限界を認識し，助言をどのように求めるかを知る．

価値と倫理
　相反する価値や競合する価値を管理し，ガイダンスを受けながら倫理的ジレンマを認識，内省し，対処する．

多様性
　文化，経済状態，家族構成，生活（人生）経験，そして人格のような要素がどのように個人のアイデンティティとして形成されていくのか理解する，そして，これらを考慮に入れて，必要な所を仮定して問いながら，彼らの経験を理解する．

権利，正義，および経済的ウェルビーイング
　貧困と社会的疎外の影響を認識し，教育，仕事，住宅，ヘルスサービス，および福祉給付へのアクセスを通して経済状況の向上を促進する．

知　識
　老化や発達を考慮に入れながら人々の生活上の心理学的，社会経済的，環境生理学的要因の短期そして長期の影響を認識すること，そしてこの情報をどのように実践するかを認識する．

　また，ソーシャルワーク科目指標書で出されている，以下のアカデミックな基準を紹介する．
5.2.iii：ソーシャルワーク理論
5.3.iv：価値，倫理
5.4.i-v：サービス利用者とケアラー

30 パートⅠ：社会的不利と周縁化の理解

5.5：ソーシャルワーク実践の本質

　本章において，社会的不利あるいは周辺におかれているは誰であり，そして
どのような集団であるのか，そしてどんな方法においてかを検討する．貧困，
民族性，そして移住状態，教育的達成と能力，未就労状態，健康状態，障害，ジェ
ンダーとセクシュアリティ，信念と文化のシステム（宗教，行動上，そして，政治
上の），サブカルチャーとのかかわり，家族内周縁化，いじめ，虐待，および
自己周縁化を含む社会文化的で心理社会的な要因を探る．この概観はこれから
の章で導かれる．それは，人々がなぜ社会的不利あるいは端におかれるのかを
理解していこうとすることである．しかしながら，まず，その前に現代の英国
のソーシャルワークが，どのような必要性があり構成され，そしてその必要性
について彼ら自身がどのようにみてきたのかに関連しながら，コミュニティに
おいて長く連続的に位置づけられてきたのかを理解するために短い歴史的振り
返りを行っていく．

英国ソーシャルワークの変化

　ソーシャルワーカーがどういう人々に働きかけるのかと一般の人に尋ねる
と，彼らの推測は，児童，高齢者，そして様々な種類の障害あるいは虚弱をと
もなう人々をあげることが多い．あらゆるソーシャルワークの教科書を開いて
みると，長年にわたって専門職介入と介入を受けている人々／集団には多くの
類似性があることが見つけられるであろう．このことは，今日の人々を悩ませ，
外部の助けを求めたり受けたりするような問題が，長い年月をかけて人々がし
ばしば経験してきた問題とそれほどかけ離れていないことからも驚くべきこと
ではない．変化していることは，政治化された言説の中でこのようなケアがあ
てはめられ，現代社会においてどのように規制・管理されたケア提供（care
provision）がなされているかということである．英国のソーシャルワークは，
その行く末を描くために，どこから来たのかを確認するためだけであれば，そ
のような回顧的な見方をすることを喜ぶ分野ではない．残念なことは，これら

の事実が知らされていない過去の教訓から学ぶのは難しいということである．したがって，社会的ニーズと社会福祉の歴史的な理解をすることに向けていくことが情報に通じたそしてエンパワーされたソーシャルワーカーにとっての中心的知識であると主張する．

それどころか，非常に制限されているカリキュラムであるため，非常に限られた食事のためにすごい食欲を誇らしげにする中国パンダのように，学問としてのソーシャルワークと実践としてのソーシャルワークの間で作られた正確さと不正確さの不一致がしばしばある．最近の政府と地方自治体は，おそらくそれ以上に複雑で微妙な違いのある専門職の知的な，哲学的な面を軽視して，中傷することによって，ソーシャルワークの実用的局面を向上させることを強調している．ソーシャルワーカーは，その役割からして，またソーシャルワーク自体も，不公正が蔓延する社会における多くのファウルラインをまたいでいることから，その本質が破壊的（subversive）であると見なされることがある．

破壊的であることは，正義に対して多くの不正が明らかであるときには，そしてそれらの不正が制度上，構造上浸透している場合には，良いことである．しかしながら，それはまた既存体制に対する脅威を意味し，そのために鈍くてコンプライアンスに準拠した労働力にソーシャルワークがならされていくことは，政党からソーシャルワーク教育とソーシャルワーカーに狙いが定められる政府批評の主たる目標のようである．忠実に社会のコーナーと継ぎ目を接着剤でつける実践家の実用的な（無批判な），効果的な（非創造的／想像力のない）社会サービスは，そして，官僚の地方公共団体エンジンから煽られ日常がキープされながら，質的なことや品質が落とされた結果の目的が何か，そして誰のためにかを気にかけないことを生み出してしまう．それはそのように思うかもしれない人にはよい考えである．しかしソーシャルワーカーとサービスを利用する人々には，そのようなビジョンは呪文であり，抵抗されるべき一つである．

ソーシャルワークは一度も心地よくなることはない．それはそうであり，誇らしげな一匹狼専門職（maverick profession）としてとどまるべきである．時にはいばらの道を歩いて，しばしばややこしい交差点に直面している人の，そこでの失敗は，超自然ではない，組織，人間のあらゆる領域（in any domain of human）において予測されることとして，生じるであろう．しかし，はるかに

32 パートⅠ：社会的不利と周縁化の理解

しばしばの進歩と成功は，私たちの仕事の大きい特徴である．

　第1章では，周縁化された人々の集団を示しながら，ソーシャルワークにおけるいくぶんの論争の余地のある見解を提起した．明らかに論争の余地のあることの一方で，これはあまりに比喩的ではない．ソーシャルワークの役割は，矛盾とパラドックスの一つをいつも持っている．ソーシャルワーカーは弁護とまた取り締まる人として機能する．彼らは，サービスへのアクセスポイントとして機能して，そして社会的に恵まれないサービス利用者の人生を再創造するのを手助けする．同時に彼らは，「ニーズを評価する」ことによりサービスに対するゲートキーパー（門番）としても機能する．現実的意味において，ある境界線内であることを満たしているかあるいは合法化されているものとしてみられる人々のニーズだけを評価する．英国において，ソーシャルワーカーの大多数は，独立したそして非政府機関よりもむしろ，国営のサービス機関で働いている．その結果，ソーシャルワーカーは，また国のために働き，大きい不正義と不公正（great injustices and inequities）を和らげることを探求しながらの問題の多いそして論争のあるスペースにいるといえる．

　ソーシャルワークへの非難（stigmatization）は，社会的に恵まれない人々，すなわち逸脱者，死者と病者と一般に考えられる人とソーシャルワークが直接つながっていることに由来する．周縁にある生き残りと追放者と見なされる人々は，他者や一般に感情を困惑させる感情移入反応を生み出す傾向がある．ポジティブなこととしては，社会的良心を元気づけ，そして他者を手助けする活発なかかわりや苦しみの改善を引き起こすことができる．もう一つの反応としては，苦しみを目撃したり聞いたりすることで，個人の中に相反する感情が生まれ，嫌悪や回避（aversion and avoidance）が生じるということがある．あるいは慈善団体（それ自体が企業化されたビジネス）は，悲惨な痛みのイメージで不快感を与え，それを電子的に送信される5ポンドの申し込みによって和らげようとする．ソーシャルワーカー（および感情労働に携わる他の職員）において，サービス利用者の痛みや苦しみに過剰に，あるいは強烈にさらされることによって生じる共感的苦痛は，感情的な「燃え尽き（burn-out）」（Wacker and Dziobek, 2016）の根底にあり，ストレスや病気につながる．

第2章　社会的不利と周縁におかれた人々とは誰か　33

演習2.1

　家か，学校か大学あるいは職場にかかわらず，あなたが，正しくないのを知り続けながら，はっきりと話すべきであるとあなたがほんとうに感じたことが，今までにあったか？　あなたがその時行動した方法と理由について思い返しなさい．あなたは再び同じようにするだろうか？

コメント

　時々，私たちは人づてに情報を得たり，何かおかしいことが起きているのではないかと不快に感じる状況に遭遇することがある．ソーシャルワーク／ソーシャルケアの文脈でこのようなことが起こった場合，私たちが何をすべきかを判断するために，専門的価値観と専門的倫理規範の両方に立ち戻るということが，一つの明白な選択肢となりうる．しかしながら，専門職が行動しないと決める理由もまたある．同僚がトラブルに巻き込まれるのを心配するためであったり，問題が起きそうなときは「結束を固める (close ranks)」という暗黙の専門職としての「ルール」があったり，また，「内部告発者」がその行為によってトラブルメーカーのレッテルを貼られ，クビになることも少なくないというためであったりする．

　ソーシャルワークの烙印(stigma)は，一般的に恵まれない人々，つまり逸脱者，迷える人々，病める人々と直接結びついていることに由来するところが大きい．個別に，もちろん，いくぶんのソーシャルワーカーは，現代の聖者（saints）として知っている人には見なされているかもしれないが，これまでに概説されたすべての理由から，ソーシャルワークは本来聖者とは見なされていない．そのような付託は矛盾しすぎてその役割は相反する感情を生みだす．そして社会制度として，簡単で純粋な一般の是認はあまりにあいまい過ぎる．したがって，ソーシャルワーカーは，専門的スキル，英知，および抑圧された人間への思いやり——第6章でより大きく深く考慮する話題——の発展でこれらの不確実性に掛け合っていく方法を自分たち自身と集団的に見つけなければならない．

周縁で生活している，彼らとは誰であるか？

城にいる富めるもの
ゲートにいる貧しきもの
神は彼らの身分を高くも低くもする
そしてもとめられたすべてのもの

(*All Things Bright and Beautiful*, 1848)

マークのゴスペル（Mark's Gospel）（福音書）（14：7）が指摘しているように，貧者は，私たちといつも共にいる――病気も，虚弱も，孤独も，ホームレスもそうである．この明らかに回避不能な状況は，陽気なビクトリア朝の賛美歌の中で簡単に要約されている．*All Things Bright and Beautiful* では貧困は人間社会のとても永久的な特徴であるので，それはみわざのせいにされる．これは，人間の苦悩（human suffering）が永久に存在することが時間を通して無頓着に大目に見られたということではない．救いの手（succor）（手助け help）が提供され，受け取られた多数の方法があり続けてきた．ペイン Payne（2005）によるソーシャルワークの歴史では，中世の英国において，クリスチャンの慈悲に関する義務として不可欠であった修道院と教会での手助け（help）のつながりから確立されたとしている．イエス・キリストの画で例示される浮浪者や病人に対するケア，そして病気への奇跡的癒し（miracle healing）のストーリーに特別に言及されているような修道院は避難所，食物，そして熟練した薬草による治療法の提供をした――病院ケアと同種のまさしくその始まりとされる．しかしながら当時，中世ヨーロッパの文化文明の中心地であったアンダルシアでは，アラブ系ムーア人によって，多宗教の市民のために医療専門分野と組織化された病院がすでに設立されていた（Ashencaen Crabtree et al., 2016）.

聖職者によるケアは，ヘンリー 8 世 Henry Ⅷ の宗教改革時代での修道院解散のときまで続いた．修道院解散は，ヘンリーの新しい女王，アン・ブーリン Anne Boleyn を就かせるため，元王妃の，キャサリン・オブ・アラゴン Catherine of Aragon を退位させ，それまでのローマ法王に対しての英国のカソリック教徒としての結びつきを破棄することによって故意にその道を開いた．このこと

はプロテスタント（新教）に歓迎され，またヘンリーの離婚を許可した．修道院は裕福な場所であったため，怠惰や堕落が修道士に対する謝罪として課された．しかし，ひとたびこのような聖域が，彼らに仕える弱い立場にある人々に対して閉ざされることになると，もはや貧しく無力な状態に置かれるのは修道士だけではなくなった．

15～19世紀に瞬く間の変化は，新しい基準が求められ，そして正式な救護が制度化していった．宗教改革に続いて，修道院に残った福祉のひずみは，国家の力による何らかの組織化された対応を必要とした．国家の対応に，その時のローカル教区で展開された．そこでは，主たる近隣教会の形態において，教会の存在を再び重要として，そしてボーダーライン層に的確なケアを提供した．こうして，教区は特定の教会によって扱われるコミュニティに関連し，教区は制度化された拠点となった．それは，どのようなコミュニティの貧困，そして病気に関する救済も割り当て，そこに生活する人々を救護することが必要と考えられた．貧困の苦難や高い死亡率にもかかわらず，人口は1801年から大きく増えている（Jackson, 1998）．100年間で，人口は，英国とウェールズの人口が1000万人（大部分が田舎が基本）から3500万人，その大部分が都市部の住民であった（Jackson, 1998; Harris, 2004）．急上昇の人口統計上の変化は貧困者数の急な増加をもたらし，福祉改革の要求が導かれていった．

英国における計り知れない社会的大激動の対策として救貧法が打ち出された．救貧法は，周期的にまさしく19世紀まで改訂され続けた．よりエリザベス救貧法で教えられることは，後のより厳しい変化との比較で，どのように教区の貧しい人々がコミュニティで助けられるべきかに関する比較的寛容な解釈を提供したことにある（Fraser, 2009）．たとえば，「院外救済」と初期のジョージアスピーナムランド制，その制度はのちに廃止されたが，農民の低賃金を補うように設計された（Harris, 2004; Fraser, 2009）．教区の支援を求める個人と家族は，その時点の必要性によって分類され，コミュニティは困難が生じているためのケアに対して，道徳的そして宗教的責任があるという仮定によって，エリザベス救貧法の下では，この分類は「労働無能力」と「労働能力のある貧民」のグループに教区サポートの潜在的受領者に境界を示した．労働無能力者とは，実際的に世話をする人が誰もない，窮迫している高齢者，虚弱者，病人，精神異

常者そして孤児であるような人々である.[1]

「労働能力のある貧民」は有効な暮らしをすることで自活することが期待され，その救済は凶作や失業で一時的に地域の支援なしでは厳しい苦労を引き起こす場合に認められた．救貧院（初期の宿泊支援形態），ワークハウス，孤児を徒弟にすること（将来の熟練した仕事のための最も重要な対策）そして「院外救済」は，矯正サポートとしてすべて適用された．「労働能力」があるが怠惰で常習犯と考えられた人々のための懲治院は「鋭いショック（sharp shock）」矯正で基本的に自立することが目指された（Rothman and Morris, 1995）.

1834年新救貧法は，寛容であった田舎に焦点をあてたエリザベス救貧法よりもはるかに厳しい福祉政策に思われた．これは当時，のちに貧困が元来構造的解釈されたよりも，むしろ個人的失敗として捉え，あるいは貧困をまさしく人生の必然的特徴として見なす非常に手厳しい道徳的立場がベースになった．これらの新しい改革は，家族が基本的支給を受けるかつてのサポートであった「院外救済」を全廃した．かつては家族が住み続けることができるように，食料，衣料，金銭といった支援を受けていた．当時，多くの家族は恐れられたワークハウスに収容された．そこでは，夫は妻からそして矯正の難しい貧者への懲罰的ケアとリハビリテーションを受ける親から子どもは切り離された（Fraser, 2009）．チャールズ・ディケンズ Charles Dickens は，『クリスマスキャロル』（*A Christmas Carol*, 1843）で指摘するように，あるものはワークハウスの宿泊所より餓死する方を好み，ぞっとするそして汚名がきせられるという評判であった．19世紀の作品はきまって，ワークハウスの根本的な懲罰主義の劣化を強調した．そこでは，たとえば，トーマス・ハーディー Thomas Hardy の『*遥か群衆を離れて*』（*Far from the Madding Crowd*）では，わびしくそして見捨てられた極貧のファニー・ロビンはケンブリッジ（のワークハウス）で出産中に死ぬ．同じ運命は，オリバーツイストを出産して間もなく救貧院で死亡する若い母親に用意された（Dickens, 1838/2003）．救貧院，なかでもロンドンのブライドウエル拘置所のような救貧院では，男も女も一緒に収容された．そして多様な犯罪者のための処罰と同様の「救済に値しない」と思われる人々へきつい労働が課せられた.

救貧法は，制度化された（制度に基づくだけでなく，組織化されたという意味もある）

支援のために申立者を分類することを前提としていた．「救済に値する（貧民）」と「救済に値しない（貧民）」の概念は，ニーズ，特に窮乏している人自身のニーズをはかるための重要な基準としてみなされた．この道徳的な位置決めは強く批評されたけれども，ほぼ間違いなく，しっかりと確立され残ったままで，非常に明確な響きが現代の社会政策の福祉法規上の言説として見つけられる．19世紀の都市部貧困の新しい形態と産業革命の派生的に生じた結果としての，田舎と同様に，農村地域の貧困（トルパドルの殉難者の不満の源）は，1834年の救貧法の変化（新救貧法）によっても明確に焦点はあてられなかった．それは随分のちにまでなくて，1942年のビバレッジ報告書により，戦後の英国福祉の景色（landscape）全体を造り直すことになった．

　その前に，人間と動物のし尿による水供給の汚染から当然生じるコレラとチフスの苦しみは，公共的し尿排水を設備した素晴らしいビクトリア時代の工学技術の功績を通して今日の衛生対策を大いに改善されることに導いた（Black, 1996）．1833年の工場委員会報告の調査結果は，幼少の子どもが工場において困難で危険な仕事を非常に長時間さらされることに関してゆるやかな猶予を始めた（Fraser, 2009）．しかしながら，家庭内召使の子どもに対する搾取と残酷さは，（20世紀初期の子どもの小説に描かれたように，1905年に発行されたフランセス・ホジソン・バーネット Frances Hodgson Burnett の *A Little Princess*：『小公女』，1905年発刊）工場改革の法律によっては変わらなかった．

　その他の社会福祉改革は，当時の主要な問題に関して社会改良推進運動をする中産階級の改良者のまじめでしばしば火のようなキリスト教の感性によって導かれた．こうして，クエーカー教のエリザベス・フライ Elizaberth Fry は刑務所改革を導いた．そして，ジョセフィン・バトラー Josephine Butler は児童売春とセクシャルヘルス（sexual health）に関して（女性をターゲットにした非道な対応を含んでいる）中傷される事件をとりあげ改良推進運動をした（Payne, 2005）．公営住宅（social housing）はオクタビア・ヒル Octavia Hill によって強く推進運動された，彼女は，都市の貧民のための宿泊設備には病者がぎっしりで，むさくるしく，そして過密状態であることに青ざめた（Harris, 2004）．とても多く知られている慈善（charities）が始められたのはビクトリア時代であった．英国王立動物虐待防止協会（RSPCA），キリスト教青年会（YMCA），王立救命艇

協会（RNLI），バーナードホーム，そして救世軍を含む．児童虐待防止協会（NSPCC）が RSPCA の設立に続くのに数十年間は経過していた——これらは現代の社会的価値に関する重要な位置にある．

経済的に大変豊かになったことで，ロンドンのみで，1861年には慈善団体（charitable bodies）が640と増加した（Fraser, 2009）．これらの慈善団体の戸惑うほどの数と重複する義援金は，慈善的救援の，より効率的で効果的なシステムへの関心を引き起こした．1869年に，一般に現代のケースワークの前身として知られている慈善組織協会（the Charities Organization Society：COS）が設立された（Orme, 2001）．しかし，その前身は「慈善救済物乞い抑制組織協会（Society for the Organization of Charitable Relief and Repress Mendicity）（mendicity は怠惰 idleness という意味であり，mendacity と発音が似ているが全く異なる言葉である）[2]」であり，COS がどのような道徳的スタンスに立っていたかを示すものである．

COS の主な目的は3要素からであった．地域慈善事業の重複を防ぐ（オーガニゼーション組織化（organization）），真のケースニーズ（cases of need）の調査と評価（ソーシャルケースワーク（social case work）），最終的には申立者の福祉依存を防ぐための教育と改革（リハビリテーション（rehabilitation））である．

たてまえとして，救貧法の仕事に従事しながら，COS は，申立者のバックグランドに関する組織化されたアプローチと調査（「福祉のたかりや（welfare scroungers）」の発見）を通した慈善的福祉の責任をもたらした．道徳的な高い見地からの権威と統制は，申立人よりもむしろ COS の掌中にしっかりあった．J. B. プリーストリー J. B. Priestley（1945）の道徳的報復で有名な戯曲，『夜の来訪者』（An Inspector Calls）の筋書きでは，謎めいた警部による尋問をとおして，不当な扱いを受けた若い女性の大きいニーズがある時期に慈悲深い手助けからすげなく追い返されたことが自殺に導いたような，根拠のない先入観や権威に基づき中傷される出来事が連続する場面が徐々に明らかになった．

慈善活動だけで，これほど強大な産業力を持つ国において，恵まれない人々の状況に応じた対処をすることは不可能であり，疑う余地のない大きな福祉ニーズが取り残されたままであった．貧困研究の確立は，「欠乏」（貧困）を克服するには，道徳的な高潔さと自給自足，そして時折の慈善的な助けの手があれば十分だという COS の仮定を覆した．エリザベス・ギャスケル Elizabeth

Gaskell の19世紀の小説で飢餓死が描かれた小説『メアリ・バートン』(*Mary Barton*, 1848) は，北部の工業都市での労働者階級家族の窮乏生活を主題にした．しかし，事実に基づいた情報を得るには，家庭訪問や調査という形で社会調査を行う必要があった．貧困家庭のニーズをより体系的に理解することが必要であり，貧困に関する理論的な概念や分類の開発も必要であった．

ソーシャルケーススタディの形態は最初に，スコットランドで情熱的でカリスマ的な教会牧師のトーマス・チャーマーズ Thomas Chalmers (スコットランド自由教会の創設者) によって例示された．彼は，1815年にグラスゴーでの教区仕事で熱意ある布教活動をもたらしていた (Payne, 2005)．窮迫している教区民に対するチャーマーズの関心は，教会のケアを受ける2000世帯以上のそれぞれの家庭を訪問したことで動機づけられた．ロンドンでは，救世軍の創設者であるウイリアム・ブース William Booth が，1886年と1887年に，タワーハムレッツ，イーストロンドンとハックニーの調査に着手し，その結果としてその後「貧困線」の概念が開発された．彼の仕事は，動物に与えられたケアレベル (タクシー馬) より何百万人もの現代英国人へのケアがはるかに劣ることのショッキングな比較を引き出した (Fraser, 2009)．プロハスカ Prochaska (2006) が指摘するように，ヴィクトリア朝の社会福祉と初期の生活困窮に関する調査は，どちらもキリスト教徒が信仰に忠実であることと，苦しみを和らげることによってキリスト教を行動で示そうという願望と密接に結びついていた．

同じように，世紀のかわり目に，クエーカーで裕福な菓子製造を営んでいた家族の御曹司であるシーボーム・ラウントリー Seebohm Rowntree は，ヨークにおいて貧困研究に着手した (1901年に *Poverty: A Study of Town Life* として出版された)．彼の調査結果は，都市人口の約3分の1が著しい窮乏のなかで生活していることでチャールズ・ブース Charles Booth のロンドン貧困調査と一致した．さらに後に，第一次世界大戦の戦火，スペイン風邪による何百万もの死，そして大恐慌の苦痛が続き，ジョージ・オーウェル George Orwell は『ウィガン波止場への道』(*The Road to Wigan Pier*, 1937) で1930年代のランカシャーを訪問した炭鉱家族の貧困と苦難の詳細を詳らかにし社会的不公平に関する豊富な言い伝えを取材しルポタージュを書いた．個々の弱々しさあるいは個人的な不運が貧困の主な原因であるという考えは，全国の貧しいぼろぼろの軍隊に対

40　パートⅠ：社会的不利と周縁化の理解

しての説明として，全く不十分な説明であることが示された．

　第一次世界大戦が，エドワード朝時代（1901-1910）の楽観主義と華やかさの滅亡にともなって，殺戮と喪失の規模に対する苦悩という新たな語彙を残しただけだとすれば，第二次世界大戦の終結は，ビスマルク体制のドイツから借りた社会保険をとおした新しい福祉国家の見取り図においてより良い世界を構築するきわだった決意を見ることになった（Fraser, 2009）．戦争は再び始まった，今度は新しい労働政府のもとで，いわゆる困窮の五巨頭（欠乏，疾病，不潔，無知，怠惰）に対する戦いが繰り広げられることになった．

　今日英国における福祉国家は，ぐらつく脚でよろめいている．連続した右寄り政府による激しい攻撃，左の人たちに弱々しく支持されながら——そして世論では多くに悲しまれている．ベヴァリッジの福祉国家（Beveride's Welfare State）に関して新しい戦後の夜明けを思い出すことができる人は，現在，英国社会の高齢者で最も古い人たちである．それでも，窮乏が十分に厳しいとき，国民医療サービス（National Health Service: NHS）が今日に飛躍する前に，無料の医療サービスへのアクセスがまだ最大限の大多数に利用可能でなかった時，どのように異なった人生が貧しい家族にあったのかについて理解することを試みよう．

ケーススタディ

　ミュリエルは，ウィラルでの労働者階級の子ども時代について若い訪問者に楽しく語る95歳の女性である．彼女は14歳の時学校を離れポートサンライトのリーバ・ブラザーズの丈夫な段ボールボトルの先端を糊付けする工場で働いていた．誰でもが普段の脇に行き止まりの困難なことはあるものの，ミュリエルはとにかくそれまでの14年間にわたって幸福であると思っていた．12歳のとき，ミュリエルは腹部に鋭い痛みを持ち始めていたが，それは，その時は数時間にわたって耐え難いほどつらくなった．両親は，彼女のそばを何時間も心配して離れていないが，彼らには医療費を支払う余裕が全くないので，診てもらうために医者を呼ぶような向こう見ず

さはなかった．ミュリエルは家族の中の末っ子であり，姉は事故ですでに亡くなっていたにもかかわらず，両親は最終的に助けを呼ぶことに長い間躊躇した．それでミュリエルの盲腸は破裂しそして到着した医師は急いで病院に運んだ．抗生物質の効果が出る前に，ミュリエルは3日間，生死の境をさまよった．そして次第に回復するのに長い時間が続いた．両親は後で，その時の間，病室で横たわっていたと彼女に話した，事実まさしく隣のベッドで数年前，姉がミュリエルと同じく若くして死んでいた．ミュリエルは後に，新しいNHSに勤める看護師に成長した．

「脆弱な」人々 ('Vulnerable' people)

　限られたソーシャルケア資源が必要とする人々に割り当てられるべきであることは，もっぱらの権利と公正（right and fair）であると思われる．この精神に基づいて，脆弱性と資格基準の問題全体にアプローチする．この人は，その人よりもむしろ「脆弱（vulnerable）」であり，したがって援助を受ける．社会的ケアという言葉は，適切なサービスを受けることができるニーズのレベルと，支援を受けることができないニーズのタイプを比較するために，差別（discrimination）（この言葉を正しい意味で使うために）が助長される．無批判に使用される専門職の難解な表現（jargon）は，脆弱性（vulnerability）は存在の恐怖であり，特性にさえなってしまう．そして他ではなく，ある人だけという視点を導くことになる．そうなると，これらの少数者はサービスを受ける権利があり，もしかしたら「サービスを受けるに値する（deserve）」かもしれないという論理が成り立ち，そうして多数の籾殻をふるいにかけて，サービスを受けられるかもしれない数粒の籾殻を残すための判断が下される．

　脆弱性の概念はペンヘイル Penhale とパーカー Parker（2008）によって批判的に探求された．ペンヘイルとパーカーは，ケアやナーシングホームで生活している人々に適用するよう脆弱性を定義した2000年ケア基準法（The Care Standards Act 2000）（今は改訂されている）での用語と記述の分析をした．さらに，この定義には，自宅で生活し，ホームヘルプサービスを受けている人や，特定

の医療サービスを受けている人も含まれる. 要するに, それは誰が脆弱か, む
しろ脆弱性自体の経験よりも専門家の判断基準 (criteria) を使用した定義であ
る. 要するに, 脆弱性の経験そのものよりも, 誰が脆弱であるかを定義する専
門的な基準が用いられているのである. 2014年ケア基準法ではこの用語が使わ
れていないのも不思議ではない.

　逆に, 脆弱性というレッテルは, 本人が脆弱性を感じているかどうかに関係
なく, 個人に貼られる. したがって, 「脆弱性 (vulnerability)」の疑問は, ヤー
ド尺測定として使用されるだけではなく, ラベルとして使用されることである.
このように, 「脆弱性 (vulnerability)」という問題は, 物差しとして使われるだ
けでなく, レッテル貼りが意味する対象へのみじめさやスティグマ (stigma)
といったあらゆる懸念とともに, レッテルとしても使われるのである. 脆弱と
いうレッテルを貼る行為は, その人の脆弱性を高める可能性があり, 一方, ケ
アホームなどのサービス提供は, 個人的な脆弱性の状況を作り出す可能性があ
る (第3章と第4章参照).

学習障害をもつ人々 (people with learning disabilities)

　そのため, 「脆弱な成人 (vulnerable adult)」という言葉には, 専門家の期待や
思惑という重荷がのしかかり, 多くの意味が混ぜ合わされ, その人の認識や特
定の状況とはあまり関係がないかもしれない. その用語自体が, 脆弱性の認識
がされなくても, 用語がニーズと義務に応じるための基準線をつくりだす. 抽
象的な意味で, 脆弱になっていることが知られることと脆弱性があると扱われ
サポートを受けるレベルのギャップは広くありえる. スティーブン・ホスキン
Steven Hoskin のぞっとするようなケースは, よくこれを例示している. ス
ティーブンは, 学習障害のある男性で, 2006年に, 彼は親しくなった「ギャン
グ (gang)」によって殺された. 自立生活を送る前にホスキンは, 彼の母親と
田舎のコミュニティで暮らしていた. そこを離れて, スティーブンは残酷に彼
をえじきにした危険な仲間と出会った. 彼のいかがわしい新しいライフスタイ
ル, そこでの彼は少ししか自分自身の生活をコントロールできていないようで
あった. 彼自身のアパート (bedsit) においてさえ, 新しいライフスタイルは,

それが遅すぎるまで，彼の実際の脆弱性のレベルを当局に隠すことに貢献したようである．

悲劇的で同様のケースは2009年に見られた．マイケル・ギルバート Michael Gilbert は学習障害のある別の脆弱な男性であった．彼は恐ろしく虐待的な家族と一緒にいることになった．虐待的な家族は，彼を殺した時まで，はなはだしく酷使された奴隷のように，強制的に彼を拘束し外に出さなかった（Jones, 2010）．

さらに，ごく最近，学習障害のある男性ジミー・プラウト Jimmy Prout のケースがあった．彼は，2016年に四人のグループによって恐ろしく拷問されそして殺害された．彼の身体は，ゴミのように捨てられ，何カ月も見つからなかった．この恐ろしい犯罪グループの統率者ザヒド・ザマン Zahid Zaman は，判決を下した裁判官に，「*悪質であり，執念深く，巧みでありそしてずる賢い男*」であると述べられた（BBC, 2017a）．脆弱性に関する概念にこのケースが厳しくつきつけるに値するのは，ザヒド彼自身が車いすのため障害があり制限があることである．しかしこれは実際，彼の被害者のためにはどんな慈悲も役に立つことはなかった．彼には被害者とお互いが脆弱である男性であることの連帯感でつながることはなかったようである．

ホスキンとギルバートのケースにおいて，警察と社会福祉サービスは彼ら二人の個人の福祉に関する心配は気にかけていた．しかし，どちらのケースでも，学習障害という点で，彼らの窮状の深刻さが正しく理解されていないように思われた．また彼らに利用可能な支援のためのどんな選択肢があるかについても理解していなかった（Independent Police Complaints Commission, 2011）．

このグループが直面している危険の過小評価の最後の例は，学習障害をもつ女性，フィオナ・ピルキントン Fiona Pilkington である．その女性は，攻撃的な地区の若者によって責められて何年にもなる．2007年に，自分と重い学習障害のある娘と心中した．警察苦情処理委員会（the Independent Police Complaints Commission）は，再び，警察と市協議会の対応の失敗を見つけた．その対応は，脆弱である家族と見なして，彼らを保護するためのしっかりとした対応を提供することに失敗していた（Walker, 2011）．

そのような人を搾取し犠牲にする犯罪は，ゆるい犯罪分類かヘイトクライム

になる．特に知的障害と自閉症をともなう人々は搾取と同様にそのような犯罪のターゲットとなり，いわゆる「犯罪仲間（mate crimes）」とよばれる．彼らは，彼らを導く人によって，通常いじめられたり略奪されたりしていても，彼らは友人として信じる．スティーブン・ホスキン，マイケル・ギルバート，ジミー・プラウトの三人は，初期段階で罠にかけるための虐待関係があり，彼らはこの種の虐待の被害者であった．

　イギリス検察庁 Crown Prosecution Service（CPS）^{訳注2-1}は，犯罪者の起訴率を改良して，障害をもった犯罪被害者と証人をサポートするため共同アプローチ（a joined-up approach）を提供する刑事裁判行動計画を作成する試みをしている．しかしながら，学習障害者に対する偏見は，明らかに深刻な懸念である．おそらく攻撃を抑制するような明らかな身体的障害が他にないために（これは決して常にそうであるわけではなく，また多くの形態の虐待が身体障害者に及ばないことを示唆するものでもないが），学習障害者が悪意のターゲットやスケープゴートにされやすいと考えられる．

　したがって，公の教育において障害（メンタルヘルスも含む）のスティグマを扱うことは重要な側面である．しかしながら，効果的な偏見の取り組みは，偏見が増幅されるのを避けるために注意深くしていく必要がある．2017年 MENCUP^{訳注2-2} のキャンペーンは，この問題を絵にかいたような例となっている．MENCAP は，学習障害（知的障害）に関する社会的認知を改善するためにキャンペーンの一環として写真集を最近出し始めた．そのキャラクター「ジョー」はその写真集の一部に特集されている．キャラクター「ジョー」は，知的障害のある青年が想定され，用心深く好戦的な態度でポーズがとられている．目線，手で「さあこい！」のストーリートファイターの手招き，キャラクターがけんかを煽るようにみえる．MENCAP の当初の意図が何であっても，このイメージは，知的障害者が容赦をしない強欲さに関連づけられ，見る人たちへの不快な印象を作り上げてしまう．そしてその結果，このメッセージは，個人的な脆弱性の問題を控えめにし，そしてもう一つの疑問符のつく団体におきかえられる．

　ソーシャルワーク専門分野への新しい領域への参入について，その領域でのソーシャルワーク実践家の先代創始者の一人は，学習障害に関わるソーシャル

ワークは児童保護あるいはメンタルヘルスに比較して（たとえばそれはよりはるかに高度なスキルが必要であり，そして複雑な仕事であると考えられ），低い地位 (low-status) と見なされていると同僚から警告された．個別の学習障害の人々の見かけの単純さが，ソーシャルワーク実践の領域は単純に違いないとして同じにする言い換えが裏に隠されていると理解することは興味深い入口であった．道徳上のジレンマは，すべてのタイプのソーシャルワークにいっぱいある．そして，この領域はいかなる他のものとも異なっていない．学習障害の人々が，彼らの人生を通じて，その時々にソーシャルワークにもどる「回転ドア (revolving door)」クライエントになりそうであることは間違いない．たとえば彼らが家を離れる，親しい関係を形成する，親密な関係，親子関係と高齢のような人生の局面に直面するときにである．

　個人が経験するかもしれない脆弱性のレベルは，彼らの自己と自主性の意識，彼らがつくりあげる決定と選択に重ね合わせることができる．マイケル・ギルバートのケースのように，乏しい人生決定はそのような個人に働きかけをする専門職の責任を否定することはできない．それは，弱い個人的見識がまさしくその専門職サービスを中止することであったとしても，スティーブンがそうであったように，このような人々が少しの無事が保たれるかもしれないにしてもである．どのように，なぜ，そしてどのような結果が，このクライエント・グループによるそのような人生の決断から生じるのか，省察することが必要であり，それは優れたソーシャルワーク実践の特徴である．

　学習障害者のなかには複雑なニーズを持つ人もおり，健康や生物心理社会的 (bio-psycho-social) な懸念という点では，メンタルヘルスの問題や薬物／アルコール乱用 (abuse) も共通する．ガルバーニ Galvani とサーンハム Thurnham (2014) は，薬物とアルコール誤用 (misuse) の領域がソーシャルワーク教育において非常に周縁の領域であるだけでなく，サービスも二つの依存形態で不規則に交わって，そしてアルコール誤用のための戦略は（ダジャレがゆるされるなら）薬物誤用に比較され水で薄められているとしている．依存症にスティグマがあることが，この領域のニーズがソーシャルワークにおいて多くのウエイトを与えない一つの理由とみられる (Galvani and Thurnham, 2014)．また，専門家の中には，たとえば障害とは関係せず，自立した存在でないことの誤ったライフスタイル

46 パートⅠ：社会的不利と周縁化の理解

の選択結果の方がはるかに重要だとする考え方もある．この考え方は，個々の無気力さややる気のなさやふてくされ感の古い道徳問題を必然的に戻すことになる．学習障害者が依存症をともなうことは，そのような道徳問題とは無関係であるということだけでなく，値するそして値しない，むしろ自発的意思，道徳的主体性，必然，報いと報われないという判断の根底にある前提が現代福祉の非道徳の現実，市民権の疑問，健康と社会ケアの支給とアクセスに関連していることを批判的に考えられなければならない．

路上生活者（Rough sleepers）

社会福祉サービスの例は，路上生活者に関係している．路上生活者は，目立っておりそして増加している領域あるいはニーズである．英国にいる私たちは，店の戸口や地下道で，多くの廃物みたいに一緒に積みかさなっている，疲れ果て横たわったビクトリア時代の都市の先人には一般的であり，確かに，たった数十年前さえ，さほど明らかでなかった最近の社会の局面である．かつて，貧困者の多くは，臨時の仕事先を求めながらの道のりを重い足取りで歩く，万年の「路上の紳士(gentlemen of the road)訳注2-3」になるようであった．詩人ローリー・リーLaurie Lee（1969）は，彼の愉快にさせてくれる自叙伝で，彼が青年の時，戦前に，奥深い田舎グロスターシアからロンドンでの幸運を求めて家を離れるときのことを『ある真夏の朝出ていったとき』(*As I Walked Out One Midsummer Morning*) で書いている．母と村から離れることに慣れないローリーはプロの浮浪者であるアルフと幸運にも親しくなる．アルフは新聞紙をあてがいそして布をまとい重ね着している，身に着けているもので音をたてながら，彼は貧しいかわいそうな*男*がどのように生き延びるのかの見本でありそして渡り鳥と同じくらい季節ごとに国を巡っての毎年の旅遍歴を説明する．オーウェルOrwell（1933）も簡易宿泊所を見つけるためにわき道を限りなく行ったり来たり，臨時の仕事や主婦からお茶とスライス（パンとマーガリン）を求めながらの，もう一人の寄るべない孤独な仲間と道中で過ごした短い時間の経験を抒情詩調ではない文学作品としてひねり出している．

今日の路上生活者は，それでも，女性よりはるかに男性が多く，多くは関係

崩壊（relationship breakdown）のためのホームレスであるが，現在では以前よりはるかに非常に多くなっている．路上生活者はホームレスを選んだあるいは適用されている正確な放浪者（proper tramps）としては僅かしか記録されない，多くは若く，男性路上生活者の平均余命はたった47歳であるが，女性はさらに若く43歳である（Crisis, 2011）．嗜癖，暴力，自殺，搾取，交通事故精神病の脆弱性は，路上生活者が直面するどこにでもある危険要素である（Crisis, 2011）．

亡命者（Asylum seekers）

　貧困に脅かされて難民（refugees）や亡命者（asylum seekers）が英国に入ることはよく知られている．そして，この人道主義的ニーズに対するソーシャルワーカーの対応は，主に地方当局がこの人々と浮き荷や漂流物を処理することにどれくらい受け入れるかによっている．亡命者のための資金的ケアは，ソーシャルワーカーが地方当局の財政的制約の厳しい限界の中で先端として対処していく問題である――専門職付託の中でも最も歓迎されない，いやな問題である．地方自治体によって扱われる子どもの収容費用を算出するための細かい計算はインターネットで見つけることができるが，これらの全体的な費用は，内務省（政府）が保護者のいない子ども亡命者のために提供している3万ポンドよりも相当高い傾向である．

　幸運にも国に残ることを許される亡命希望者がいる一方で国外退去になる場合もある場当たり的（boxing-and-coxing）^{訳注2-4}戦略は，英国における主要な社会的そして政治的な関心ごとである．この戦略を示した内務省は一見したところ，あからさまに薄情であり，非人道的そして多くの気まぐれで，お役所的，拙速で誤った判断からの見かけだおしのお題目であることで悪評を受けている．国際ダブリン規約（the international Dublin Regulations）は，基準を設け亡命者が難民の身分を要求することができるプロセスをはっきりさせることを求めた．その結果，国（規約提携国）が難民申請を連続的に拒否することを防ぐことが目指された．

　英国への多くの亡命者はケントに到着し，そして広く，営利を目的とする，民間住宅会社によって散らばっていく．その多くは英国北部がほとんどである．

48　パートⅠ：社会的不利と周縁化の理解

難民は彼ら自身が守られ，申請処理に遅れが生じないようにするため，働くことができない．働いた場合は公的支援の償還が求められる．生き残るための毎日は英国赤十字社のような慈善的組織によって，非常時，一時しのぎのための支給を通して部分的につなげられる．この不完全な対策の実情は，新聞では亡命者が集められた害虫が収容施設にはびこっているとのスキャンダルとして報道される（Travis, 2017a）．一方で，シュロップシャ（Shropshire）のようないくつかの地方当局と協力する宗教ベースの慈善事業は，この国にきた身寄りのない未成年難民の世話のために宿泊所ケアラーの役割を引き受ける英国国民の参入を促している．

ケーススタディ

　17歳のアフガニスタンの未成年者アフサーは，カレー難民キャンプの閉鎖にともない英国に入った．国際ダブリン規約の下で，内務省の計画は，英国南西部に住んでいる亡命者である彼のおじと家族に彼が再会することであった．赤十字社は，1989年児童法第17章（Section 17 of the Children Act 1989）の下，地元の社会福祉部担当ソーシャルワーカーにアフサーを拡大家族（extended family）に引き渡すために委譲した．拡大家族は一時的にだけアフサーをあずかることに同意した．彼らの住んでいる宿泊所は不安定で混雑しているために，現在，アフサーは六人の子どもの一人であり，またおばとおじと一緒で，借家の三つの部屋で生活している．

　担当ソーシャルワーカーは，ニーズの追加アセスメントをすることなく簡単に夜中に彼をおじの家に連れてきて，そして近々の家庭訪問（——訪問は具体化しなかった）を約束して踏段で引き渡した．アフサーは公的福祉の請求する権利がなく，そして彼が成人に達すると，さらなるサポートにアクセスできないので，現在，彼のおじの不安定な助けに完全に依存している．アフサーが彼のおじにあずかられるようになって以来，家族は借家からの立ち退きを迫られている．そして家族の助けを求めるための地方当局への申し立ては，親が貧窮であればすべての子どもを施設（into care）

第 2 章　社会的不利と周縁におかれた人々とは誰か　　49

> にあずけることを提案されるだけの結果であった．このような提案は，家族にとって受け入れがたいものであり，地元当局のさらなる援助を求めることに対する抑止力となっている．

　ほとんどの亡命者は，見知らぬ受け入れ国の門前で，困窮と絶望にともなうスティグマを受けている．同伴者のいない難民の子どもたちの受け入れ枠を制限するという政策により，ドーゼットのような裕福な郡ですら54人の児童を受け入れる責任があるだけである．同様に，民間住宅会社に庇護を求める家族が集まることは，そのような家族が人口統計的に増大することを意味しており，これは地域コミュニティ内では必ずしも歓迎されるものではないかもしれない．Brexit（EU離脱）の移住制限に関する政治的ロビーによる非常に疑わしいカードは，難民申請者に尊厳と地域社会のテーブルの場を与え，地域社会にどのように統合するかについて，私たちに考える機会を与えるに違いない．言い換えれば，うやうやしく亡命者をみるよりも，英国社会に入ってくる資産と見なされることである．

　このような疑問は学術界にとどまっているかもしれない．さしあたっては，アフサーのような，亡命者である多くの子どもの到着は，現（当時の）首相，テレーサ・メイ Theresa May そして彼女の政府によって故意にブロックされた．つまり，フランス，イタリア，およびギリシアの難民キャンプの不潔さと寒さからおおよそ3000人の子どもを救済することを目的に比較的安全な英国に彼らを受け入れようとする「ダブス」スキーム（ダブス改正条項：提案者であるアルフ・ダブス卿にちなんで名付けられた）を停止にしようとした．英国政府は，疑いなしに難民児童を完全に助けることも選択肢としてありえたが，結局，そのスキーム（Travis and Taylor, 2017）の下でたった350人の難民児童を受け入れることにとどまった．このことは，活発に助けようとする一般的な人々への刺激を与える動機を含みながら，英国政府ができることからすると控えめではある．

　ひどく必要とされた人道的なジェスチャーをすることで英国政府に動機づけするダブス卿の試みは，難民児童の「キンダートランスポート」(Kinder transport) 訳注2-5 としての彼自身（ダブス卿）の経験から生じた．それは，そのひと月前にドイ

50　パートⅠ：社会的不利と周縁化の理解

ツにおいて悪名たかいクリスタルナイト（水晶の夜）に，英国政府がどう深刻
な難民危機に応じたかに関して，元首相であるスタンレー・ボルドウィン
Stanley Baldwin によって1938年12月につくられた．反ユダヤ暴動に続いての
ものと2017年2月に発表された恥ずべき政治的な反応を比較してみると，52万
2000ポンド以上（当時としては途方もない金額）は，ヨーロッパのユダヤ人児童の
助けをするための全般的な英国民の関心により集められた金額であった．これ
は，ライフラインがオランダのナチ侵入によって切られ戦争の前夜まで危機に
さらされた子どもを救おうとした有名な「キンダートランスポート」運動を推
し進める力を提供した．その前に，ネビル・チェンバレン Neville Chamberlain
首相の政府は，それぞれを助けるために50ポンド（それよりもかなり多くの金額）
を寄付できた普通の英国人家族のスポンサーシップの下，限りない数の身寄り
のないユダヤ人児童が国に入ることを許可した．「キンダートランスポート」
で救われた子ども1万人は，彼らの帰化した国や他に巨大な貢献をつくり成長
した，彼らの中の二人は将来のノーベル賞受賞者であった（Ashencaen Crabtree
and Parker, 2013）．

貧困（Poverty）──ソーシャルワークの関心ごとか？──

　貧困の問題はもちろんそれはネグレクト（neglect）や家族内虐待の他の様々
に密接に関係しているが，もはやソーシャルワークによる主要なテーマである
ように見られていない．実践領域（成人保護，児童保護など）での分類は，ソーシャ
ルワークの多くが貧困を改善して悪い弊害を防ぐための試みとして常に関係し
ていた事実があることを不明瞭にしてきたといえる．ソーシャルワークの中心
的な柱であったコミュニティワークが保護観察とともに失われたことで，貧困
というテーマはソーシャルワークの直接的な活動の核心から離れ，貧困を経験
する人々と同じくらい周縁化されたテーマとなってしまった（Popple, 2000）．

　貧困にかかわり働きかけることは，後退していったようである．しかしそれ
は再び，フードバンクの形（ますます，困難に陥っている人々に頼られている資源とし
て）で救貧法の院外救済の現代的形態を提供している慈善に（そして非政府機関の）
関係している．最も大きいものの一つはトラッセルトラスト（Trussell Trust）

である．トラッセルトラストは全国的に400以上の食糧フードバンクを管理している．その統計によると，2016年前半に，50万の3日分緊急食糧パックが配送された．前年度（全体の）の2％増加と報告している（Valadez and Hirsch, 2016）．

　フードバンクは直接窮迫している家族を助ける．英国の四人の子どものうち一人は，現在，相対的貧困におかれ成長している．相対的貧困におかれている子どもが最も多いのは，大都市である．ロンドンで貧困状態にある子どもの最大数を保持している2015年のタワーハムレッツ地区は，すべての地方自治体の貧困状態にある子どもの最大数であった．ロンドン，マンチェスターが続き，そのあとバーミンガムに至る．スコットランドはおそらく当然ながら，ロンドン近郊諸州の多くがそうであるように，子どもの貧困（状態）に関してはかなり暮し向きは良いようにみられる（Valadez and Hirsch, 2016）．

　都市の貧困はほぼ間違いなく田舎より見られる．それは都市の実際の醜悪なそして落書された壁，垢で汚れたむさくるしさ，主要幹線のルートによってごちゃごちゃにされ放っておかれたテラスに容易に見られる．戦後高層ビルを取り囲む影で縮こまりながら，わびしくて陰気な遊び場がみられる．看板が張り付けられた本通りには現金貸し屋，安物食料店やアウトレットの中古衣服店がひしめいているのが見られる．これらは都市の貧困の顕著な特徴であるが，また都市は，遠いところに旅行することのない多くの人々によって比較的安価でアクセスできる重要なインフラ，アウトレット，サービスや設備を含んでいる場でもある．

　一方，田舎の貧困は非常に異なった問題である．貧困マーカーがそれほど明らかでない田舎は伝統的により裕福なクラスの遊び場として見なされてきた．列車や車で通り過ぎるとき見られる肥沃で快い風景は，田園生活（Jones, 2013）の厳しい現実を隠すことに役立っている．農村地域の貧困は大都市圏のものからの貧困と非常に異なった経験であるかもしれない．

ケーススタディ

シェアボーン (Sherborne) は，ドーセットとサマセットの境にある．つるつるした黄土色の石で造られた，美しい古くからのマーケットタウンである．町の最も栄誉に満ちた住民であったウォルター・ローリー卿は，彼の時代では，シェアボーンの貧困者のためのよく知られた擁護者であった．シェアボーンにある二つの城（要塞跡とシェアボーン城）に加えて，シェアボーンは，また二つの有名校の発祥地であり，そしてヨーロッパ式アーチ型石天井の，すばらしく中世風の壮大な修道院がある．

より肝心であるが，シェアボーンには，昔からの外観のままの素晴らしい救貧院 (St John's Almshous) がある．そこは，600年以上高齢者と虚弱者への持続したコミュニティケアを誇っている．1437年以来の慈善の歴史は，施設ケアつきの地域の高齢居住者を受け入れることを継続している．社会不安，騒乱と戦争にもかかわらず世紀を通じて連続して行われてきている (Parker et al., 2016b)．

全般的に見て，シェアボーンはイングランド王冠のなかの町の華麗な宝石である．しかし，その美しさと明白な富裕さにもかかわらず，トーリー党の要塞があるだけでなく深い田舎の貧困があるひっそりした地方である．シェアボーン修道院によって，フードバンクは組織化されていて，貧しいローカルの家族に1カ月あたり約200個の食糧袋を配達しており，このニーズは伸び続けている．

配送はフードバンクの独特の実践であるが，シェアボーンにはそれが必要である．というのは，村と外を走行する（配送）バスは二日に一本しかなく，自由にできる車をもっていないなら，スーパー，町医者，図書館，映画館，大規模学校と大学，公園劇場，青少年スポーツクラブ，自然景色の美しいエリア（近隣を超えて），有名なドーセット海岸，そして一週間中礼拝サービスにいく修道院さえも事実上とりやめなければならないからである．

さらに，都市貧困層のためのインターネットはいくらかのアクセスによ

第2章　社会的不利と周縁におかれた人々とは誰か　53

り広い世界と豊富な情報を提供し，図書館がありさえすれば，獲得できる——対照的に，シェアボーンのような農村地帯では，たとえ利用できるとしても，Wi-Fi の受信は，役立つといえども，インターネットが動くには十分でなく非常に弱い．このようにすべての経済的，社会的，教育的，文化的欠如が田舎の貧困であり，そこでの都市／田舎の分断は，ローカルサービスの継続的な削減によりわずかしかない一時的な救済感覚すら与えてないことと同じくらい深刻である．

周縁にあるコミュニティ（Communities on the margin）

　これまでのところ，イングランドとウェールズで起こっているようにソーシャルワークの当面の焦点から外れ落ちているにもかかわらず，福祉的対応が認められ，改善することに取り組んだ非常に古い歴史的継続を示すだけでなく新しいニーズの形態を示すいくつかの集団を考察してきた．ここからは社会的に恵まれないマイノリティ集団との関連で周縁化の問題について考えてみたい．この領域の綿密で詳細な検討は本書の範囲を超えている．ここでは，この話題の範囲を詳細に示すものでないが，ソーシャルワークに関係する代表的な局面を取り上げる．

　小説『アンナ・カレーニナ』（*Anna Karenina*）で，トルストイ Tolstoy（1877）は冒頭で「*幸せな家族はどれもみな同じようにみえるが，不幸な家族にはそれぞれの不幸の形がある*」と言明している．私たちはこのよく知られた引用をみることで，相対的な特権が同じように向こう側の社会で経験される一方で，社会的に恵まれない環境が特定の集団に影響を与える形があることに言い換えることができる．したがって，ある集団について話すことは，必ずしも，他の社会的に恵まれない集団が同じ経験を受けると推定できるというわけではない．この警告を念頭において，社会的に恵まれない人々に属していると考えられている二つの非常に異なる特定の集団，英国におけるロマジプシー（移動集団）とイスラム教少数民族集団の両方に言及する．

　ヨーロピアンジプシーのロマ，英国ロマニー移動集団は，特徴的な集団をつ

くり，刑罰を受けることはないもののあからさまな差別を受ける英国において（また他国でも）残り少ない集団のいくつかである（Heaslip et al., 2016; Scullion and Brown, 2016）．

先住民族の問題は，現在の外国人嫌いの国家主義的な排他的言説にもかかわらず，英国がそのような中で身元を確認し得る先住民がいない商人国であると主張されなければならない問題と密接に結びついている．私たちは最も固有の古い英国人であると考えているかもしれない．しかし誰が新石器時代の人々であるのか，ある種の歴史的好機に，ヨーロッパ大陸の残余に英国を加え全体大陸としてうまく利用して，あるいは後には，様々な危険な乗船場から勇敢に航行することによって英国にたどり着いた様々な部族集団以外で，それは誰であったのだろうか？　それはサクソン人（ゲルマン民族）侵入前のロマノ・ブリテッシュ人であったと考えることもできる．ブリテン諸島のある地域を占領するいろいろなケルト人民族は，その後侵入してきたロマ人によって圧迫され，そして結果として，彼らとロマ開拓移民の血を混ぜ合わせた．ケルト人民族も，もちろん，執念深い（inveterate）移住者であり，ヨーロッパの広範囲におよんだ．そして先住民を追い払ってとって代わるようにしたかもしれない．それで，要するに，私たちには，英国において，固有の先住民は全くいない．私たちは皆，移住の波で構成されており，彼らは私たちに加わる次の波を歓迎したり，好奇心を持ったり，不審に思ったり，あるいは敵意をむき出しにしたりする．

英国に先住民がいないとしても，それを補うために多くの民族グループや文化に基づくライフスタイルがあり，その中の最も古い血統を持つものもある．これらのうちには，流浪のロマジプシー移動集団がある．英国において約5万8000人に達している（Heaslip et al., 2016）．彼らは，何世紀にもわたり英国の一部の風景であるだけではなく，実際には，同じくらい長くスティグマ，拒絶の対象となってきた．もちろん，驚いたことに寓話の対象でもあった．

　　私の母は，決してそうするべきでないという
　　森の中にいるジプシーと遊ぶこと
　　もし私がそうすると，お母さんはいうでしょう
　　"いうことを聞かないいたずらな子！

あなた，髪の毛はカールしませんよ　あなたの靴もみがきませんよ

　あなたはジプシーの子よ，あなたは私の子ではないよ"

(伝統子ども童話 Traditional children's rhyme)

　誘惑者，あるいは良くない人，クリスチャンの子どもを盗む人としてのジプシーの古い話は，ノートルダム大聖堂の聖域（鐘つきとして）に住んでいる猫背の男，クァジモドが登場するヴィクトル・ユーゴー Victor Hugo（1831/1993）の有名な物語をつくった．ユーゴーは，美しくて親切なジプシー少女，エスメラルダに対するクァジモドの絶望的な片思いの物語りと容赦なく反対する敵対者の破滅的な欲望がついには彼女の死をもたらす物語りを並べおいた．

　ロマジプシー移動集団に対するスティグマと偏見は，構造的な人種差別と同じく個人的レベルで容易に見つけられる（Ashencaen Crabtree, 2017a）．軽蔑的な言語，たとえば"pikey"は，非常に攻撃的な人種差別的な語である．しかしそれにもかかわらず"Paki"や"nigger"のような忌まわしい人種差別主義用語は多少の公的な打ち消しの方向はあるものの"pikey"は罪をともなわせずにふれまわされている．

　ロマのライフスタイルは，排他的で偏見をいだかせるようであるために，人からそのように受けとめられる．それは，背の高いバンの荷物運搬車が入れる高さ柵のある公共駐車場で普段見つけられる．キャンプするのに使用できる他の場所は，火をともすことに関して様々の制限をうけることがある．共同のキャンプファイヤーのまわりで伝えられる知識を口頭伝承することがロマ文化の主要な部分であるからである．

　流浪民（nomads）を落胆させたいと思っている地方当局による一方的な規則は，人々がきちんと身体機能を維持することを妨げることになる水へのアクセス，トイレ，衛生におよぶ．これらの規則の大部分は，優勢集団の規範を無理に押しつける（受け入れ，受け入れられなければならないこと）試みがされながら，地方当局の小さいお役所主義の中で形づけられる．それは，他の目的のために使用されていない領域を流浪民が使用することを妨げるための意思であり実際に悪意のあるものである（Heaslip et al., 2016）．これは，制度的人種差別であり，これらの人々に関して，ヒースリップ Heaslip ら（2016）の研究からの推察と

して，実際に文化的なジェノサイド（genocide）に相当する．そのように，それはソーシャルワークの価値と原則に反して，実践家に対してのもう一つの関心を形成していく．

制度的人種差別の他の局面は，文化的に柔軟性のないシステムを含んでいて，そのシステムは，ロマジプシー移動集団の子ども教育へ対処することにはならない．その対処のためには，第一にどのように正規の教育が彼らの信条と期待からの文化的なフレームワークから理解され，評価されるのかに真剣に取り組むことが必要であり，第二にそれは，はっきりと機動力のある，そして，柔軟にアクセスしやすい教育制度を通して，そのような集団のために，教育を適合させることが必要である．

医療制度も，ロマ集団のニーズに合わせた，彼らの対人的コミュニケーションスタイルへの理解はなされていない．彼らのコミュニケーションスタイルは，無礼か好戦的と解釈されるかもしれなく，その結果，簡単に彼らのニーズは否定される場合がある．ロマ移動集団のライフスタイルでは，不承不承の医療受付に自宅の住所を申し出ることができない場合がある（Heaslip et al., 2016）．ロマ移動集団間では，無愛想な官僚や警戒心を抱かせるような医療専門職との付き合いに関する不安が非常に大きいかもしれない．官僚と医療専門職は，ほとんど一般に，ロマ集団の問題に関して政治的関心は無いので，ロマ移動集団が住んでいる国での勢力表（the table of power）においてどのような明白な場所も持たず実際に発言権がないことについてパターナリズムな決定をつくる．

ここで考察する社会的に恵まれない対象としてのもう一つの集団は，ロマジプシー移動集団とは対照的に，彼らがおそらく望むか受けることができることよりはるかに大きな政治的なおよびメディアの関心を受けている．私たちはここでもちろん英国のイスラム教徒について言及していく．彼らの移住，社会的統合とイスラム恐怖症的偏見経験は，顕著な健康と社会福祉ニーズの経験に追い込んでいる（Heath and Li, 2014）．過去数年間にわたり若い英国のイスラム教徒のための第三期レベル教育（大学・専門学校）での歓迎が増加されていった（Muslim Council of Great Britain, 2015）．けれども，英国のイスラム教少数派民族に作用している所得格差，失業そして，注目すべきはより貧しい健康状態（Laird et al., 2007; Ashencaen Crabtree et al., 2016）は，白人英国人と他のすべての少数派

民族の比較においてまだ高いレベルの不釣り合いがある（Muslim Council of Great Britain, 2015）.

　人種／民族性の理由での差別は，何世紀もの間のあれやこれやの社会の見苦しい一面であった．また，教育，法律，および宗教的自由主義の解釈（原理主義に対して明確な反対の立場をとる）は，一般に，時間が経つにつれて制限された軽率な偏見となっていく．そのような信念は，第三帝国（ナチス・ドイツ時代）下での，ホロコーストにおける近代史，ヨーロッパユダヤ人の大量殺戮に結果的になった．これは，そのようなはなはだしい偏見の悪魔への象徴的そして事実にもとづく両方のモニュメントとして立っている．したがって，それは再び人々が，民族性と信仰の理由に対してオープンに差別されていくことは深刻な心配事（deeply worrying）である.

　それに従って，多くの否定的団体が英国においてイスラム教徒に対してつくられている．そこでのほとんどの無頓着な団体は，たいていはイスラム教徒と「テロリスト」の見分けがつかない中でつくられる．英国における外国人嫌いに対する増悪をかきたてる最近のポピュリズム的なプロパガンダは，過去の魔女狩りや，1950年代のアメリカの共産主義に関する過激なパラノイア（the 'Red-under-the-bed' syndrome：「潜入している共産主義者」症候群）を思い出させる．今日に相当することは，たとえば，ダーイシュ（Daesh，イスラムテロ組織）から逃げているむこうみずなシリア難民に仮装しているジハード聖戦者（the covert Jihadist）の偏執病的な観念をかき立てることによって反移民感情やヘイトクライムを焚きつけることに役立たせていることである.

　テロ防止を言い訳にした特定の中東の国から人々の入国を禁止するトランプ政権の試みに関係し，トランプ政権と米国司法省の戦いは，注意深く監視された．除外のためのそのような方針は，米国に入るイスラム教徒に対して差別することになったが，米国にいるイスラム教徒の除外と拒絶のためにもそのような政策は明確に派生的に差別を生じさせる結果となった．米国司法省に多く上がる異議にもかかわらず，政策がパブリックドメインになった時から様々な人々（多くの異なる国籍のイスラム教徒と非イスラム教徒を含む）は，敵対的な入国管理官による威嚇と屈辱的な査問を受けることがあり，一部の入国拒否やその他でもしぶしぶ入国を許可した.

58 　パートⅠ：社会的不利と周縁化の理解

　オーウェル Orwell（1949）は，彼の本，『1984年』（*Nineteen Eighty-Four*）で示しているように，特定されたシンボリックなスケープゴートは恐怖支配と良くない政治的判断の内部的問題から社会的注意を遠くにそらせるための便利な戦略である．この意味で，現代のイスラム教徒は，やむを得ず西洋政治に役立つ役割を果たしているといえる．たしかに，これは，害を引き起こす少数派民族のどんな問題も無罪にあるいは見落としもしないためのものであるけれども，クラブトゥリー Ashencaen Crabtree ら（2016）は，徹底的に議論している．しかしながら，水が頑固な偏見により泥で濁らせるとき——そして同じブラシですべてラベルを塗ることにより，有効にこれらに取り組むことをより困難にしている．

　イスラム教徒に対するそのような偏見は，一般的に「イスラム恐怖症（Islam phobia）」と呼ばれている．これは，1977年のラニミード・トラスト Runnymede Trust（英国のシンクタンク）の報告以来一般に流布された用語であり，そして，残念なことに，イスラム恐怖症は，この20年間，英国，米国，およびいわゆる先進国において偏見とヘイトクライムが急激に増加している．その影響の矛先きは，家族とコミュニティに重くのしかかり，そこは，しばしば，一般的に，人種差別主義者，宗教的狂信者，そして急進主義者の行き暮れる温床として見なされている．イスラム教徒過激派への恐れは，そのような過激派が市民にもたらす危険性のために起こりうる実際の数とは全く不釣り合いなものとなった．そこでの，悲惨な無差別殺戮への欲望はいくつかの最近のぞっとするようなテロリスト攻撃の優位な動機であったようである．しかしながら，このことは，そのような見解が非常に多くのイスラム教徒に分かち合われていると仮定することからはるかに距離がありほとんどはそうではない．多くのイスラム教徒にとって，イスラム教徒過激派はイスラム教に対する大きな脅威の一つである．130人のイマーム（イスラム指導者）のロンドン・ブリッジイスラム教徒殺人のための葬礼に立ち会うことへの拒否は，残虐行為への公然の反感とイスラム教拒絶に関する大いに意味ある表示である（Sherwood, 2017）．

　差し当たり，非常に論議を呼んだ「反過激派プリベントプログラム」は学校，大学，および他の公的サービスで取り組みが継続されている．「プリベントプログラム」戦略は，ほぼ間違いなく過激派攻撃を防ぐための社会に対する脅威

よりも社会的つながりや多文化主義に対するはるかに重大な危険を形成している（Ashencaen Crabtree, 2017a, b）.

「集団的スティグマ化」（"Collective stigmatisation"）はロイス・ライアン Louise Ryan（2011）による論文の話題である．そこでは，イスラム教徒女性が，破壊活動予防対策のためのリスクとされるイスラム教のネガティブな，性別を反映した記述や教義をどのように理解し応答するのかを探求している．さらにクラブトゥリーとフサイン Ashencaen Crabtree and Husain（2012）は，イスラム教徒女性が家父長的な文化的価値観の受動的受け手であるので性差別主義的であり人種差別主義的であるとする言説で見られるようなイスラム対（VS）非イスラムである西洋女性の間違った二分化を脱構造化する異文化フェミニスト分析を提供している．

最後に，イスラムの社会‐政治的，宗教的，文化的背景にかかわりイスラム教徒サービス利用者の生活に影響を及ぼしている現代の問題をより徹底的に焦点を合わせるために読者はクラブトゥリー Ashencaen Crabtree ら（2016）の *Islam and Social Work* に導かれることができる．そこでは，イスラム少数民族のコミュニティに対する，同様にそのようなコミュニティメンバー内で生じる抑圧的態度と実践の影響に関しての十分な考察が見いだせるだろう．

本章のまとめ

本章は，本書で焦点があてられる周縁化あるいは社会的不利な立場におかれた人々とは誰であるかについ探求していくために，その文脈を概説しつつ，英国ソーシャルワークと社会的問題の幅広い歴史的整理をした．状況を説明しながら，私たちは，社会から外されそしていつも歓迎されるというわけでない，それぞれは異なるが基本的に政治的，社会的そして個人的状況な経験をしてきた人々に関連して考察してきた．しばしばこのことは，次の章でもみるように，これまで言外のことであったそして問題にされていない仮定に基いている．最初の二つの章は，次章での周縁化が起こる方法（それが社会で，そして，個人の中で内在化される過程）のいくらかに目を向けるために，その地ならしをした．

60 パートⅠ：社会的不利と周縁化の理解

さらなる読書

Ahmed, A. and Rogers, M. (eds.) (2016) *Working with Marginalised Groups*. Basingstoke: Palgrave.

　この優れた，短く編集された作品は，周縁化に関する理解に実践的，理論的洞察をもたらす．そして社会の縁に自分たちを発見する人々に働きかける方法を提供している．

Ashencaen Crabtree, S., Husain, F. and Spalek, B. (2016) *Islam and Social Work: Culturally Sensitive Practice in a Diverse World*, 2nd ed. Brisrol: Policy Press.

　本書は，イスラム教徒が現代社会で権利剥奪や疎外を経験してきたいくつかの方法を探っている．それは，他の信仰や文化集団と関連するものであり，社会的反応や，人々がレッテルや作り話に影響される方法を探るのに役立つ．

小説は人々の経験に入り込む早道を提供する．たとえば次のような本である．

Bradman, T. (ed.) (2007) *Give Me Shelter: An Asylum Seeker Anthology*. London: Frances Lincoln.

　本書は，難民の子どもとはどのようなものかを探る短編集である．感動的で心温まる．

Steinbeck, J. (1939/2000) *The Grapes of Wrath*. London: Penguin Classics.

　1930年代のアメリカにおける大恐慌の影響を描いた傑作．

注

1）ベツレヘム病院は，のちにBedlam（ベツレヘム精神病院）として悪名高く知られた，小ロンドンの外れで当時では準田舎にある施設，精神異常者のためのチューダー王朝の施設として設立された．

2）作家テネシー・ウィリアムズTennessee Williams（1955/2009）は，彼の作品『熱いトタン屋根の猫』（*Cat on a Hot Tin Roof*）で「物乞い（mendicity）」の定義をうまくかいつまんでいる，その主人公（ブリック）が「偽りとうそつき」に言及するとき「物乞い」に言及する――*政治家のごまかしに関して*，現在では悪名高い「もう一つの事実」ということになるだろうか．

訳注

訳注2-1　Crown Prosecution Service（CPS）は，英国とウェールズで刑事訴追を行うための主要な公的機関である．CPSの主な責任は，犯罪捜査の間，警察と他の政府機関の調査機関に弁護士の意見を提供して，調査に基づいて，容疑者が刑事責任に直面するべきであるかどうか決めて，行政長官の法廷と王室裁判所で起訴を行う．

訳注2-2　MENCAP：**Men**tally Handi**cap**ped：メンキャップ：英国，ウェールズ，北アイルランドで活動する知的障害者の主要団体

訳注2-3　gentlemen of the road →直訳すると「路上の紳士」であるが，浮浪者，乞食，ホームレスをあざけていうことをさす．

第 2 章　社会的不利と周縁におかれた人々とは誰か　　61

訳注2-4　「boxing-and-coxing」戦略とは，2002年に改正された「国籍・移民・難民法 Nationality, Immigration and asylum act 2002」を基本とした内務省の難民該当性審査のことを示す．

訳注2-5　「キンダートランスポート」とは，1938年11月 9 日の「水晶の夜」事件によりナチス支配下でのユダヤ人迫害が激化した後，英国を始めとする諸外国が17歳までの子どもの受け入れを表明し，同年11月30日から39年 9 月 1 日までの間に 1 万人以上ものユダヤ系の子ども達が救出された出来事を示している．

第3章　過　程
——人々はどのように周縁化され
社会的不利におかれていくのか——

ソーシャルワーク学位の達成

　本章は，専門職能力枠（Professional Capabilities Framework）にそって適正な水準に向けて，あなたが次のような能力を発展させていくことを手助けする．

多様性

　文化，経済状態，家族構成，生活（人生）経験，そして人格のような要素がどのように個人のアイデンティティとして形成されていくのか理解する，そして，これらを考慮に入れて，必要な所を仮定して問いながら，彼らの経験を理解する．

知　識

　ソーシャルワークの社会学，社会政策，保健心理学からの調査，理論と知識への利用に関して批評的理解を示す．

　ストレングス，レジリエンス，脆弱性，リスクと抵抗の概念に基づき，危険の形態と人々への影響を理解し，実践に応用する．

文脈と組織

　ソーシャルワークが，経済，社会，政治的そして組織的背景の変化を扱いそして対応することを認識する．

　また，ソーシャルワーク科目指標書で出されている，以下のアカデミックな基準を紹介する．
5.2.iv：ソーシャルワーク理論
5.3.iv, x：価値，倫理
5.4.i-v：サービス利用者とケアラー
5.5.v, vi：ソーシャルワークの本質

これまでの二つの章では，周縁化と社会的不利が人々にとってどんな意味があるか，その概念がどのように定義されるか，そしてこのような立場におかれた人々，集団，およびコミュニティは誰であるのかを考察してきた．本章では，人々がどのように，社会構造からそして社会自体から社会的不利，そして周縁化におかれていくのかを考察していく．ここでは周縁化と社会的不利のいくつかの異なったレベルからの探求がなされ，そしてこれがどのように生じていくのかが理論づけられるだろう．個人と集団自体に責任を振り分ける機能主義の見解を検討し，そしてラベリング理論，ひずみ理論，逸脱理論，およびコンフリクト理論を使用しながら，周縁化と社会的不利が生じる方法とそれらに至る過程を批判的に探求していく．その過程を理解するこれらの理論的アプローチとともに，さらにそれらを理解するために，日常的実践と心理社会的行為，通過儀礼とリミナリティをみていく．

機能主義的社会学と個人と集団の病理化

システム思考と機能主義的アプローチ

社会学思考の最初の主要な学派の一つは，社会学の創始者の一人，エミール・デュルケーム Emile Durkheim に由来し，そして米国の20世紀中頃，タルコット・パーソンズ Talcott Parsons やロバート・K. マートン Robert K. Merton などの人たちによってさらに発達した．デュルケームは，社会が発達し，機能し，そしてそこで生き残る方法を理解することに幅広い歴史的アプローチをとった (Mooney et al., 2016)．彼は社会的連帯がこれには重要であると考え，初期の社会機能では，規範が明白に，家族，家族の再生と秩序を維持するように固く守られた機械的連帯に従属していると述べた．社会が発達するにつれ，これらの暗黙の前提である結びつきは弱められるが，デュルケームはより有機的連帯がそれらを機能し続けることが認められると示唆した．この有機的連帯とは，人，家族と仕事環境の互いのかかわりあいを通して社会構造が維持されることである．

パーソンズは人々が社会で引き受けるいろいろな役割機能に関して，社会的な相互作用と役割をサブシステム間の相互作用が全体の機能と秩序を維持する

64　パートⅠ：社会的不利と周縁化の理解

一種のシステムと見なした．また，マートンは，社会にある制度と現象の二つの別々の機能を表わすことによって，デュルケームの初期の仕事を前進させた．そこでは顕在的（あるいは意図的な）機能と結果がはっきりと知らされていない潜在的機能が示されている．これらの理論に特定の社会システムの中で想定される役割をあてはめることによって，周縁化されそして社会的不利におかれることになる人々の過程を説明するために活用できる方法についてのいくつかを以下で説明していく．周縁化，社会的不利，および排除が社会階層と均衡を維持する際に重要な機能を果たすかもしれないという不快な概念を探求していく．

パーソンズの病人役割とメンタルヘルス

　個人が病気であるときに，病気であることによって引き受ける役割と機能について考えることに気を取られたくないと思う．その人は，気分が良くなって，日常生活を再開することに焦点を合わせようとする．パーソンズは，病気のときに人に期待される重要な役割，機能，義務，そしてその人が周囲の人に求める役割や機能を明らかにした．パーソンズは，病気のときに人々に期待される重要な役割，機能，義務，そしてそれがその人の周囲の人々に要求する役割と機能を特定することの手段とした．パーソンズ Parsons（1951）は，システムと病人の役割に関する著作の中で，病気であることは，期待される行動規範からの逸脱の一形態であるが，それが否定的に見られるのではなく，むしろ肯定的に捉えられるものであるとした．事実，彼らがいったん医療専門職のメンバーに認可されるかあるいは承認されると，病気になりその人の行為パターンの変化と機能は合法化される．たとえば，一般に，出勤しないことはしかめつらされる．しかしながら，病気であり，医師にかかり医師が休みを取るべきと言うなら，この行為は，その社会的文脈の中で，ポジティブで機能的であるとして解釈しなおされる．

　パーソンズの理論では，病気や体調不良の急性期のみを考慮し，日常的な義務からの正当な逸脱や新しい行動の採用は一時的なものであると想定しているようである．そして人の主体性や変化・発展の可能性を否定しているようにも見える．第5章と第8章で述べる2010年平等法（The Equality Act 2010）は，パー

ソンズの病人役割理論が示唆するように，病気や障害を持つ人を無力な存在と見なすのではなく，社会の仕組みが妨げられないようにするための合理的調整の必要性に焦点があてられる．この病人役割理論においては，病気治療と休業が容認される役割は合法化されるが，社会から期待される権利，たとえば仕事や社会生活などを利用できなくなる逸脱した役割へと移行するにつれ人々はその容認されるはずの役割から外れて周縁化されていくことになる．

家族とセクシュアリティ

　家族にアプローチする伝統的機能主義者は，パーソンズと彼の同世代のジョージ K. マードック George K. Murdoch の影響を多く受けている．機能主義者である両者は，社会秩序を維持し家族システム内で個人を養育する家族の役割と機能に焦点をあてた．

　家族への機能主義者のアプローチは，その家族の認識において楽観的でポジティブである．マードックとパーソンズの示唆は，虐待あるいは安全な避難所でない家族は考慮には入れられていない．また，その研究は，米国にかなり限局された領域で，主として中流階級の白人家族である同質的集団に対して行われ，代表性が限定されている．あるフェミニストは機能主義のアプローチのヘテロ（異性愛）規範，家父長制構造に疑いをいだかないことを批評している (Robertson Elliot, 1996)．

　家族に対する機能主義的アプローチは，家族の中で生活し，家族を満足のいく単位と見なすという，受け入れられている規範的基準に適合しない個人を周縁化しがちであることは明らかである．そして厳正な機能主義アプローチは，たとえば非異性家族 (non-heterosexual families) や再編成家族 (reconstituted families) などを寛大に受け入れるような変化を抑制することもわかっている．社会の規範を遵守していることを示すことができなければ，人々は周縁化される．家庭環境で虐待を経験した人や，家族規範が異なる文化圏出身の人は，周縁化される可能性が高まる．また，家族の規範的な構成や機能を強化する法律や社会政策によって，家族が不利益を被る可能性もある．そのような異なる人々は，差別的な扱いを受けることになる．

　社会学の機能主義的アプローチには多くの批判があり，特に，社会制度が機

能する，あるいは機能しない方法の変化やシフトを説明する上で，これらの考え方が持つ説明力の欠如が指摘されている（Layder, 2006; Mooney et al., 2016）．また一方で，大きな絵の一部としての役割や機能という点でしか見られない，個人としての人々への配慮に重要な欠如がある．これは，個人の行動が完全に説明されるというわけではないことを意味している．そして，特異な人は除外され，周縁化されそして社会的不利に直面する．機能主義アプローチは，個人の位置，行動と彼か彼女の他者応答の特異性を逐一説明することを助けるものではない．私たちはこの過程に関係しているより幅広い見方を獲得するために他の理論を考えていく必要がある．

ひずみ理論，ラベリング，逸脱理論

ここで，犯罪や犯罪行為，逸脱を説明するために開発された重要な社会学理論を活用することで，人々が社会から疎外されるようになるいくつかの方法を描くことができる．これらの理論は，なぜ人々にある種の信念が埋め込まれ，当然のこととされるようになるのか，なぜ人々はある種のレッテルを貼られるようになるのか，それがどのようにして自己成就予言^{訳注3-1}（self-fulfilling prophecy）となるのか，そして社会の周縁にいる人々がどのようにしてこうした立場を受け入れ，時には自らこうした立場を再生産するのかを説明するのに役立つ．

シカゴ社会学学派は，社会的圧力，社会構造そしてその相互作用や行動，行為そして社会における地位をどのように左右するのかに関して重要な影響を及ぼした．チェンバレンChamberlain(2015)はシカゴ学派の考えにふたつの異なった局面を特定した．その局面は人々が社会に周縁化していく過程を理解するために重要である．ひとつは，アノミー^{訳注3-2}（anomie）という概念に関するデュルケームDurkheim の研究で，そこから生じる精神的・社会的ひずみ，そして都市空間が社会関係や行動に与える影響である．もうひとつの影響力のあるアプローチは，シンボリック相互作用論に由来して，結果としてラベリング理論になっていった．ジョージ・ハーバート・ミード George Herbert Mead（1934），ジョーン・デューイ John Dewey(1935)，ハーバート・ブルーマー Herbert Blumer(1969)のような研究者の仕事に関係している．特にブルーマーは，用語を造りだし，

首尾一貫した全体の概念をまとめた.

デュルケームの独創的な著作,『社会学的方法の規準』(*The Rules of Sociological Method*) は人々が社会的集団——大きいあるいは小さい——を構成するとき,共有された行動,規準そして規範が発達するという観念を表した (Durkheim, 1895/1982).

社会的に作用するこれらの方法は,個人の枠を超えて社会生活を支配することになる社会政治的システムの中で当然の仮説として具体化するようになる.この考えはブルデュー Bourdieu (1977) のような後世の研究者に影響を及ぼした.その基準は疑いのないまま残っていて,私たちに回りの世界を見る方法を示し,そして,何がそして誰が受け入れできて受け入れができないかを区別する.想定される集合意識あるいは有機的連帯に背く個人は,社会から罰せられそして社会から追放される.

このような見方は,しかしながら,社会秩序の形態をよりわかりやすく歴史的に理解することを提供している.社会において組織はより複雑になって,見解と意見の多様性,異なるグループの間の相互依存は増している.そして,それは,次に,何が受け入れられるかあるいはそうでないかに関してより幅広さを与えている.この幅広さは,ある程度個人によって経験される周縁化の可能性をいくぶん緩和する.社会が伝統的に認める規範からの移行において,新しい規範がまだ確立されていないとき,それはアノミーのために必要な状況に導いている (Chamberlain, 2015).これらの考えは犯罪と犯罪行為の社会的解釈を支えるためにとられるが他の文脈からの社会的周縁化と社会的不利の解釈に等しく有効である.

ひずみ理論 (strain theory)

米国社会学者ロバート・マートン Robert Merton (1938) はアノミーとは人々が達成しなければならない社会の目標や価値(文化的目標)と手段あるいは資源(制度的手段)の間のひずみを意味するものであると指摘している.このひずみは,人々が社会のあり方を受け入れ,合意された目標を達成しようとするため,たとえそのために他の人々と不平等な資源しか持たないにしても,順応し,規則に同調する (conformity) ことにつながるかもしれない.それは,社会的規則

が個人の目標あるいは社会の価値の達成よりも，重要であることを意味するので，より受け入れない個人のために，目標の再解釈につながるかもしれない．これは社会的不利とまではいかなくても，不利益をもたらすものである．

ケーススタディ

　ジェームズと彼の友人ロビーは，製造工業倒産と長期失業率が上昇している経験をした大きい北部都市の同じ住宅街で成長してきた．ジェームズは，小さい家を買ってそしてこの地域から出ていくだけのお金を稼ぎたいと思っていた．それが難しいことがわかっているのにもかかわらず，彼は学校でできるのと同じくらい多くの勉強をした．そして配管工としての見習い仕事に就いた．

　ロビーも勉強することは難しいとわかって，そしてそれは彼にとって加重と考えられた．そして彼はいずれにせよ仕事を見つけることはありそうもないと感じていた．試験に失敗した彼は，仕事が見つからなくても失望せず「自分の運命を受け入れる」ことが最善だと考えた．彼らが学校を出てから10年後，ジェームズは，彼の野心を実現させた，そして，小さなテラスのある家に住み，預金も少し貯めていた．ロビーは失業したままであった．

　いくばくかの個人はシステムを無視し，脱税のような，あるいはひずみの手段として犯罪に進むことに関係するか，いずれにしても，人々がとる逸脱した適応がある．しかしながらまた他は主流社会から薬物依存やホームレスにドロップアウトする「逃避（retreat）」の位置を占め，そしてさらに他はひずみを引き起こす中心的価値に反抗（rebel）して社会構造を変えようとする．

第3章　過　程　69

ケーススタディ

　ジェームズとロビーが通っていた学校の仲間であるマーティンは，彼が買ったスカンク（水耕栽培された大麻）のいくらかを売ることでもうかることを見つけた．このことは，彼がほかのどこかで得ることができるとは信じられないほどの収入をあげそしてある程度の人望を彼に与えた．しかし，彼が低賃金の地元カフェで働いたとすると，彼はお金をどこから得たのかについて尋ねられていたことだろう．

　同じ学校に通うそしてその地区に住んでいるジリアンは，仕事を見つけることができず，路上生活者の急進的なアウトリーチセンターでボランティアをしていた．路上生活者との経験は彼女が社会の端に残ったままであることについて彼女を挑戦させた．そして，しゃがみこみ，地方議会会議を中断させ，使われていない建物を開放するよう抗議を行った．

　マートンは，異なる社会的位置あるいは行為に名前をつけレッテルをはることで権力（power）を誰が持っているかのような，権力（power）と支配（control）の問題を扱わずに，異なる社会集団に適応タイプを柔軟性なく適用したことで批判された。その後，ロバート・アグニュー Robert Agnew（2006）はひずみ理論概念を取り上げた．そして，社会で経験されるひずみだけではなく他との関係によって感じとられる社会的位置や代償的ひずみによって個人に予期されるものも含めた一般的アプローチを開発した．こうしたひずみはすべて，社会におけるポジティブな成果や交流の可能性を奪うか，少なくともそれを脅かす（上記のマーティンとジリアンのケースを参照）．人によって，異なった対処の方法がある．それらの適応のいくつかは，社会の一般的な仕組みから自分を遠ざける（remove）こと，周縁に逃避する（retreat）こと，あるいは社会の管理構造を拒絶（reject）して「逸脱者（deviant）」になる．

ラベリング（labelling）
ラベリング理論は，人々がどのように周縁化されるようになるかをさらに理

70   パートⅠ：社会的不利と周縁化の理解

解するのを助ける．ラベルは日常生活の不可欠の部分である．衣服とスポーツ
用品のラベルをみるとする．ラベルはそれらが何であるか，そして，それらの
使用が何であるかを説明し，情報を教えるために物に取り付けられる．私たち
が原稿を執筆するときは，パソコンのプラグの電子安全性試験が済んでいるか
のラベルをみる．つまり，ある意味では，ラベルは私たちが社会的世界（social
world）を理解し，予測し，秩序づけるのに役立つ良性の記述と見なすことがで
きる．

　しかしながら，ラベルが適用されている他の方法がある．二人の学生の以下
の会話を考えなさい．

　　　　ジョージ：おお，君には，論文スーパーバイザーとしてのサンドラがいる，
　　　　　　　　　　知ってるよ．彼女はすごい，いつもあなたにすごいサポートを
　　　　　　　　　　している．彼女は多分他の誰よりもやると思うよ．
　　　　サム　　　：ワオ！　私にはわからないよ．あなたには誰がいるの？
　　　　ジョージ：僕には，トムがいる．けれど薬物使用に関する講義以外には，
　　　　　　　　　　本当の彼を知らない．
　　　　サム　　　：まあ！
　　　　ジョージ：何か？
　　　　サム　　　：まあ，初年度の私のチューターだったけど，えー，彼は私の，
　　　　　　　　　　私の胸をじっと見つめたのよ！　それで私はチューターを変え
　　　　　　　　　　なければならなかった．
　　　　ジョージ：なんという性差別主義者のブタだ！　ほかの人に警告する方
　　　　　　　　　　がいいよね？　大学では，その種のことを許容するべきでは
　　　　　　　　　　ないと思う．今から大学事務と話してスーパーバイザーを変
　　　　　　　　　　えてもらうつもり．

　これは想像上でかなり造られた会話であるが想像される特性や態度に基づい
て異なる側にラベリングをして，そしてネガティブなラベルの塗布がどのよう
に人々を周縁に導くかを示している．私たちは状況に関して多くはわからない
が，確かに，サムはチューターを変えるほど不愉快を感じた．たぶん，重要な
会話がトムについてされたことにより，苦情が申し立てられ，トムのエスカレー

トから学生の身を守ることがなされたかもしれない．しかしながら，行動をと
る前により多くの証拠が必要である．ジョージは，トムが信用できず，女性に
危険をおかす可能性があるとのサムの陳述から思い込まれた「ラベル」の影響
を増幅したようである．証拠によって正当でないことが証明される場合，これ
はスタッフメンバーの保証のない周縁化に通じたかもしれない．この状況はラ
ベルが非常に「乱雑（messy）」でありえて，きわめて分析的アプローチがこの
ような含意と意味を通してソーシャルワーカーに必要であることを示してい
る．そしてそうしないとそれは実に深刻である．

　ラベリング理論について書いていく当初，私たちの一人は，極めて重要な問
題は行為自体よりむしろ逸脱としてレッテルを貼られるとの周囲環境における
人々の反応であると示唆した（Parker and Randall, 1997）．この文脈での逸脱者
（deviant）とは，社会的行動の合意された，あるいは一般的に受け入れられて
いるルール（rules）に反すること（transgresses）を意味する．これらの規則は人々
に社会における行為に関して期待を生みだす．しかしこれらの規則からの逸脱
をラベリングすることで，逸脱者としてレッテルを貼られる人々からの期待も
生みだす．ラベリング理論は，規則を破った人が社会メンバーからの逸脱者あ
るいはアウトサイダーのレッテルを貼られる過程を説明するものである

　チェンバレン Chamberlain（2015）は，シンボリック相互作用主義からラベ
リング理論の発展があると述べている．これと同じ考えを持つ学派は，人々が
自分のために意味ある事柄（things）に対して行為を行い，そして意味自体は前
もっての社会的相互作用あるいは解釈された社会的経験の所産であることを示
唆している．しかしながら，個人によって意味は変化し，その個人は彼あるい
は彼女のそれらを解釈するそれぞれの自己のやり方を持っている．その過程は
双方向であり，個人のアプローチによって変化することの意味もまた，双方向
によってその個人が世界を見る方法，そしてそれがその人にとって何を意味す
るかに影響を与え，変化させる．私たちの意味は外部の社会環境によって社会
的に構築されたものだが，私たちはまた，特定の役割や行為を身につけること
によって，その社会的世界に影響を与える．これらの外部からの役割，行為と
人々に貼るラベルは，私たちが何を期待し，どのように行為「すべき」だと信
じているかを示す重要な印である．

72　　パートⅠ：社会的不利と周縁化の理解

　この理論的背景（シンボリック相互作用，ラベリング理論の背景）は，逸脱に関するレマート Lemert（1967）の理論の開発に影響した．彼は，概念を二つのタイプ——一次的逸脱と二次的逸脱——に分けた．一次的逸脱は，認められている行為の規則（rules）を越えるが，おそらく一回限りで，人の人生に必ずしも大きな影響を及ぼすというわけではないかもしれない最初の行いあるいは行為を示す．たとえば，万引きで捕まった未成年は，警察で警告を受けることがあるかもしれない．彼女はかなり家族を動揺させたかもしれないが，犯人というレッテルをはられたりまたその結果投獄されたりしそうではない．しかし，その行いは，二次的逸脱に持ち上がり彼女を社会的制度との接触を持ち込むかもしれない．たとえば，警察との接触は，その未成年にある程度の恥，堕落，スティグマと屈辱を受けさせることになる．人の逸脱に対する社会の反応はそのようであり，そしてこれは社会的規範逸脱のための罰によって強化され，そして結果としてその人の人生に重大な変化が引き起こされる．これが二次的逸脱である．

　レマートの貢献は，一次的逸脱から二次的逸脱に至る過程がただちにではなく，時間が経つにつれてどのようであるかを示すことであった．一次的逸脱者は，汚名を着せられ，堕落させられるという支配的な儀式（the controlling rituals）の対象となり，他者の反応とその反応に対する特定の人物の支配によって，逸脱者としての地位を中心に生活が組織されるようになる．たとえば，（難民などの）逃げる必要によって社会的規範から「逸脱」をすでに受け入れている若い亡命者は，信じられない取り調べ，働くことができないこと，定期的に当局への報告がいる儀式（the rituals）を通した拘留，処置の対象であるとすると，自分の位置を再解釈することになるだろう．一度でもこの個人がメディアによって，政治家あるいは一般市民によって「亡命者（asylum seeker）」というレッテルが貼られると，彼は，自分の位置を否定的な，スティグマ局面を自分に内在化し，そしてこのレッテルが示すようにふるまうことになるかもしれない．

　別のラベリング理論家，ハワード・ベッカー Howard Becker（1963）は，逸脱は個人の中での固有の行為でも質でもないと示唆して「それは，仮定された社会的規則を逸脱する特定の行為への社会的反応の結果である」ことを明らかにした．事実，逸脱自体は，たとえば「取り調べ処置」される間の亡命者を拘

第3章　過　程　73

留することを支える社会的規則と付随する儀式の成立と承認を通してつくられるレッテルである．ベッカー（1967）による後の論文で，社会福祉サービス，教育と公衆衛生を含む社会統制に対処する制度がどのように，無力で，周縁におかれそして社会的不利にある人々に，不釣り合いなレッテルをはるかについて示している．これは，社会的世界（social world）とその組織に対する「私たちと彼ら（us and them）」という視点に発展する．それは私たちがその世界との交渉に適用するレッテルが周縁化するような力を発揮することになる方法であることを理解することの助けになるかもしれない．

　1974年にトーマス・シェフ Thomas Scheff は，メンタルヘルスに関係したラベリング理論を考察した重要な論文を書いた．シェフは，ラベリング理論がメンタルヘルスに問題があると診断される過程を理解する別の方法に私たちを気づかせる重要な役割を担っていると主張している．彼は二つの重要な研究に注意を向けている．一つは調査設定が人為的であった場合に精神科医と臨床心理士の診断に好ましくない影響をつくる傾向があることを示唆した研究である（Temerlin, 1968）．もう一つはローゼンハン Rosenhan（1973）の研究である．その研究は，12病院で行われ，入院するために精神病のふりをした八人にかかわった．これらの「疑似患者」はいったん入院すると，彼らは，どんな徴候的行為もやめて普通の方法でふるまった．しかしながら，いったん入院が認められると，彼らは，行為と人は実際に観測されたことよりもレッテルによって解釈されたことを示唆して，精神病ではないと精神科当局に納得させるように奮闘した．

　ローゼンハンの研究は，ソーシャルワーク実践のための重要な含意がある．あなたは紹介されるか，または順番に，たいてい蔑視したレッテルによって説明されてくる人々にしばしば働きかけるだろう．レッテルのもつ力を認識して最初に出会うことは，実践にとって重要である．

　メンタルヘルスに関して，反精神医学学派は人々が周縁化されるようになる過程を理解することに多くを付け足している．機能主義と病人役割論は病気を一時的な逸脱と考えることで限定的であるが，また家族関係の有益な局面を明らかにしている．反精神医学学派は，現代社会の圧力（pressures）と制御された対人関係に対する正気の反応として「狂気（madness）」を見出している．

マルクスと批判理論

カール・マルクス Karl Marx の理論的取り組みは，人々が周縁化されるようになる過程のいくつかを理解することに大変な関連性を持っている．事実，疎外（alienation）は彼のそれまでの取り組みの焦点を形成し，その後の取り組みの主要な要素として示し続けている．そのマルクスの疎外論は先に議論したアノミーに類似性を持って，党派的集団の関係に基づいている――マルクスの書いた労働者階級である．しかし，それは等しい民族性，健康状態，年齢あるいは性であることであったかもしれない．

マルクスによると，疎外は人々にとって産業革命が起こり見られた生活の創造と意味が切り離されたときに生じるとした．この経済的疎外（economic alienation）は，階級や所有権，ある集団の別の集団による搾取，そして必然的な対立と結びついていた．仕事と社会生活での人間性を奪うような状態は，資源として交換できるものには労働しか持っていなかった人への資本主義的搾取を可能とした．これは，不満と対立そして組織化された構造と政治，法律そして慣習的な制度の変化を導く――革命（revolution）――に至りそうであった（Layder, 2006）．

疎外のこの視点は，二つの中心的な要素から成っている社会システムに関するマルクスの視点に基づいている．基礎あるいは下部構造と上部構造である．基礎構造は，労働をとおして生みだすことと生産物を所有しコントロールするどちらかの異なった集団間でどちらが生産とその関係性を支配するかがその時の経済構造と階級構造に関連する．上部構造は，先に暗示したように，基礎構造（下部構造）にある生産の手段を支える法的，政治的，そして，一般の制度に関連する．機能主義や初期の社会学の社会システムへの含意や温和であることを示すものとは異なって，これは対立に根ざして，マルクスが史的唯物論と呼んだものを通して，変化のための騒々しくあるいは革命運動で結果をもたらそうとする．

もちろん，その後マルクスによる資本主義システムに対する世界革命と高度な共同財産と生活システムの交換についての歴史的予測は実を結ばなかったことを私たちは知っている．しかしながら，搾取による疎外の重要性の異なる党

派的（sectional）集団間対立と権力によるそのイデオロギーの押しつけにおける彼の関心は，人々がどのように周縁化されるようになるかの分析において，また特定の分析的用語において，社会によっていかに不利におかれるかを分析することの重要性はそのままである．

ジェームズの人生と彼の友人を再考してみよう．

ケーススタディ

ベロニクは，二年前，夜の外出でジェームズに出会った．彼女は教師の教育を受け，ジェームズの家近くの小学校で働いていた．彼らはうまくやっていって，一年後には同居した．ジェームズは，自分たちとは異なるライフスタイルであったにもかかわらずロビーとの接触を保ち続けていた．ベロニクとロビーはジェームズのために同じようにうまくやっていこうとした．けれどもベロニクはジェームズが見つけることができた仕事をなぜ引き受けないのか，そして，なぜ給付金での生活がなぜ快適なのか理解することができないでいた．他方，ロビーは，ジェームズの状況にあることの理由の一つはベロニクにあると考えていた．そして，ロビーは「もし彼女たちが望む方法で一生を楽しみたいのであれば俺たちに召使をとることを期待するくらい彼女は上流階級の人間さ」とジェームズにいった．

マルキストの考えは，また社会に周縁化されて搾取された人々にともなうソーシャルワークのために希望的要素を提供している．それは社会学の考えにも取り入れられた（Habermas, 1987）．対立は社会で発生するものであり，資源，権力，発言力へのアクセスに差があるグループ間で生じるものである．意見，集団，立場の衝突を通じて，対立は前向きな変化を生み出すことができる．この弁証法は，社会から周縁化された人々が自分たちのために行動し，ソーシャルワーカーが彼らとともに歩むことで活用できる．これは，もちろん，ソーシャルワーカーであるあなたと雇い主との幾分の対立を持ち込むかもしれなく，お

76 パートⅠ：社会的不利と周縁化の理解

そらく，ソーシャルワーカーとしてのあなたのする仕事に反映され，また周縁化されることになるかもしれない．

日常生活実践 （everyday practices） とふるまい （performances）

「日常生活実践 （everyday practices）」の考えは，社会的な行動と関係を理解するために重要である．この実践 （practice） の概念は家族の日常生活が実際にその家族がどのようにそれ自体を構成するかを示唆する家族研究においての継続的な議論から引き出されている．これらの考えは，より一般に，日常生活実践がすべての社会関係を構成し，適応させて，どのように人々が周縁化されていくかに関する理解に適用できる方法にあてはめることができる．

実践理論 （The theory of practice）

第1章でふれたように （第1章，p. 26），日常生活実践にともなう関心の始まりはブルデュー Bourdieu （1977） にある．彼は外界がどのように個人に内在化されるか，そして，これがどのように世界に反射されるか説明しようとしている．そして，これはラベリング理論で確認されるプロセスと異ならない．結果として生じる構造は環境の特定の種類から構成され，ブルデューがハビトゥス （Habitus） と呼ぶものを生んでいる．^{訳注3-3} ハビトゥスとは，人々が生活する様々な文脈の中で交換可能な，連続する性向 （dispositions） システムである．ハビトゥスは，日常的なレベルでの実践，つまり私たちが行うことの生成と構造の青写真を提供する．個人は，客観的な意味の生産者であり再生産者であると同時に，その行動や言葉は多くの場合，無意識の思い込みや外部社会関係の内面化の産物である．個人と社会構造は互いに影響し合っている．人々が周縁化されるようになる点で，人生経験で生じた信念は，日常生活のふるまいを誘導し，より広い社会的な相互作用を反射する方法で応じるだろう．それで，ミットランズ （イングランド中部地方） の町にある難民は，彼らの過去の経験のために，当局によって調べられると思っているかもしれないし，これは社会が機能するやり方であると思っているかもしれない．しかしながら，社会的な反応は，難民が仕事を奪ってしまうか，テロか他の好ましくないそしてありそうもない行動をす

ると心配する地域住民の懸念によって影響されるかもしれない．これらはあからさまに政策として示されることはないだろうが，難民に対する監視やモニタリングが強化され，状況を「管理する（manage）」するための継続的で重圧を無理強いする官僚主義が貫かれるかもしれない．そのような状況はその社会あるいはコミュニティの構造の中で周縁化を生み出し，そして，これは個々の難民のハビトゥスによって受理と遵守されることによって反応される．

　したがって，ハビトゥスの効果のひとつは，客観性をもたせられた良識ある世界を生み出すことである．それは，日常生活実践（everyday practice）あるいはドクサ（doxa）^{訳注3-4}の意味についてのコンセンサスによって確保される．ブルデュー（1996）は，その考えを家族に適用し，家族生活の「する（do）」か「ふるまう（perform）」かの正しい方法についての見方を構築した．このこと自体が，こうした行動規範から外れる周縁化される人々がいる理由を説明するのに役立つ．しかしそのことは，家族の領域にとどまらず，他の領域に広げることができる．

　たとえばテロリズム対策を考えてみよう．ブルデューの分析を用いれば，テロ対策は客観的な社会カテゴリ，あるいは構造化構造（structuring structure）として理解することができる．これは，それがなにかをそしてそれがどのように理解されるかということの助けとなる．しかしながら，主観的な社会的カテゴリ，あるいは客観的な社会的カテゴリによって作られた構造的な構造として見ることもできる．この意味で，テロ対策は，個人の行動や考えを秩序づけるのに役立ち，その結果，客観的な社会カテゴリが反映され，再生産される．そのため，テロリスト政策とプリベント戦略（英国政府 HM Government, 2015）は，テロリズムとは何か，リスクはどこにあるのか，誰にあるのか，脅威に対抗するために何をしなければならないのかという見解を生み出す手段として機能することとなる．そこに危険が横たわっている．このことから，テロリズムが説明される方法のいくらかは，主流社会から遠ざけられた集団に展開され，期待された慣行のいくらかを反射するかもしれない可能性がある．このように，このことはラベリング理論とのつながりがある．したがって，潜在的テロリストであるようであることについての他の人の考えと行動の基礎をなしている憶測のいくらかにあてはまる個人と集団は，コミュニティと支援から排斥され，そし

78 パートⅠ：社会的不利と周縁化の理解

て深い疑いをかけられるかもしれない．ブルデュー（1977）は，どう行動する
かの日常生活実践が，結果特定の社会的実体と関連し，結果として予想される
集団ハビトゥスをもたらすかもしれないことを以下のように示唆した．

> ハビトゥスは，それが構成される特定の条件に客観的に調整された，後天
> 的に獲得された生成スキームのシステムとして，それらの条件に一致する
> すべての思考，すべての知覚，すべての行動を生み出し，それ以外のもの
> は生み出さない．
>
> (Bourdieu, 1977: 95)

　ブルデューの実践理論は社会的実体の再生を説明している一方で，それは，
既存の信念体系の変化と挑戦の可能性を完全に説明するというわけではないた
めに批評されている（Morgan, 1999）．

　スミスSmith（1987）のフェミニスト社会学分析は，その世界を生み出すこ
とをもたらす活動に同調しながらブルデューに続いて広く類似した方法で実践
を見ている．しかしながら，彼女は研究者もまたこれらの実践を行う世界の一
部であり，その獲得されるあるいは生み出される知識は，その世界の一部にな
ることの重要性について加えている．この視点はソーシャルワーカーのために
も重要である．なぜなら，ソーシャルワーカーであるあなたの実践によって，
そしてあなたが寄り添って働きかけている人々との相互作用によって，社会的
実体（social entities）の生産と再生に貢献する点において同じであるからである．

演習３.１

　既に実習をとっていたなら，実践した方法のいくつかを思い出しなさ
い．まだ実習がとれてないのならこれまで参加したボランティアあるいは
アルバイトでの仕事を生かしなさい．

　実習で誰かに働きかけをしているときに，あなたが行動した，ふるまっ
た，考えた特定の方法のいくつかを考えなさい．何があなたを導いたのか？
あなたは，なぜそのような実践をしたと思うか？　あなたの行動は，働き
かけた人に，どのようなメッセージを送ったことになっただろうか？

第3章 過 程 79

> コメント
>
> *この演習は難しいかもしれない．それは，明らかにするよりもむしろ言外で期待されるソーシャルワーカーかボランティアとしての見かけの行動をする方法を持ってくるように求められるからである．しかしながら，あなたがする方法で応じることに何が影響を及ぼしているか，そして，これが他によってどのように知覚されるかもしれないかを意識することは重要である．それが状況に対して変化と順応することを助けることができる実践の振り返り（reflection）である．*

日常生活実践（everyday practices）

　実践で最もはっきりした表現をしているのは家族理論家デービッド・モーガン David Morgan（1996, 1999）である．そこでは，理解への中心として違い（difference）と多様性（diversity）の説明がされている．周縁化された人々に働きかけるとき，これは特に役立つ．彼は潜在的に堅苦しく標準化する「家族（family）」という用語の無批判的な使い方に挑戦している．おそらく「困窮している人」「虐待をうけている子ども」「メンタルヘルスの問題をもっている人」のような用語において同じ問題があると認められる．名詞よりもむしろ「家族」を（「家族する」）動詞と見なすことは，社会においてどのように家族に応じていくだろうかということの理解を助ける．なぜならこの家族に対する知覚がどのように起こったかについて理解することになるからである．日常生活実践は，常識的で日常的な判断，その日その日の相互理解がその世界の構造化にどのように反射的に使用されるかを描きだす．

　バーナード Bernades（1997）は日常的生活実践が，また実践場所の一部分であることが予想されてないかあるいは考慮されていないところに限界があることを付け加えている．たとえば，路上生活者との私たちの実践の場所であれば，路上生活者の私たちの経験から，そしてこれが何なのか，それが何でないのかの理解から引き起こす方法を考えたいと思うであろう．このことは，路上生活者と呼ばれる人がいろいろな知人のソファーで寝ることができたと考えるとき

80　パートⅠ：社会的不利と周縁化の理解

に，なぜある種の社会的，あるいは実際に個人的な偏見が生まれるのか，あるいはなぜ一般的な考え方の中で家がないこと（homelessness）と路上で生活すること（rough sleeping）の間に混乱が生じるのかを理解するのに役立つかもしれない．ソーシャルワーカーとして，私たちは人々の経験を理解して共感することを望んでいる．そしてそのために，彼らを支える私たち自身の実践と信念をよく考え直す必要がある．

　一般に，実践は彼らにかかわる社会的行為者（social actors）（当事者（the people））によって定義されるが，これは定義の唯一の基準ではない．観察者（reflective monitoring）には，この定義がいつも採用されるわけではない．たとえば，警察で武装した対応部隊の隊員が，事件を観察する一般市民とはまったく異なる方法で自分の役割を解釈することもありうる．これは，おそらくロンドンの2011年暴動に先駆けたマーク・ダガンの銃撃^{訳注3-5}，そしてそのあとの調査で起こったことである（Taylor, 2017）．実践は，認識的構造に関係があるが，またそれらの関係者（parties）のための意味にもかかわる．*「実践は見ることで説明される一つの方法であり，その実践は，また他の様々な方法で説明されるかもしれない」*（Morgan, 1996: 199）．したがって，実践は，観察的あるいは説明的役割で他に関係していることによって説明される．

　実践を構築することにかかわる機関（agencies）は3種類ある（Morgan, 1999）．まず第一は，上記で言及したように，個人と集団である社会的行為者（当事者）が，自分たち自身の社会的実体において実践の日常活動と一般的観念間のつながりをつくることに関連する．これらのつながり，日常活動そして観念は，個々の経験とふり返りによって絶えず交渉され再定義される．

　第二には，より抽象的な機関（more abstract agencies）が関与する．これらは，ソーシャルワーカー，教師，警官のような専門職，道徳宗教的機関，政策立案者などのような専門職を含む．ポジティブかネガティブのイメージ間，そして含まれるか含まれず除外されるかの間で，区別は実践がその焦点をどこにあてるかでこれらの機関決定がつくられる．自分自身の日常的な実践を，ある正常性の基準に照らして反射的に監視し，その基準を再現するようになる．つまり，日常的な実践の構築に関わるこの要素は，ソーシャルワーカーにとって特に重要であり，人々を社会から周縁化し，排除する立場に導くプロセスを知らず知

らずのうちに再生産してしまわないようにするためにである．

　実践の構築にかかわる最後の機関は観察者である．観察者の解釈は，その実践を記述している行為者の解釈と一致し，そこから派生するものでなければならないことは，日常的に経験することである．これはいつもそうであるというわけではなく，観察者の影響（effects）／観念（notions）／構造（constructions）は重要である．つまり，私たち自身がそのような表象を構築する手助けをしている．だからこそ，テロリズムやテロリストについて議論する際には注意が必要なのである．

「実践」という用語は様々に関連するテーマを伝える．

1．行為が述べられ説明される個人である社会的行為者（当事者）の視点と観察者の視点の連結化感覚（a sence of interplay）（Morgan, 1999: 17）
　　この実践の概念は，異なった視点と解釈があることを重要視している．

2．受け身であるか，または静的であるというよりむしろ活動的という感覚（a sence of active）（Morgan, 1999: 17）
　　説明される実践の観念から構成しそして派生する両方に「している」という感覚がある．

3．日常的という感覚（a focus of the everyday）（Morgan, 1999: 17）
　　日常的というのは重要な意味合いのある通常のもの（ライフ・イベント）と注目に値しないもろもろの活動という感覚の両方に関するものがある．

4．規則的という感覚（a stress on regularities）（Morgan, 1999: 17）
　　規則的または繰り返される行動は，日常生活における「実践」日々の当然のこととする世界を構成する．

5．流動的という感覚（a sence of fludidity）（Morgan, 1999: 18）
　　実践に境界はなく，同類かあるいは異なった他への実践に流動していく．

6．歴史と伝記との連結化(an interplay between history and biography)（Morgan, 1999: 18）．
　　実践は，日常生活のいまここでの関心と同様に社会的そして歴史的側

82　パートＩ：社会的不利と周縁化の理解

面がある．

　実践は出発点として社会生活の流動性を概念化する方法を示している．実践は異なった視点の様々な，そして様々な異なったレンズを通した対象を考えることを認める．多面的実践は，説明される社会的実体の観念を補強するか構築していくかもしれない．実践は世界のより広い理解に関係していて，従来はその実体を説明されることで示される時間や空間で必ずしも生じるものではない．

ケーススタディ

　簡潔に，先に見た，ジェームズ，ベロニク，およびロビーに関するケースに戻ろう．あなたがすべてに一生懸命に働くことでそれに値するものを得ることを確実とするように，ベロニクの理解は日々の生活と家族に関する生計のために働くことに集中していた．ロビーの「日常実践」とは，より良いようには何も変えることはできないという仮定が形成されながら，その彼の経験や解釈のために因習的世界を拒否することであった．世界は彼の未来をおとしいれてしまい，権威とかみ合うことのない生活を送り，そして仕事に導くサポートの助けの申し出も退けてしまう．仕事に関する生活と世界へのこれらの異なったアプローチはそれぞれ他の見方に従わないので彼らの間での緊張と口論につながる．ベロニクはジェームズの失敗と悪い影響で周縁化されたことをロビーのせいにし，ベロニクはジェームズにロビーを失敗と悪影響のおきざりにされた位置に引き渡して，男の友情が終わることを望んだ．

訳注3-6
通過儀礼とリミナリティ（Rites of passage and liminality）

　周縁化の過程は，周知のごとく複雑であるが，人生が社会において指示されることによる言外の過程の多くを通して理解できる．これはまた，個人，集団およびコミュニティが彼らのしばしば流動的で難しい社会的旅（social journeys）

で通過する儀礼的過程（ritual process）と考えることができる．一つ抜け落ちていたが，この過程を概念化する重要な方法は，通過儀礼（rites of passage）（ヴァン・ジェネップ van Gennep, 1906）とリミナリティ（liminality）（Turner, V, 1969）の概念を考えることである．

人類学から取られたこの概念は，ソーシャルワーカーがコンタクトをとり，そして寄り添うことになる人々そしてソーシャルワーカー自身に直接関係する．簡潔にこの概念を探る．通過儀礼は私たちのすべての社会的な相互作用と地位（states）にともなって——分離（separation），移行：周縁あるいはリミナリティ（liminality），そして統合（aggregation）の三つのフェーズによって表される儀式を示す（van Gennep, 1906）．分離は特定の社会的あるいは文化的な状態からの分離か孤立を表明するシンボリックなふるまいに関係する．この分離はあらかじめ既知であるか恒常の状態として扱われていたことから人々を取り除いて，人の不確実性（ambiguity）をつくり上げる．この過程を通して，再び安定的な状態を獲得するために人は，あるふるまいを通して動かなければならない．そして文化社会的規範と標準の観点で適切にふるまう．この過程は機能主義と批判社会学の両方からの分析に適していて，これはソーシャルワーカーに再帰的省察（reflexivity）の方法が必要とされるところである．

ソーシャルワーカーが，分離と不確実の社会から周縁化されている状態にある人々を，社会的に受け入れられる居場所へと移動させるのであれば，ソーシャルワーカーは，そのような人々の壊れた社会的機能を「修正（fixing）」し，合意された正当な社会システムの中に彼らを引き入れることになる（Howe, 2009）．もちろん，これは，ただちに，社会の端におかれた人々が「変化する（changing）」，あるいは「修正する（making right）」ことが必要とされることを示している．しかしこれはそうでないかもしれない．より批評的アプローチでは，ある状態から他への通過儀礼は*弁証法的展開（dialectic）*を必然的に含むことが必要である．これが意味することはソーシャルワーカーの接触につながった問題あるいは状況はおそらくソーシャルワーカーによって具体化されるかあるいは少なくともソーシャルワーカーが接触するその人との同一視がされるかどうかが様々な代替案と照らし合わされながら試されることを意味する．そして，これは，その個々の結果であることで最も容認されることをともなう異なる方法の統合

84　パートⅠ：社会的不利と周縁化の理解

――統合（aggregation）よりむしろ総合（synthesis）――に至るだろう.

閾にあるソーシャルワーカー（social worker as limen）――マージンにいることで――

　ソーシャルワーカーは働きかける人々と彼らが経験している問題や関心ごとに対し倫理的な態度をもって寄り添うことができる. これによりソーシャルワーカーはリミナルな閾（境目）の状態に入ることができる. それは，ソーシャルワーカーは追放された人のリミナルな閾スペースで寄り添い仕事をすることで，ソーシャルワーカーとして合法化され置かれている位置を切り離し，周縁化の認知（acceptance）と分解そして社会的不利の除去に向かって儀礼的過程を通して動くために努める.

　これはソーシャルワーカーにとって，居心地の悪い不愉快なスペースである. ソーシャルワーカーは，既成秩序化された一人であり，同一の時間の一部である社会的不利と周縁化を引き起こすシステムの一部にあって，社会によって公民権剥奪，非合法そして周縁化を経験した人々と並ぶ位置におかれている（Parker, 2007）. ソーシャルワーカーはどちらも一つのものかもう片方であるのかはっきりしない立場にある敷居の上にいると考えることができる.

研究要約

　パーカーら（2012b）は実習の一環としてマレーシア非政府組織（NGO）でのソーシャルワーク学生ワーキングの学びの過程を研究した. 発見されたことは，学生は心地よいゾーンから切り離されいつもではないが時々不快な状況におかれたということであった. 彼らはもはや英国のソーシャルワーク学生ではなく，この役割とNGOの労働者の役割の間，一つの文化と異なる文化の間にいた. このことは，学生が学びを最大にするために異なる経験と理解をともない実習することで，そして彼らが帰校するにあたり新しく異なった方法をつくり出すことが認められた.

第3章 過 程 85

ソーシャルワークを利用する人，押し付けられる人

ソーシャルワークサービスを利用するリミナル（liminal）（閾：境目）にある人々は，またそれに受け入れられる部分になるよう社会の構造にともない使用することができる．それは受け入れるのに必要とされるふるまいと行動を行いながら，そして，それは当然のこととしてクラブの位置をもちかえるか新しい位置を取るか十分な評価をされるように遵守と謙遜を示しながらである．この機能主義の立場から，法律，政策と手順はソーシャルワーカーが努力する人々を励まさなければならないということを示すものである．しかしながら，異なりと分離にある人を遵守させそして除去することは，人生におけるその個人の位置を損なうものである．そして，その人の文化的あるいは価値ベースをとり除いてしまう．したがって，ソーシャルワーカーは，その人のウェルビーイング（wellbeing）に反する社会から，その人が疎外されるのを強化するために働くことになるかもしれない．

もちろん，現実には機能主義的なアプローチか批判的な二元論的アプローチかを区別する明確な区別はたいていないのが普通である．ソーシャルワーカーは，多くの場合，公務員としての立場と，実践する人々のために社会正義を追求する道徳的な目的を持った実践者との間で，厄介で複雑な道を交渉（negotiate）することになる．この二つの立場は，時に収束し，時に乖離し，しばしば居心地の悪い緊張関係に置かれ，ソーシャルワーカーに思慮深く，省察的で，道徳的なアプローチを要求する．これらには楽な答えはない．しかしながら，ソーシャルワーカーは，自分たちの行動，振る舞いそして発言が人々をさらに周縁化あるいは社会的不利に置かないよう気をつけなければならない．

本章のまとめ

この章では，周縁化や社会的不利な立場がどのようなもので，誰がそのような立場にあるのかについて理解を深めてきた．私たちは，人々がどのように周縁化されるようになるのか，その過程を理解するために様々な理論的概念を検討した．それは複雑で時にあいまいな過程であり，ソーシャルワーカーとして人々の周縁化や社会的不利な状況，苦悩を助長するのではなく，変化を生み出

86　パートⅠ：社会的不利と周縁化の理解

すことに協力するために，こまめな省察（constant reflection）と批判的な問いか
けが必要であることを認識した．また，周縁化が若干の状況の中では有益なも
のである場合があることを認めた．これらのことは，私たちソーシャルワーカー
が共に働くよう求められている人々に対して，周縁化や社会的不利な立場が与
えうる影響について，次の章で議論するための準備をするものである．

さらなる読書

Layder, D. (2006) *Understanding Social Theory*, 2nd ed. London: SAGE.
　本書は，社会学思考に影響を及ぼした主要な社会理論をカバーするために書かれた研究用
テキストである．Layder は，個別の困難問題に対し社会集団をとりあつかい，その関係の
複雑性，相互連結の論点を示す．

Mooney, L., Knox, D. and Schacht, C. (2016) *Understanding Social Problems*, 10th ed.
　　Belmont, NJ: Wadsworth.
　このテキストは，社会問題を出発点として社会学の思想家とその思考を紹介し提供してい
る，応用社会学を提示している．

Parker, J., Ashencaen Crabtree, S., Baba, I., Carlo, D.P. and Azman, A. (2012) Liminality and
　　learning: international placements as a rite of passage. *Asia Pacific Journal of Social
　　Work and Development*, 22 (3): 146-158.
　この論文では，異文化の中で国際実習を行うソーシャルワーク学生が，自分自身の文化的
標識や視点，そして他者の文化的標識や視点を学びながら，どのような道のりを歩むのかを
探る．

訳注

訳注3-1　自己成就予言とは，weblio 辞書によると「根拠のない見立てや思い込みをもつと
　　人は無意識にその予言に沿った行動をとるために，もともとは実現する予言が現実になる
　　現象」を指すとしている．
訳注3-2　アノミー（anomie）について，デジタル大辞泉によると「１．社会的規範が失われ，
　　社会が乱れて無統制になった状態．ある社会が解体期に発生する．社会学者デュルケーム
　　が用い始めた語．２．高度に技術化した社会で，親密感が欠けることによって起こる疎外
　　感．」とある．
訳注3-3　ハビトゥス（habitus）は，デジタル大辞泉によると「生活の諸条件を共有する人々
　　の間に形成され，その集団の中で持続的かつ臨機応変に知覚・思考・行為を生み出す原理
　　としてはたらく，心的諸傾向の体系．フランスの社会学者ブルデューが提起した概念」と
　　されている．
訳注3-4　ドクサ（doxa）とは，ハビトゥスと同じくブルデューによって提唱された概念で

あり，本章第1章（p. 26）で示される「暗黙の了解はしばしば私たちの考えと行動を誘導する：深く根付いた無意識の信念」をさす.

訳注3-5　ガーディアン誌（the Guardian）（2017年3月2日）によると，2011年8月にロンドン北部トッテナムで発生した警察による黒人男性射殺事件をめぐる死因審問で，陪審員たちは警察の行為が合法であったとする結論を下したとされている.
https://www.theguardian.com/uk-news/2017/mar/02/mark-duggan-shooting-court-considers-appeal-against-inquest-verdict

訳注3-6　リミナリティとは，weblio辞書によると「人類学において通過儀礼の対象者が儀礼前の段階から儀礼完了後の段階に移行する途中に発生する境界の曖昧さまたは見当識の喪失した性状を指す」とされている.

第4章 影 響
——社会的不利と周縁化はどのように経験されるのか——

ソーシャルワーク学位の達成

本章は，専門職能力枠（Professional Capabilities Framework）にそって適正な水準に向けて，次のような能力を発展させていくことを手助けする．

多様性

文化，経済状態，家族構成，生活（人生）経験，そして人格のような要素がどのように個人のアイデンティティとして形成されていくのか理解する，そして，これらを考慮に入れて，必要な所を仮定して問いながら，彼らの経験を理解する．

知 識

ソーシャルワークの社会学，社会政策，健康心理学からの調査，理論と知識への利用に関して批評的理解を示す．

ストレングス，レジリエンス，脆弱性，リスクと抵抗の概念に基づき，危険の形態と人々への影響を理解し，実践に応用する．

文脈と組織

ソーシャルワークが，経済，社会，政治的そして組織的背景の変化を扱いそして対応することを認識する．

また，ソーシャルワーク科目指標書で出されている，以下のアカデミックな基準を紹介する．
5.2.iv　ソーシャルワーク理論
5.3.iv, x　価値, 倫理
5.4.i-v　サービス利用者とケアラー
5.5.v, vi　ソーシャルワークの本質

前章において，社会的不利な立場や周縁におかれることと，そのように分類される可能性のある人々や集団はどのように構成されるのかについて明らかにした．本章では，今から，そのように分類された人々が経験する潜在的な結果

について説明していく．そして個人と家族にともなう社会的不利と周縁化が社会的レベル，コミュニティや特定の集団レベルでどのような社会的影響（social impact）をおよぼすのかについて詳述する．

緊縮政策――健康社会ケアへの影響――

英国における福祉国家に関するベヴァリッジビジョンの萎縮した末端で，有給労働者の多く問題は，いつ退職できるかではなく退職できるかどうかである．そして，この疑問は，対語の相手がどれほど若いかによってますます増幅される．若い世代は，自分が退職できる時期をまったく予見できない可能性があり，そして大変不確実であるのは，将来の年金受給で心身ともに守られ維持されるために国家年金を減額されることに対する信頼の揺らぎである．

しかしながら，将来退職年齢にむかって年をとることになるとすると，余暇の待望久しい黄金期は期待できず，現在では国民年金を減額されるほかないのかもしれない．そしてそこでは，三人のうち一人は，英国において，65歳以上の高齢者であり，650万人のケアラーの一部をなしている．そして，初老の親，孫は，両方の世話をしており心身疲労している（Hill, 2017）．さらに，高年齢者として生きて女王からの電報で祝われることは，今では，それほど珍しいことではないが，一方で，健康社会的ケア基盤のもろさが増幅され，もはや十分でない支援に対する依存が増えることが同時に生じていて，高齢者は高いレベルのアンビバレンスが見られる．「活力ある高齢化（active ageing）」という考えに関してポジティブであるように高齢を再構成するための試みはあるけれども，政治化された言説は，高齢化が公的サービスからの先細りする年金と支援ニーズの増大によって悪化することで社会問題がつくりあげられるというものである（Gomez-Jimenez and Parker, 2014）．したがって，このセクションでは，高齢と障害に関連したこれらを探求しながら，福祉国家の変化と脆弱な人々へのサービスカット（cuts to services）の影響について考察していく．

世界的景気後退の乱流は英国に影響をおよぼした．そしてそこでは国がこの嵐をどのように乗り越えることができるのかの多くの異なる経済的議論が見られた．保守党政権は財政アプローチにおいて伝統的で基本的な「貯蓄（piggy bank)」促進を主張し，公費支出の緊縮対策と厳しい公共セクターの賃金キャップ（上限制）を適用した．この経済議論は，大規模の「ベルトの締め付け：経費切り詰め」の単純なイメージとパンである公的スライスの上のマーガリンの代わりにバターを控えるというようなアイデアをあてにしている．ケインズ学派の経済議論は，緊縮と削減が国家財政規模の膨張をなくし，その「連鎖的（knock-on）」影響のためにさらにそれを使い果たすのに役立つ結果により少ないお金が経済を拡大するために循環することを可能にするという予想外の結果につながると主張している（Varoufakis, 2017）.

　さらに，これらの基本的な倹約のコンセプトは，確かにミクロ，個々のレベルで機能するかもしれないが，国家経済と雇用の複雑さが拡大されるときそれと同様には機能しない．そして，それはグローバル経済の広大で複雑な舞台で影響されることになる．政府の誇示ではなく，2005年と2015年の間で公的セクター労働者の実質賃金が6％低下しているという，とても不利なレポートが人的資源経済HM室（英国政府，HM's Office of Manpower Economics）から公表された（Bryson and Forth, 2017）．これは，Royal College of Nursing（RCN）書記長^{訳注4-1}ジャネット・デイヴィース Janet Davies によって主張されたように，看護師が貧困のためにフードバンクに向かっているというショッキングな申し立てを支持することに役立った（Campbell, 2017）．そのようなことが看護師で本当であるなら，公的セクターの労働者として，看護師や教師と比較して同程度の給与を稼いでいるソーシャルワーカーにもまた現実である．しかし，緊縮政策が社会的に重要な領域の専門職スタッフにそのような影響を及ぼしているならば，これからさらに討議するように，この疑問は多くの他の個人，家族そしてコミュニティに関して多くの好ましくない影響が生じているかもしれない.

緊縮政策と障害者

　障害者であることで良い時代などおそらくなかっただろうが，近代の精神からすれば，社会進歩は全体的に上向きであると気軽に考えるだろう．しかし英国の現在の政治情勢は，障害者の依存に対して厳しくしており，その論理に反したものとなっている．最近，Personal Independent Payment（PIP：障害者福

祉給付）は旧 Disability Living Allowance（DLA：障害者手当金）にとって代わる給付制度の大きい変化があった．2012年に，労働・年金省は，民間のフランスIT 会社（Atos：アトス）に脆弱な人々の労働能力評価を外注化した．この会社の個人査定は経験不足で非効率的だったため，末期疾患など深刻な健康問題を抱えた人が就労に適していると判断されたり，他の人が絶望的な経済的窮地に立たされたりするケースが相次いだ．当然ながら，アトスのスタッフを混乱させ，そして，会社の評判をひどく傷つけた．その結果，アトスは自己保身のために契約を撤回し，契約は別の民間企業であるマグナス社（米国）に引き継がれた．マグナス社は現在，重い疾病と障害のための傷病手当金と障害手当金の請求者を見直し査定している（Gentleman, 2015）．健康社会ケアのサポートが必要であると評価される人にとって，苦労して手に入れた手当を受ける権利さえ，奪われることがないとはいえない．障害者ユナイテッド Disability United は深い失望を表明している（http://disabilityunited.co.uk/2017/01/nhs-staff-can-decide-disabled-people-live-even? choice/）．

　そこで，新しいルールの下で，国民保健サービス（NHS）の臨床委員会（clinical commissioning group）は，サービス利用者の希望に関係なく，費用だけを理由にケアホームに入居させることができるようになったとしている（Brown, 2017）．強制退去が人権侵害にあたるかどうかという疑念が生じているが，不都合なEU 人権法を振り払おうと躍起になっているポストブレグジット（Brexit）（英国のEU 離脱後）の英国で，そのような主張が法的に可能かどうかは不透明である．

　脆弱な人々のケアの民営化（児童サービスに提案されている民営化を含み）は，国家の責任に対するネオリベラル主義者のアプローチに直接合わせた非常に議論の余地のある政治的策略である．アトスの失敗が示しているように，福祉提供の重要な分野における国の介入を後退させることは，請求手続き中の個人にとって決定的に重要な影響を及ぼす．このようなことが単なる官僚的な作業に過ぎないという考え方は，危険なほど単純化されたものであり，間違いなく国家の重大な責任放棄である．疾患と障害の複雑さとそれらがどのように日々の生活に影響するかに関して無知なリモート事務職員よりもむしろ過去においての障害給付査定が認定医師の専門的知識を含んでいたことを私たち自身思い出す価値がある．

92   パートⅠ：社会的不利と周縁化の理解

また，手間取りや不適格さは新しい現象ではなくそのようなことは明らかに
ここしばらくの融通のきかない国営サービスでもときには生じていたことに注
意することは重要である．しかしながら，重要なことは，これら組織（国営サー
ビス）が営利目的や国庫財源削減として運営されたのではなく，当初は人々の
ための福祉国家の関与の一部として準備されていたということである．こうし
たサービスや手続きは，しばしばパターナリズム的で，想像力に欠け，制限的
で，サービス利用者主導というよりは官僚主義的であったかもしれない．

ケーススタディ

レイチェルは多発性硬化症がある34歳の独身女性である．以前は自分自
身の悪化していく健康を管理しながら，商業アーティストとして働いてた
が，結局，レイチェルは病状が重篤になり入院して，その後，在宅サポー
トのアセスメントでソーシャルワークと作業療法を紹介された．

今ではもはや働くことができず，車いす生活であり，レイチェルはコ
ミュニティケア局から社会ケアを4年以上受けてきた．その間，彼女は
100人以上の異なるスタッフと出会ってきた．彼らのうちの66人は彼女の
ケースを割り当てられた新人初心者ケアラーであった．「それが心身を疲
れさせる」「それぞれに，あなたは，すべてはじめからもう一度と始めな
ければならないといわれた」とレイチェルは言う．

レイチェルが考えるには，問題は，ケアワーカーが，給料の面で報われ
ないために退職してしまうというローテーションが絶えないからであり，
またそれに加えて，忙しなく働くスタッフが，次の仕事に急ぐ前に，決め
られた最短時間内でロテ（rota）（やらなければならないことのリスト）に対応
しなければならないというストレスも課せられていることにある．

レイチェルがバケツ1杯分の尿と痛みをともなう筋けいれんにより
ベッドでどうすることもできないままにしているとき，ケアラー（carers）
が朝に現れないか，大変遅れてくることがあるので，彼女は，サービスの
質について不満を訴えた．その後，以前のエージェントによって，彼女の

第4章 影響　93

ケアプランは「破棄された (dumped)」．あるとき，彼女はカーテンを引いてベッドでどうすることもできなくしている時，担当している働きすぎのストレスでイライラしているケアワーカー (care worker) によって怒鳴られことを，彼女は（当然ながら）弱い立場にあると感じたことをソーシャルワーカーに訴えた．「しかし」と，回想して「あなたが24時間水なしでいることが続いたときのみ，それは危ういこととして見なされるだけのこと」と「ソーシャルワーカーは言った」と．

　レイチェルは過去を振り返りながら，ケアに対する不安がサービス利用者経験を支配していると指摘している．個人ニーズの商品化において，彼らが不都合であるか不十分なことがむしろ利益をもたらすなら，ケアパッケージの質を落とすことができるとするエージェンシーの現実的な感覚からケアは脅かされている．サービス利用者は顧客ではなく，地方自治体が顧客である．個人は単なるケアの受け手であり，そのケアはランダムに良いものであるか，十分であるか，むしろ不十分なものである可能性がある．

　エージェンシーとのいくらかのみじめなやりとりのあと，レイチェルは直接支払いを通して彼女のケアと生活のコントロールをすることについに成功した．レーチェルにとって，永遠に失われたと考えていた生活において自主的なレベルで成し遂げられたことについて，これは新事実以外のなにものでもない．彼女は現在，過去に出会った中で最高のケアスタッフを二人雇い，税金，人事問題，賃金，年金などを代行してくれる直接支払いの下請け業者のサービスに対して，支払いの一定割合を支払っている．

緊縮政策と死亡率

　今日ゆりかごから墓場までとする福祉国家の概念は，ヨーロッパ全域でいろいろな形でこれが行われている継続的な例があるにもかかわらず，ありえないほど時代遅れであり，費用が支払えないものとして無視されている．しかし，墓場までの象徴性は，脆弱な人々がどのようにケアを受けなければならないか

という議論と関連し続けている．緊縮政策の結果としての死は，障害や重病を抱えた労働年齢の人々に対する不毛な新しい福祉国家環境であり不十分な支援の解決策の一部になっているように見える．さらに，たとえば香港特別行政区（高度に工業化された圧力鍋資本主義国家）などの他の地域とは異なり，英国では2010年以降，長寿化が突然止まっていることが明らかになった．これは異常かつ局所的な現象である．英国の医療および社会保障における緊縮政策の効果と相関関係があると考えられている（Triggle, 2017b）．

福祉制度と結びつく死に関して——多くの情報公開に従い——政府は，雇用支援給付（employment and support allowance：ESA），就労不能手当（incapacity benefit：IB）あるいは重度障害給付（severe disablement allowance：SDA）申請後の死亡数情報について一般のアクセスを許可している．数値データは複雑であり，そして，死が生じた理由に関する説明は情報公開に対するこの2010年から2015年データに関する労働・年金省回答では与えられていない．「就労可」と判断され，そして，ESA，IB あるいは SDA 不適格と判断された人々は2011〜2014年間で2380人死亡している（Ryan, 2015）．さらに7200人の個人は，労働力に戻ることができると ESA 判定がされたあとで死亡している．映画監督ケン・ローチ ken Loach の焼け付くように怒った映画「わたしは，ダニエル・ブレーク（I, Daniel Brake）」はどのようにこのような個人が早すぎた死に駆り立てられるかについて強力な話題（account）を提供している（Ryan, 2015）．同様に，給付金制度の厳格な変更に関するこれらの政府の憂慮すべき数字を考慮すると，請求者の都合の悪い死は，国家主導（state-sponsored）による鋭利かつ便宜的な形の過失致死がコスト削減の準合法化された行為であることを示唆している．

高齢者の脆弱性：福祉国家の衰退

第2章のミュリエルの話が示すように，十分な福祉安全ネットのない国家は，特に健康に関して，財政的裕福さの緩衝なしの耐え難い苦しみを押しつけている．今日 NHS は，サレハ・アフサン Saleha Ahsan 博士（救急救命医であり元英国軍陸軍士官）によって人道危機とラベルされるポイントに到達しているとされた（BBC, 2017a）．この主張は現在の（当時の）首相テレーサ・メイ Theresa

May（彼女の政府は，若い医師が，通常，すでに見かけの悪い議論に利用されていると見なして）によって，*無責任で大袈裟である*として否定された（BBC, 2017b, c）．NHSに対する保守政権の姿勢は英国では容易に受け入れられていない．英国では大規模なデモが NHS を十分に支援できていないとして政府を非難し，国民医療費が支払えないという政治的意味合いに異議が唱えられている．

　医療と社会的ケアの「一枚岩（hand-in-glove）」^{訳注4-2}の提供構築は，財政と経営の効率性という概念に基づいており，その結果，ソーシャルワークの繊細で自律的な卓越した技術（master-craft）を，平凡な「ケアマネジメント」に従属させようとしている．しかしながら，医療と社会ケアのしくみを工夫しても，不幸にもシブリー（次のケーススタディ）のように「ベッドを塞いでいる（bed-blocking）」（退院するとろがないので病院に留まらざるを得ない状況，そのために必要な患者が収容できない状況）のように，患者の医療ニーズに遅れをとる社会的ケアの不十分なレベルがあり，行き詰っているシステムであることを証明している．

ケーススタディ

　先ほどの例とは，アイリス・シブリー（89歳）である．彼女は24時間の看護ケアが必要であるとして退院することにされていた．しかしシブリーは現在の住まいでサポートを受けられるレベルではなく帰るところがなく，彼女は6カ月の間ブリストル王立病院に入院してつらい思いをしていた．くり返し退院後の行き先をみつける試みにかかわらず，どんな適当なナーシングホームも見つけることができなかった．シブリーの家族は，この6カ月の間に彼女の健康はさらに悪化したこと，そしてこの期間の8万1000ポンドにのぼる NHS からの請求の必要はないと主張した．その後，シブリーのケースは再評価され，NHS からの資金請求は適切でないことが判明したため，ナーシングホームの費用を捻出する必要があることを議会と関係機関に要求した（Topping, 2017）．

現在の保守党政権は，労働党野党から NHS を強化するよう強く迫られてお

り，社会ケアについても懸念が表明されている．保守党議員デヴィッド・モワット David Mowat は「人々は自分の子どもを気にかけるのと同じくらい親に気にかける義務がある」と発言した．そのことが2017年2月の新聞の見出しで大きく取り上げられたが，下院でのやじ合戦の中では建設的な議論が出てくるとはほとんど思えない（Swinford, 2017）．

たぶんシンガポールとマレーシアのような，儒教の社会ではこれは文化的に推奨される標準であると見なされるようであるが（第5章を参照），議員のコメントは評論家にはよく受けとられなかった．むしろそれは，国家の責任を避ける別の不器用な試みが思わせ振りであると考えられ，見え透いた安易な考えであるとされた．幼児の失禁に対処するのは，高齢の大人の失禁に対処する大変な日常業務とは全く同じ次元のものではない．さらにまた，通常子どもたちは自立に向けて成長する一方で，脆くなる高齢者は逆の傾向であり，彼らの介護者もまた年をとっていく．この全くの孔子ぶったシナリオ（親を気にかける義務がある）は，高齢者には第一に献身的なケアを提供することができるアダルトチルドレンや他の近しい近親がいることがもちろん前提とされている．[1]

福祉国家は常に，慈善団体や独立セクターが運営する様々な地域密着型サービスによって支えられてきたが，クリフォード Clifford（2017: 3）は，慈善団体は緊縮財政の間，サービスへの需要が高い一方で，個人や公共サービスからの寄付による収入が深刻に減少するという，完璧な嵐（*perfect storm*）に直面していると主張している．もちろん，慈善事業や独立系サービスの範囲は非常に広く，法律やアドボカシー，コミュニティや近隣の開発計画，医療や社会的ケアサービスなど，例を挙げればきりがない．これらの中には，時間の経過とともに需要が減少しているものもあるが，たとえば，子どもや家族の仕事，高齢者との仕事，メンタルヘルス，障害者などを対象とする医療・社会的ケアでは，顕著な需要の増加が見られる．しかしながら，Age UK では，ほぼ120万人が必要なケアを受けていないことを示し，訳注4-3 2010年以来48%上昇していると明らかにしている（Triggle, 2017a）．このジャーナリストは，自治体の予算カットは現在69万5500人の人たちが助けを全く受けることはなく，48万7400人の人たちはニーズに対して不十分な援助しか受けていないとしている．他の脆弱な人々は，施設に移されることで住まいと自立を失う危険性があるかもしれないが，以下

第4章 影響 97

のアリス・ウッドのケースが示しているように，必要性に迫られ，自らの選択
ですでに住宅にいる人々にとっては，その保障は非常に希薄なものかもしれな
い．

ケーススタディ

　アリス・ウッドは，四肢麻痺（脳卒中の結果）と後期認知症をともなうア
カデミック（大学）を退職した88歳であった．彼女は七つ目のケアホーム
に住んでいてそこに定住したいようであるが，自己資金や個人年金そして
売り出した家からの資金が尽きて，結果ホームの料金支払いの滞りをもた
らしている．この有料のナーシングホームでは，ウッドのベッドの真上に
通知板を掛けて，立退き通告をするだけでなく，彼女がそれを取り除くこ
ともさせなかった．一方，慢性的な健康問題を抱える娘のサラは，このよ
うな冷酷な例を除けば，このナーシングホームは適切で良いケアを提供し
ていると見られていたため，さらなる別のところへの転院させられること
を防ぐために働きかけた．

　ウッドの社会ケアとのかかわりは，非常に困難で，疲弊し，意気消沈す
るものであった．このナーシングホームに入所する前，社会福祉課（social
services）はウッドを施錠された高齢認知症虚弱混合（EMI）ユニットに入
所させていた．ウッドは他の入所者からの様々な苦痛な挑発行動を誇示さ
れ恐れ，また不快なにおいのする混沌とした環境であることから，娘のサ
ラは母親を移動させた．そのうえ，サラは，特にスタッフの一人から，ウッ
ド婦人が面前で煽られているように見え，娘にもくり返し「Clout クラウ
ト：おせっかい」という言葉をくり返し使っていた．そして身体的虐待を
母にしていることを強く疑っていた．

　この EMI に入所する前，ウッドは身体の健康状態が悪化したため，住
まいからナーシングホームへと移っていた．ある住宅は彼女を受け入れた
が，改修工事をする余裕がなく，すぐに閉鎖された．次に住んだ家では，
ウッドは脳卒中を起こし，24時間の看護ケアが必要となったので，もはや

98 パートⅠ：社会的不利と周縁化の理解

対応することができなかった．その結果，社会福祉課は，ナーシングホームにウッドをうつした．そこで彼女は何らかの手助けがあればより動くことができるようになった．そして一人で出歩くの楽しんでいた．しかしながら，このホームは，このことを嫌がった，そのホームはにぎやかな道路に面していたので，彼女が一人で出歩くようになることは，彼女の身の安全に危険をもたらすことを意味したので，ホームは，ウッド婦人にホームで居住することはできないことをサラに知らせた．

　ウッドが７回目の移動をすることになったとき，彼女は心配そうにサラに尋ねた，「私を引き留めるほど愛してくれるだろうか？」と．移動はまず成功した．サラは，スタッフがいかにウッドの人格を尊重し，彼女に尊厳を取り戻させたかに気がついた．時が経つにつれ，ウッドの心身の状態は悪化していったが，ウッドと良好な関係を築いたスタッフによって，ウッドはよくケアされ続けた．

　母親の立ち退きを阻止しようと働きかけているサラは，社会福祉課に支援を要請する手紙を書いたが，週50ポンドの不足があるため，ウッドは移ることになるといわれ，その権限はサラの同意なしでもあるといわれていた．サラはウッドの権利についてソリシターに相談したり，適切なケアトラストを調べたりするのに数週間を費やした．そして，それぞれのケアトラストに必要な資金を集めようと手紙を書き，母親の素晴らしい職業人生を完全な伝記にし，単なる匿名のケースではなく，母親の人間性と苦境を理解してもらえるよう，長年にわたる母親の写真を添えた．ウッドの忠実な娘による非常に大きな闘いの後，毎週の50ポンドは確保された，そして，ウッドは死ぬまでそのホームに住み続けることができた．

若者の周縁化

　ここまでは，高齢者のニーズと障害者の選択について考察をしてきた．今，ここからは，国家において著しく周縁化されている，もう一つの重要なグループ，若者に向けられる．英国では，多くの他のヨーロッパ諸国とは異なり，国

家は家族保護に関して明らかな公然とした関心を少ししか取り入れない．イエスタ・エスピン-アンデルセン Gøsta Esping-Andersen の古典的福祉推論（福祉レジーム論）に関してノージック Nozick（1974）が解説するように，福祉国家としての英国は米国の最小限国家（福祉の関与の量）とより同類である．最小限国家（minimal state）類型（自由主義レジーム）では限られた給付を提供するだけである．それはしばしば，給付を受けることがスティグマを着せられることとして見られ，厳しい基準に基づいている．対照的に，このモデル（福祉レジーム論の三つのモデル）にはフランス，ドイツ，およびイタリアによって特徴付けられる「協調組合主義国家（corporatist state）」（保守主義レジーム）がある．最後に，よりまれな「社会民主主義国家（social democratic state）」（社会民主主義レジーム）がある．それは市民平等を促進するようにデザインされた普遍的給付を特徴としている（普遍的給付において現在のフィンランドの試みはこのモデルに従う）(Sodha, 2017).

　ジェンダーは，社会から疎外された集団としての子どもと青少年に関する議論のサブテーマを形成している．ジョアン・オーム Joan Orme（2001）やその他の批評が指摘してきたように，若者や老人，虚弱者，病人のケアは，一般的に女性の負担と見なされている．それは女性化された仕事であるため，もちろん男性が介護者や養育者の役割を担うこともあるが，男性介護者はこの伝統的なジェンダー化された傾向に逆らえないという思い込みがいまだにある．そのため，子どもの最初の経験は母親が中心であり，そして子どもの家族ソーシャルワークは，主として女性と子どもを対象とする可能性が高い．その結果，クライエント／サービス利用者である女性に対する（ソーシャルワーカーとしての）女性の不平等な力に関して，フェミニスト批判が提起されている（Orme, 2001).このことはさておき，子どもと家族支援に関する専門的な焦点は直接的あるいは意図的に父親の役割をおきざりにすることになり，父親が考慮されないところでは，不在であるかあるいは虐待する父親として問題化することがある(Scourfield, 2001, 2006).このような偏った専門的枠組みは，男性クライエントやサービス利用者に対する抑圧的なものとみなされるかもしれなくて，専門職に就く男性ソーシャルワーク学生の数の減少（Ashencaen Crabtree and Parker, 2014; Parker and Ashencaen Crabtree, 2014a）にも関与しており，生涯にわたる男性クラ

100　パートⅠ：社会的不利と周縁化の理解

イエント／サービス利用者グループの周縁化にも影響を及ぼしている.

　経済政策としての緊縮政策は，あるグループには他のグループよりもはるか
に大きな打撃を与えた．シャドウ・キャビネット（影の内閣）が明らかにした
調査結果によると，その矛先は，母親であろうとなかろうと，女性に最も重く
のしかかることを示している．これらの試算は，世帯内の個人に配分された支
払額に従って計算されている（Stewart, 2017a）．これらから，緊縮によるカット
が，2010年以降，男性に負担される130億ポンドとの比較において，女性は79
億ポンドであるとされている（Stewart, 2017a）．これらの数字からみれば，緊縮
の感じられる影響はまた家族で重く子どもたちにも襲いかかるに違いないと推
測することができる.

　第2章では，子どもの貧困問題にふれた．そして，それは現在低収入家族の
ための子ども税控除の相当なカットによって悪化された．子どもが家族，両親
または親類と一緒に暮らすか，あるいは家族の問題で未払いがあって収められ
るかどうかにかかわらず，わかりきったことは子どもの命と苦境が家族の中で
もたらされるということである．その結果，子どもたちのケアは社会政治的な
空白の中で行われるのではなく，子どもたちもまた緊縮政策の目立った犠牲者
である．事実，多くによって疑われたことは，ロンドン・スクール・オブ・エ
コノミクス（LSE）の研究者ケリス・クーパー Kerris Cooper とキティ・スチュ
ワート Kitty Stewart の経済協力開発機構と EU 諸国の貧困の大規模追跡調査
（2017）における非常に強力な証拠によって裏付けられた．調査結果は，親の教
育などの他の要因とは無関係に，親の所得水準と子どもの認知的，社会的，行
動的，健康的要因との間に直接的な因果関係があることを示している．この発
見の意義は計り知れず，低所得世帯が社会的弱者である子どもたちの生活や人
生に劇的な影響を与えるかどうかに関して，政治上の困惑に強い疑問を投げか
けている．答えは，そうである.

　シュア・スタート（Sure Start）^{訳注4-5}のような，幼い子どもをもった家族に大きな
利益をもたらすことが示されていた早期予防のための制度でさえ，政府資金の
大幅削減によって一掃される危機に瀕している（Rigby, 2017）．シュア・スター
トの焦点は，良い育児対処スキル開発のための早期の介入を必要とした未就学
の幼児を持つ家族を選びより大きい家族のレジリエンスと結びつきを引き起こ

すための働きかけであり，より深刻で，より費用のかかる見込みのある将来の国家介入を縮小することにあった．この政府の大幅削減の対応は，ネグレクトや虐待に苦しんで困っている子どもたちの数を膨大で圧倒的に増加させた．ネグレクトと虐待で苦しんで困っている子どもたちは全国児童虐待防止協会 訳注4-6 （NSPCC）（2016）は英国に5万8000人いると推定している．加えて社会統制に関するもので財源の削減により，2010〜2016年に，イングランドとウェールズの警察官数は，1万8991人減少した（Eaton, 2017）．さらに，刑務所の相当な過密状態はすでに危機的レベルに達しており（Bulman, 2016），自傷行為や自殺につながる精神疾患の割合も急増している（Vize, 2017）．さらにまた，刑務所警部からの新しく手厳しい報告は，子どもと若者のための青少年犯罪者ユニットあるいは民間のトレーニング・センターは収容者の健康にとって安全ではないと考えられることを明らかにしている（Travis, 2017b）．したがって，このような状況下で，後の社会問題を防ぐのに役立つ早期介入プログラムへの資金を削減することは，あまり意味をなさない．

より周縁化される若者

　授業料問題は，若者の周縁化を示すもう一つの重要な例であり，現在，労働党は新マニフェストで取り上げている．大学教育は，新自由主義的な観点からは，個人の利益のみを追求するものであると再定義されている．この議論は，（トーリー党の）政治家マイケル・ゴーヴ Michael Gove によって主張され続けている（Stewart, 2017b）．こうした誤った前提から，大学教育の経済的負担は学生自身が背負うべきだとされる．しかしこれは，かつて，そして最近になって復活した，高等教育はより広い社会に利益をもたらす社会的善であるという考え方とはまったく対照的である．かつて，言語学者，教師，ソーシャルワーカー，歯科医，弁護士，芸術家，ジャーナリスト，建築家，外科医（その他ほとんどの職業）は，健全に機能する市民社会の形成に貢献しているとみなされていた．その結果，市民社会はその存続に貢献するために，学生たちに社会的な役割を果たすためのささやかな助成金を支払うべきだという理屈が成り立った．

　ここでもまた，政治的レトリックや政策において，教育という概念が，社会

102　パートⅠ：社会的不利と周縁化の理解

的ウィールド（social weald）（ウェルビーイング wellbeing）から個人の利益へと浸食されていく過程を容易にたどることができる．このような変化は，（ソーシャルワーカーや医師の職業のように）「職業（vocation）」という言葉から「専門職（profession）」という言葉へと意味論的に移行したことに集約されている．一つの言葉（vocation）は，共同体的価値観，利他的義務，社会的良心，社会的福利を意味する．もう一方の言葉（profession）は，個人主義，名声，特権，個人的利益を意味する傾向がある．

　このような違いの影響は，英国の若者にファウスト的な契約を強いている．^訳注4-7大学教育は，高収入の専門職（profession）へのステップを提供すると称されているが，大衆教育（mass education）によって学部の学位は切り下げられ，大学院卒のキャリア職は非常に不足し，（キャリアではなく）他の種類の職業は，以前に必要とされていた伝統的な学校卒業資格をはるかに上回る要件を引き上げることになった．学校を卒業した者は，見習い職を通じてキャリアアップを図ることもできるが，これも供給が非常に不足しており，将来のキャリアの機会という点では不安をともなう．将来の就職難を避けるため，大学進学を選ぶ若者のほとんどは，恐ろしいほど莫大な借金を背負わなければならない．同様に授業料と学生奨学金システムの損失は，深刻に高等教育をむしばみ，まったく異なる大衆教育（全く概念的なものとは異なる，より広いアクセス）しか選択肢を持てなくした．かなり減らされた国家の財政支援にともない，高等教育機関（慈善，非営利の組織）は研究者の賃上げを抑える一方で，副理事長に支払われる莫大な慰謝料は別として，最も高い授業料を請求することによって準資本主義（quasi-capitalism）を強いている．大学教員協会は，賃金落下が40％の研究者にあったとしている．他の調査では，他の比較基準の専門職集団と比較して低賃金であることを示している（Collins et al., 2007）．相応して，アカデミックな作業負担と職場ストレスは，非常に高いことが注視されている（Berg and Seeber, 2016）．

　教育とは何か，どうあるべきかが歪められた結果，不幸にも学生は学位を買う偽顧客にならされ，教育者は，以前の世代の学生が経験したような知的に刺激的な教育を学生に提供することができず，代わりに販売用の教育「成果（products）」を作ることが義務付けられ，人目を引くが通常は無意味な「学び（leaning）」の策略にふるいをかけるようせきたてられる．結局のところ，公共

部門と非営利部門にまたがるこの不合理な欠陥のある商品化された考え方は，悪性のガンのように社会全体に広がり，人々の認識を歪め，個人にも地域社会にも良い結果をもたらさない．

若年層の政治的周縁化

トランプ政権の独創的な言語使用のおかげで，私たちは「もう一つの事実（alternative facts）」を手に入れたが，英国では「もう一つの論理（logic）」も自慢できるかもしれない．「もう一つの論理」が投げかけるうまい言い回しへの疑問は，政治家が今日の誤った政治的決定の社会にもたらす結果を，明日の政党政治にとって特別な関心事とみなしているのだろうか，というものである．そのような疑問を投げかけなければならないことは，ジョージ・モンビオ George Monbiot（2017）のような社会評論家が正しいかもしれない．現代における包括的な危機は，民主的な政策が持つ良心的で進歩的な社会力（social power）に対する社会的信頼を著しく失ったことなのかもしれない．近年のヨーロッパの歴史が社会政治的イデオロギーの道筋がどこにつながるかを教えてくれることを考えれば，これは憂慮すべきことである．

惜しむらくは，政党が必ずしも政権を握るとは限らない未来について，ほとんど考慮されていないということだ．政党が基本的に，偏狭な政治的駆け引きに焦点をあてた自己永続的な組織でしかないとすれば，これは政治的に重大な無責任ということになるのではないだろうか？　この結論は，2016年6月に行われた衝撃的なEU国民投票の結果に関して，EUからの財政支援を多くもたらされた英国のより貧困な地域の人々がEUからの離脱投票のために列の先頭にあるのが見えたとき，多くの社会アナリストによって出されている！　あるあわてふためいたジャーナリストは彼の出身地であるウェールズバレイで国民投票票について，それは自殺行為（七面鳥がクリスマスに投票している）の実例のようであると書いた（WynJones, 2016）．

いずれにせよ，EU国民投票は有権者の高い動員をみた．投票率が72％で，結果は論争的に少数派が振り切った（離脱51.95％：残留48.1％）．投票は政党には依存していないが政党色があらわれた．そして，英国社会で大きくある分裂を

はっきりさせることになった．国のすべての地域は残留か離脱かによって影響された．残留への投票はスコットランド（ロンドンとホーン郡と北アイルランド）で最も強く，同様にイングランド北部とウェールズは若干の残留の落とし穴pocket をともなった．しかしながら，イングランドとウェールズで勝利をおさめたのは離脱票であった．そして，その中にはバーミンガムとシェフィールドなどのいくつかの北部都市が含まれていた（BBC, 2016）．英国都市圏の都会的な，多文化的な性質に驚きの結果が与えられた．

　さらに分断（division）は年齢層にみられた．高齢者は若い人々よりも離脱に投票したようであった．大学卒業者がより残留に投票したことから，教育レベルもまたかかわっていた．さらに，収入は投票に関係していた．年収3万ポンドとそれ以上については残留に投票した．EU に加盟すること，そして決定的に重要なのは，EU 離脱が英国にどのような影響を及ぼすかということに関して，明らかに失敗していることを考えると，EU 国民投票の結果は，EU 加盟やEU が実際にどのような存在であるかということよりも，英国社会とその深まる分裂を物語っているように思えた．

　EU 国民投票のプロセスにおいて，英国社会の大部分が市民から権利を剥奪されたという問題は，世間では十分に議論されてこなかった．このような大きな社会的反響をともなう歴史的な決定に対して，国民投票が十分な正当性を持つかどうかという問題はさておき，事実として，残留48.1％対離脱51.9％という非常に僅差の多数決であった（選挙委員会, 2016）．それ以来，現（当時の）首相であるテレサ・メイ Theresa May（デイビッド・キャメロン David Cameron 前首相が辞任する前に，あいまいさのカードを切り札に使ったが，公平を期すためにジェレミー・コービン Jeremy Corbyn（当時の労働党党首）も辞任した）は，勝利を収めた離脱キャンペーンに協力しながら，英国国民（British people）に言及し続けている．この抑圧的なレトリックは，国民に対して，第一に，投票は実際よりはるかに多数の賛成で揺れ動いた，あるいは，そうでなければ，EU 市民残留に投票した何百万人もの人々は『英国国民』という用語に含まれない，国民第一ということを強く暗示している．はっきりとしていることは，大英帝国のかつての覇権や冷戦時代の極めて重要な影響力を長く忘れた世界においてヨーロッパから国家孤立主義という不確かな将来へと向かう「愛国的（red, white and blue）」行

進の中で，彼らは本当の数にはカウントされていなく，不満や放棄を止めるように言われるか，捨てられるということである．

　勝利至上主義的プロパガンダ (gatriumphalist propaganda) にかかわらず，主要貿易相手国を脇に追いやった英国は，新たなグローバル市場を開拓するという空想が実証されない限り，無名の貧しく疎外された国以外の何ものでもない．この記事を書いている間にも，経済界の狼狽した反応が耳につくようになり，EU離脱がもたらす経済的影響の大きさが明らかになりつつある．

　ポスト国民投票の声とされなかった人々は若者である．ここでは，年齢を理由に投票する資格がなかった16歳と17歳（並びにより若い人々）について話題にする．それにもかかわらず，年上の市民が彼らに代わってした決定は，投票権のない若者が未知の重い負担を担わされることとなった．その決定は，世界で競合していくための幅広い教育，資格，経歴，将来の大人との関係そして能力に影響を与える国際的な流動性を縮小することとなり，大いに若者が不利な立場におかれたと，未成年のブロガーであるニコラウス・マッカレル Niklaus McKerrell (2016) によって，はっきりと述べられた．

　年上の有権者がEUから利益を得ていたこと（障害をともなう女性や労働者に提供される多くの権利保護を含む）を忘れるのも間違っている．このことは現在ヨーロッパから離れることによって政治的に危うくなっている．投票することが年齢で閉じられそして離脱していくことの最初の本当の影響をうける先頭の世代に与えられる道徳と実利的な根拠で撤回されることができる法律的な公民権剥奪は，若者のそのようなハンディキャップに関して，道徳対法の問題として前面にでる．彼らに投票が認められていれば，EU国民投票は残留に振れる投票パターンになったであろう．国民投票からの1年の世論調査では，英国市民の60%は，実は，EU市民に残留するための権利を多くの現金で譲り渡したと思っていることを示している (Farand, 2017)．実に皮肉に満ちている！

　未来が若い市民のために保持するかもしれないものは，やがて結果が出て，将来の歴史家によって多くの分析と批評の対象になるだろう．それは結局，今日の若い英国人が最近の歴史の結果を判断して，ジャンクロード・ユンケル Jean-Claude Juncker が提案していたように，EU同盟に英国が戻ることを選ぶということであるかもしれないし，あるいは，ヴィンス・ケーブル Vince

Cable がずっと示唆していたように，英国は決して EU を脱退しないかもしれない．その間に，若者たちは，カリキュラムへの干渉，幼児への終わりのないテスト，教育とはどうあるべきかという大げさでエリート主義的な宣言，過重な負担と机上の空論，士気の低下した教員による指導といった形で，長年にわたって継続的で無作為な政治的実験にさらされてきた教育システムの産物であり，それを受け継ぐことになる．

　公立でない「フリースクール」の問題は，そのような政治的実験を意味している．資金不足の公立学校に回せるはずの資金が，そのような学校に惜しみなく使われ続けられている．多くのフェイススクール（Faith school）（宗教団体に関連している学校，ナショナルカリキュラムに拘束されない）は，ヨーロッパの多文化主義的，包括的な教育のアジェンダにほとんど関与せず，それを強化するような，非常に疑わしい考えに基づいて設立されている．いくつかの傑出した例がある一方で，その根拠があいまいである中で，多くのフリースクールは目の前にある課題には不十分であることがわかっているようである（Bolton, 2016; Schools Week, 2016）．その一方，財政難にあえぐ公立学校は，十分な教員数を確保できないため，登校時間を短縮することを提案するほど，危機的状況に陥っている（教員数削減に関する詳細は，以下を参照 https://www.teachers.org.uk/education-policies/funding）

　最近の保守党マニフェストにおいて，低所得世帯の学校給食無料化を廃止して，より安い朝食（学校でそのような子供たちにすでにしばしば提供されている補助金付きの食事）と入れ替えると発表された．ジェイミー・オリバー Oliver Jamie（学校食事キャンペーンの最前線の有名人シェフ）は，これらの計画への活発なメディア攻撃に着手した（Richardson, 2017）．このアイデアに対する悪評は予想通りであったため，いわゆる「認知症税（dementia tax）」と同様，この醜悪な措置に関しても政府は急速に舵を切った．社会で最も恵まれないグループへの不公正の押し付けは，今回も辛うじて回避された．

周縁化の文脈

　私たちが見てきたように，NHS は，政治的無能と十分な資金の欠乏，そし

て熱狂的なイデオロギーの教条（dogma）が結びついた犠牲者である．他の公共サービスも同様で，みすぼらしく，愛されず，萎んだサッカーボールのように政党に蹴散らされ，長い草の中で朽ち果ててしまい，ついには，最初に真っ先に公的利益が取り扱われるはずの人々によっても忘れられた．個人の生活ニーズも同様にそれは品位を傷つけ，非人間的な政治化された言説の対象とされてきた．そして個人の生活ニーズは諸経費を削減し，利益を最大化する市場経済で競争する民営化されたコミュニティケア機関が提供する商品の資源に飢えた消費者として描かれる．それは，第2章で概説されたように，若いソーシャルワーク学部卒業生は，少なからずソーシャルワーク教育を通しての彼らの道程において，非常に個人的そして社会的な経験をすでに多くしていることがこの社会政治的文脈である．

　幸いにも，ソーシャルワークは，コミュニティでの政治的イデオロギーと社会政策の影響を調べ，そこから合理的で完全な，きわめて知的な活動領域をまだ提供している．この視点から，身近なソーシャルワークの概念である「学習された無力」を考察することができる．これは（「学習された無力」は），個人が時間とともに，行動／ふるまいが状況の変化につながるようでないということを「学習」することによる感覚と行動を結びつけることに言及している．したがって，彼らが変化をもたらすためにできることは何もない．これは不健康で，機能不全性の行動であり恒久的に罠にかけられた人々と家族の心理的反応と見なすことができる，それはしばしば静止してそのままということではなくて，下に螺旋を描いていく．学習された無力に対処することにおいて，ソーシャルワーカー／セラピストの目的は個人／集団が以前の考えに疑問を呈して，変化につながる効果的なステップをとるのを手助けすることで新しい考え方を容易にすることである．こうして，変化に報いることを導くことで知覚された行動の好循環を生みだすことができる．

　このように考えると，ゆがんだ戦後の（第二次世界大戦後の）言い習わし「誰に投票しても，政府は当選する」で集約されるように，個人で構成された社会が，また学習された無力から被害をこうむるかどうかを探求することには価値がある．オーウェル（1949）のディストピア小説（全体主義国家批判）『1984年』の売れ行きが米国や英国で再び急上昇している一方で，最近では，ありもしな

かった英国のノスタルジアが熱し，好戦的な愛国主義（ジンゴイズム jingoism）によって相殺されていることは確かに関心を引く．EUへの反対票は，当時の社会アナリストによって，ロンドン中心近視眼（London-centric myopia）（ロンドンのために，「ウエストミンスター」を読む）に象徴された英国エリートの利己的な覇権のための票として解釈された．この選挙反動主義が，自分たちは無視されていると考えている地域社会にどのように跳ね返るかという恐ろしい皮肉については既に述べたとおりである．

　しかしながら，ソーシャルワーカーは，自分たちの仕事に影響を与えるこのような社会政治的進展にどのように対応すべきなのだろうか？　周縁化された地域社会は，ソーシャルワーカーが直接関わることの多い周縁化された集団や個人によって構成されているため，このような問いは，専門職による真剣な関与を必要とする．一般的に高度に政治化された専門職であるソーシャルワークに，政治化を埋め込もうとする試みは，単なる反応的なものではなく，基本的に省察的で，積極的で，動的なソーシャルワークパラダイムにダメージを与えるものである（この話題は第9章で再考する）．しかしそれ以上に，このような専門職の理解は，国際ソーシャルワーカー連盟による「ソーシャルワークのグローバル定義」（IFSW, 2014）に明示されているように，国際的な専門職としてのソーシャルワークに直結している．IFSWは，ソーシャルワークの連帯をアジェンダにすることを目指すが，国レベルで，どのように正しいソーシャルワークが支持されるかが，信頼性と首尾一貫性の専門職業レベル（profession's levels），ひいては効果的な働きかけをするかにとって重要である．集団的な学習無力感を利用し，他者をスケープゴートにする政治的意図は，社会の中にある問題から国民の関心をそらすのに役立つことになる．しかし，ソーシャルワーカーが苦境にあえぐ地域コミュニティに積極的に寄り添うことができるような方法で，草の根レベルでこれらに取り組むことは，今日の英国のソーシャルワークが直面する主要な課題の一つであり，1970年代の急進的ソーシャルワークの精神に立ち戻るものである（Ferguson, 2015）．

本章のまとめ

　個人として経験するあらゆることの影響は，人によって異なる．それまでの人生経験，心理的・身体的作用，社会的支援に拠って異なる．しかし，この章では，周縁化された人生経験がソーシャルワーカーが働きかける人々に与える影響の一端を見てきた．この章において成し遂げようとしたことは，ソーシャルワークの複雑で，変動している地形を道案内し，これらを政治化する方法で様々な経験を地図にすることである．これによって，ソーシャルワーカーとして，周縁化と社会的不利な立場にある人々の経験がどのようであるかという様々な文脈に対する認識を維持することが可能となる．本章は，本書の前半部分を締めくくるものであり，理論的，概念的なものから良いソーシャルワークを実践するために必要な知識とスキルに移すことを可能にする．

さらなる読書

Brown, G. W. and Harris, T. (1978) *The Social Origins of Depression: A Study of Psychiatric Disorder in Women*. London: Tavistock.
　この精神医学的研究は，社会的圧力や分断がいかに深刻な形で人の健康に影響を及ぼしうるか，また，社会的接触や支援の機会がいかに健康を助けうるかを理解する上で，画期的なものである．これはソーシャルワークのテキストではないが，私たちが世界を理解する上で中心的なものである．

Varuofakis, Y. (2017) *And the Weak Must Suffer What They Must? Europe, Austerity and the Threat to Global Stability*. London: Vintage.
　また，これもソーシャルワークテキストではない，けれども，本書では英国とヨーロッパでの現在の生活のより広い社会的・政治的意味が詳述されている．これらのより広い事項（第5章および第7章参照）に気づくことは重要である．

　これらの本と一緒に，ケン・ローチ監督の映画『わたしは，ダニエル・ブレイク』（*I, Daniel Blake*）（2016）を見るべきである．
　この映画は，心臓発作で倒れ，職を失い，医学的証拠があるにもかかわらず，失業給付申請のために役所にいくが，医師からは休職を言われているにもかかわらず，仕事に戻すために調整する給付制度からは，職務可能と判断され，給付金が下りないやもめ残酷な（ダニエル・ブレイクの）体験が描かれている．

110　パートⅠ：社会的不利と周縁化の理解

注

1）英国人と結婚したシンガポール生まれの女性が，瀕死の両親の介護のためにシンガポールに戻る際に，病気の夫の主な介護者でもあったという理由で，英国から強制退去させられ，トラウマを植え付けられた（Slawson, 2017）.

訳注

訳注4-1　Royal College of Nursing（RCN）は，英国の看護専門職のための労働組合である. https://www.rcn.org.uk/

訳注4-2　医療と社会的ケアの提供における「一枚岩」の構築とは，わが国の「地域包括ケアシステム」構築にあたるものであり，医療，介護，福祉サービスのシームレスな提供するための包括的システムのことである.

訳注4-3　Age UK は，英国に住む50歳以上の人々を対象に支援活動をする非営利の組織であり，政策提言も行っている. https://www.ageuk.org.uk/

訳注4-4　ソリシター（solicitor）は，英国などで書類作成と法律相談をする事務弁護士のことである.

訳注4-5　Sure Start（シュア・スタート：確かなスタート）は，1999年当時のブレア政権（労働党）によって開始された，恵まれない地域に住む就学前の子どもとその親を対象とした，英国の早期介入施策の総称である.

訳注4-6　NSPCC は全国児童虐待防止協会 The National Society for the Prevention of Cruelty to Children である. https://www.nspcc.org.uk/

訳注4-7　ファウスト的衝動とは，デジタル大辞泉によると「自己の可能性追求のために，人生のあらゆる幸福と苦痛を体験したいとする衝動」とある. ゲーテ「ファウスト」にちなんで自分の人生を満足なものにするためには悪魔とも契約することになぞらえている.

パートⅡ：知識と技能
Knowledge and skills

　第5章から第7章は，周縁化され社会的不利におかれる人々に関する複雑な世界に働きかけるときに，発展させていく必要がある重要な知識と技能を異なった方向から考察していく．

第5章　事実上そして解釈的な知識

ソーシャルワーク学位の達成

　本章では，専門職能力枠組み（Professional Capabilities Framework）にそって適正な水準に向けて，次のような能力を発展させていくことを手助けする．

プロフェッショナリズム

　継続的な学びと能力開発への取り組みを示す．

多様性

　個人のアイデンティティが，いかにして文化や経済的状況，家族構成，人生経験や特徴などの要因に影響されるのかを理解し，必要に応じて仮定を問いながら，これらの要因を考慮して個人の経験を理解する．

権利，正義，および経済的ウェルビーイング

　社会正義，インクルージョン，平等の原理を理解し，明確化し，現場で実践する．

知　識

　社会福祉政策への批判的理解を示す．ここには政策の進展や実装，そして人々やソーシャルワーク，他の専門職，機関間連携への影響も含む．

批評的省察と分析

　多方面の資源から情報を特定して収集し，積極的に新しい資源も探しながら，意思決定をもたらす．

　サポートを受けつつ，様々な情報源からその信頼性と妥当性を厳密に検証し評価する．

　また本章は，SBS（ソーシャルワーク科目指標書）にある次のアカデミックな基準についても紹介する．
5.2.i, iii　ソーシャルワーク理論
5.5.i　ソーシャルワーク実践の本質

イントロダクション

　不利な立場に置かれ，疎外されている人々や集団と協働するための知識ベースは多岐にわたっている．私たちは本書を通して，すでにその多くを探究してきた．本章では，様々な「事実上の知識」——ソーシャルワーカーおよび彼らと協働する人々が住む社会的世界において存在し，解釈される知識——について考える（Parker, 2017）．知識の複数形（knowledges）は，ソーシャルワーカーが必要とする理解が幅広い性格をもつことを伝えるために用いられている．これらの知識の範囲は，非常に実践的な理解，つまり人々・集団・コミュニティに影響を与える世界的なより広い出来事を理解し，法律および自治体の政策とその手順を利用するための知識から，理論的な理解，つまり差異や多様性，差別，不利益に対する知識にまで及ぶ．本章では，ソーシャルワークの実践における価値と倫理の中心性についても検討する．これらの活用可能な知識の形式は「事実」と見なされるが，それは私たちの解釈の外側にある現実として存在するという意味ではない．すべての知識は社会的世界に従属し，まさにソーシャルワーク実践のために用いられ，これらは私たち自身，雇用主，そして私たちが出会って交流する人々によって解釈される．このことを念頭に置いて，ソーシャルワーカーの実践に関わる可能性のある知識，その情報源，およびその影響力に疑問を投げかけ，振り返りながら行動する（act reflexively）ことが重要なのである．

　社会的不利および差別に関する法律や，それで何ができるかを知ることは，ソーシャルワークの重要な要素であり，いくつかの関連する法律を本章で検討するが，人権法による土台づくりの方法は第8章でより深く検討していく．ソーシャルワーカーが雇用され配属されるその時々の組織内において，法律は常に特定の方法で解釈される．したがって，サービスと組織のリテラシーが中心となる．それはまた，ソーシャルワーカーが自分の地域にどのような組織が存在するか，そして社会的不利や疎外に立ち向かうためにこれらの組織がどう役立つかを発見することにも役立つ．

　社会で人々の困難に影響を与える構造的圧力をソーシャルワーカーが理解するためには，グローバル，国内，および地方の政治に関する知識が重要となる．

第5章 事実上そして解釈的な知識 115

これを達成するために，ソーシャルワーカーは，世界の時事や政治に関する基本的な知識と，集団やコミュニティに影響を与える可能性のある現在起こっている出来事を把握する必要がある．政治や時事問題を検討するときには，再帰性（reflexivity）が中心となることに焦点をあてて議論していこう．

社会的不利（disadvantage）や周縁化（marginalized）に対処するために必要な幅広い政治的知識を検討した後，違いや多様性に対応するための理論的知識の重要性を実践に向けて再検討する．すでにこれまでの章で導入は示していたが，反抑圧的で反差別的な慣行，文化的能力，批判的人種理論と反人種差別ソーシャルワーク，スーパーダイバーシティ（超多様性）とインターセクショナリティ（交差性）への概念とアプローチを理解することの重要性を示していく．

本章の最後の部分では，ソーシャルワークの倫理と価値，およびこれらが社会正義，尊厳，ウェルビーイングに向けた実践とどのように関連しているかを考察する．そしてこの倫理と価値は，第9章の前提として，いかに倫理的ジレンマを追究するのかについても考察する．この節では，ソーシャルワーカーが取り組む絶対的な信念体系と相対的な信念体系の複雑さを検討していこう．

疎外され不当な扱いを受けている人々と協働するには，どのような法律や政策の知識が必要か？

著者らが記したように，私たちのいる英国はまだ欧州連合（EU）のメンバーであり，一つの国家として，重要な法令に規定されている．[訳注5-1]これは40年以上にわたって，コミュニティや平等，権利に関する社会的および保健的ケアの理解と実践を創造し適用することを推進してきた．英国がEU離脱に向けて動き出すにつれて，私たちの社会の立法基盤がどのように変化するかは不確実であり，私たちは少なからず懸念している．ただし，ここで紹介するのは，ソーシャルワーカーが知識として持つべき重要な現存する法律である．ソーシャルワーク，福祉，保護に関する法律はかなり頻繁に改正される傾向があることを思い出してほしい（Brammer, 2015; Johns, 2017）．また重要なことは，ソーシャルワーカーが関わる裁判の仕組みと，法律と政策が発せられる立法の仕組みを理解していることである．

116　パートⅡ：知識と技能

　裁判所は, 人々の生活に影響を与える重要な決定が下され, 権利が決定され, ソーシャルワークの報告と根拠が結果の中心となる公開討論の場として, ソーシャルワーク実践では極めて重要である. 裁判所は階層的に分かれており, ソーシャルワーカーの多くは, 家族および民事訴訟に関して治安判事裁判所, 州裁判所, および高等法院に出廷する. 青少年司法に携わる場合は, 刑事訴訟のために治安判事裁判所や刑事裁判所に出廷することもある. これらの裁判所の上位には, 控訴院, 連合王国最高裁判所, そして現在は欧州人権裁判所がある. 裁判所とその仕組みや運営を知るための有益な方法は, 裁判所の書記官を訪問して話をすることである. 資格教育の期間中に, そのための時間を作ることは価値がある.

　ソーシャルワーカーとして知る必要のある具体的な法令や指導の範囲は, あなたの実践分野に大きく依存する. しかし, 子供や若者, メンタルヘルス, 意思決定能力, ケア, 健康, 刑事に関する法律, ——特に個人に対する暴力や犯罪に関わる法律を把握しておくことが重要である.

演習 5.1

　現場のソーシャルワーカーとして, 少なくとも基本的な認識を持つ必要があると思われる法律には何があるだろうか？　リストを作成し, すでに知っている法律と, 今後知っておく必要がある法律を明確化しよう.

コメント

　ソーシャルワーカー向けに法律を詳しく説明している優れたテキストが大いにある. 最も読まれているのはブラマー (2015) とブレインら (2015) のテキストであり, ともに著者は法学者である. ジョーンズ (2017), そしてブレイとプレストン゠シュート (2016) のテキストは容易に入手でき, 初心者からより熟練したソーシャルワーカーに向けて鍛錬していく観点から書かれている. 判例法が発展するにつれて法律が改正され, 新しい判例が出てくるため, テキストは頻繁に改訂される. あなたが教育を修了し

> て現場実践へ入っていくと，*法改正にともない，これらの分野の最新情報を入手することが重要になる．*

　ソーシャルワーカーが働いている特定の領域に関する法律に加えて，人々の個別の特性や特徴への排除に関わる政策や法律にも精通していることは，優れた実践の中核を成す．英国の差別禁止法制はかなり長い歴史を持っており，それは1960年代の激動と変化の時代に，社会生活で生じる差別の具体的側面を明確に扱う法律が，人々の注目を集めたことによる（第1章を参照）．これは1958年のノッティングヒル暴動など，多くの様々な出来事や変化の影響を受けたものだ．この暴動では，不満を抱いた白人の若者がアフリカ系カリブ人の男性を攻撃し，1959年のケルソー・コクレーン Kelso Cochrane の殺害に繋がった（Warwick Digital Collections, n.d.）．他にも，女性機械工が同一労働同一賃金を求めて運動したダゲナム自動車工場のストライキ（Friedman and Meredeen, 1980），1960年代後半の反妊娠中絶や反同性愛を変革させる運動，そして米国と北アイルランドでの公民権運動などが挙げられる（Parker, 2007）．1970年代初頭までに，人種関係，性差別，および同一賃金に関する法律が制定されたが，その一部は1960年代半ばに端を発していた．法制度が人々の行動や態度をすぐに変えるわけではないが，社会を変える道筋を確実に示している（Baier, 2016）．

　平等法は，差別禁止の法制度をまとめたものであり，実践への一貫したアプローチを検討しやすくしている．しかし，ソーシャルワーカーが働きかける人々に関連する個別法が発展してきた歴史は，依然として私たちの知識ベースの中心にある．ここで法律について詳しく説明する必要はないが，法律を支える原則と主な要素を確実に理解することが重要だ．なぜなら，あなたがいかに周縁化された人々にソーシャルワークの役割を果たせるか，これに多大な効果を与えるからである．歴史を検討するのに適した文献はセイン Thane（2010）であり，本書の第8章ではより現代的な適用法を探っていく．

118 　パートⅡ：知識と技能

政治，歴史，世界の仕組みについて知っておくべきことは何だろうか？

すでに第2章で，私たちはコミュニティにおけるケアを考察する短い歴史の旅を楽しんだが，この節では，長年にわたって学生から問われてきた三つの質問から始めよう．

なぜソーシャルワーカーにとって歴史が重要なのか？

20世紀の社会学者で，「社会学的想像力」という不朽の言葉を生み出したC. ライト・ミルズ C. Wright Mills（1959）は，より大きな歴史の文脈で自分の人生（自分の伝記）を見なければ，世界や社会における自分の位置を理解することはできないと明確に述べた．この時，彼は歴史社会学者として書いていた．しかし，これはソーシャルワーカーがしばしば自分自身で引き受けていることである．多くの人はそのような主張をしないかもしれないが，ソーシャルワーカーは，なぜ人々がそのような道を辿ったのかを彼らの人生を通じて理解しようとする．そのために，社会の構造的要因が個々人の機会を創り出すか否定するか，彼らの行動を犯罪化するか正当化するか，彼らをサポートするか疎外するかを，有効に検討する．このような複雑な状況において，ソーシャルワーカーは，個人が社会の中で自分の居場所を得たり，適切かつ必要に応じてその社会に挑戦したりできる方法を見つけるために実践しているのである．

ソーシャルワーカーが政治や関連する出来事に関心を持ち，情報を得るべきなのはなぜか？

著者らがソーシャルワーカーになったとき，ソーシャルワーク専門職にある人々は政治に関与し，積極的な変化をもたらす手段としてしばしば中道左派の立場を取った．もちろん全員が政治活動に積極的だったわけではなく，全員が同じ見解を持っていたわけでもないが，政治的行動への関心と信頼が高まっていた．ここ数年，政治への関与と関心は弱まっているように見える（White et al., 2000）．これは，政治家の腐敗と権力志向行動に対する冷ややかな皮肉の高まり，英国で権力をもつ政党における中道的立場の収束，および有権者の間で

併発している無力感として一部は理解しうるだろう.

　ソーシャルワークにおいては，人々を取り締まる手段，また大衆の圧力や批判に対応する手段としてソーシャルワーク教育や実践を捉える政策上の関心（または干渉）が高まったことで，状況は悪化している．これらの変化のいくつかは十分に語られてきたが，2009年にピーター・コネリー Peter Connelly（通称：ベイビー P）の死に関する調査報告書が発表されたとき，(当時の) 教育大臣であったエド・ボールズ Ed Balls が明らかに政治に関与していたことを覚えておくことが重要である（Jones, 2014; Shoesmith, 2016）．ソーシャルワーカーがさらし者にされ，ポピュリズムへの対応手段として必要な教育が不足していることが判明し，日々ソーシャルワーカーが取り組む優れた仕事からは逸脱するケースであったという報告のあと，大騒動が起きた．それは結果として，ソーシャルワークの分野を社会の隅に追いやることになった．これによりイングランドのソーシャルワークとその教育は弱体化し，政治的影響を受けやすくなったのである．私たちソーシャルワーカーは原点を取り戻し，この先，サービス利用者や介護者への支援において損害を与えることがないように，上記の経緯が理解できるように努めなければならない.

世界情勢はソーシャルワークとどのような関係があるのか？

　一部の読者にとっては答えが明らかかもしれないが，他の読者にとっては，個々の実践状況の緊急性と「ローカル」の即時性が，いくつかの課題を投げかける．多くのソーシャルワーカーが言うには，日常的なソーシャルワークの多忙さは，あまりにも多くのケース，対象者，そして官僚主義のマネジメントに関係している（Munro, 2011）．しかし，クライエント一人ひとりの人生歴を見失わず，彼らの物語を聞くことが不可欠なのである．私たちは他の文献で，一種の民族学的実践としてのソーシャルワークについて述べた（Parker and Ashencaen Crabtree, 2016; Parker, 2017）．これには，人々の生活や生きた経験に深く没頭することが書かれており，一人ひとりの人生歴やこれまでに切り開いてきた文脈，その人の歴史へのより広い関心が必要となる.

　世界について，また現在起こっている問題とその政治や歴史について知る方法は様々であり，当然ながらそれらを提供する人々のバイアスに依存すること

120 パートⅡ：知識と技能

になる．たとえば，新聞を読むことは有益で重要だが，ガーディアン紙，イン
ディペンデント紙，テレグラフ紙，タイムズ紙，デイリーミラー紙，デイリー
メール紙，またはサン紙を読むと，それぞれ別の視点が得られる．英国のマス
コミのほとんどは右翼の視点を中心にしているため，よりバランスをとろうと
したり，中心からわずかに左に移行したりする人もいる．ニュースを読む際，
これらの政治的視点は紹介される「真実」の種類に影響を与えるため，考慮に
入れておく必要がある．また，ソーシャルワークの価値を中心に置くことが鍵
となり，ニュースを読む際のアプローチを決定する役割を担うはずである．

　印刷されたメディアや新聞のオンライン版だけが，時事問題の最新情報を入
手できる唯一の方法ではない．テレビやラジオ，オンライン，ソーシャルメディ
アの情報源には，種々の関心が浸みわたっている．繰り返しになるが，各情報
源のバイアスを特定して，それらに対応しながら解釈できることが重要である．

演習 5.2

　あなたが知っているソーシャルワークまたはソーシャルケアに関連す
るニュース項目を選択し，同じ話題で二つの異なる報道をインターネット
で検索してみよう．各報道においてどのような視点を持っているか，どの
ような意味が構築されているかを考えよう．そしてそれが一般の人々，報
道が焦点をあてている人々，およびソーシャルワーカーとしてのあなたの
実践にどのような影響を与えるかを検討してみる．そのニュース項目は世
界情勢の文脈とどのように関連しているか？ソーシャルワークの価値への
影響はどのようなものだろうか？

コメント

　ニュース項目ごとに異なるアプローチが取られる可能性があり，あなた
の視点は，あなた自身の人生経験，個人的な価値観，信念の組み合わせに
よって影響を受けている．しかし，あなたがニュース記事を読んだ後に取
りがちな行動や報告，判断に，政治的バイアスが影響している点をいくつ

> か見出せたに違いない．特に重要なことは，報道されているのと似た状況
> にある人々や一般大衆に，この報道が与える影響を明確にすることであ
> る．そのような報道は，多くの場合，それらの出来事，環境，および状況
> に将来アプローチする方法，およびそれらの道徳的分析に影響を与える先
> 入見と信念の形成につながる可能性がある．

　ここまでに三つの質問を紹介してきた．社会で周縁化されている人々と協働
するには，歴史，政治，国際情勢について何を知る必要があるか？　まず英国
は，他の多くのヨーロッパ諸国と同様に植民地支配の歴史があり，現代のソー
シャルワーク実践に重要な意味を持ち続けていることを覚えておくことが重要
である．英国は20世紀に至るまで多くの植民地を支配下に置いただけでなく，
19世紀前半まで奴隷貿易に深く関わっていた．もちろんこれははるか昔のこと
で，時代は変わったと言える．これは事実だ．しかし，国際関係のあり方，世
界の富と幸福の分配，紛争の影響は，これらの歴史上の出来事の影響を一定程
度受けている．したがって，たとえば戦争で荒廃した国からの難民，健康上の
問題を抱えたアフリカ・カリブ系の英国人男性，あるいは強制結婚の犠牲者と
ともにソーシャルワーカーが実践するときには，これらの歴史意識を持つこと
が重要となる．

　現代の歴史的出来事も，何らかの理解が必要な人々の生活に影響を与えてい
る．たとえば1990年代のボスニアや2000年代のアフガニスタンでの軍隊の元メ
ンバーの経験は，その人の行動，思考，感情に影響を与えた可能性がある．個
人が経験している困難のいくらかを説明するのに役立つかもしれないし，赦す
わけではないが，誰かが反社会的で暴力的な行動に関与していることを理解す
るのに役立つこともあり得る．

　政治に関して，ソーシャルワーカーは各政党の政治的見解を知り，これらが
様々な人や集団に提供されるケアやサポートにそれぞれどのように影響するか
を認識する必要がある．政策は人々を周縁化する道のりの一部であり，ソーシャ
ルワーカーはしばしばこれを責務として実行する国家の手先になる．したがっ
て，ソーシャルワークの価値が堅持され，人々があなたの行動によって不利な

122　パートⅡ：知識と技能

立場に置かれたり疎外されたりしないように，別の視点を追求することが欠かせない．政治制度についての知識を持つこと，および市民として政治に関与することは，いずれもソーシャルワーカーが政治についての知識を利用し，発展させる方法として明らかに重要である．

不当な扱いに対処するための反抑圧・反差別の実践と知識

　第1章では，社会の内側で，あるいは外側へと疎外されている人々を理解するための中心的な概念をいくつか紹介した．ここでは，それらがどのように実践に向けて実行可能なモデルに変換されるかを検討することが必要となる．ここでの中心的な問題は，私たちが反差別的かつ反抑圧的に働きかける方法に関するものである．トンプソン Thompson（2016）は，反差別の実践に向けて私たちが採用できる七つのポジティブ・ステップを明らかにしている．

1．意識向上トレーニングの実施により，私たちの実践の意味についての個人的な理解を深めることができる．集団でトレーニングすれば，チームで複数の文化的視点に取り組むことができる．
2．多様性を尊重し，世界における多様性の肯定的要素を探求する―観点と実践．これはまだ十分発展していないとトンプソンは警鐘を鳴らすが，自己省察，問いかけ，挑戦を可能にしている．
3．問題に対する集合的意識を高めることは，私たちの社会における周縁化に対抗するための集合的行動に結び付けられる．たとえば，女性が賃金の男女格差を認識している場合，平等を要求する集団行動につながる可能性がある．ソーシャルワーカーはこの種の集団行動をファシリテートすることが可能であり，差別とその影響に対する意識を高め，疎外された人や集団にそれを伝え，自分たちで行動を起こすよう促すことができる．
4．トンプソンは「常識」の理解が浸透するのを防ぐため，理論を実践に明確に統合することを主張している．なぜなら，常識的な観点こそが「他者」へのステレオタイプなアプローチを支え，差別と抑圧を許していることがよくあるからである．

第5章　事実上そして解釈的な知識　　123

5．平等と社会正義の原則は，実践の最前線に置かれるべきであり，付属の追加的なものと見なされるべきではない．これによって，あなたは所属する組織と対立するかもしれないし，組織の目標や要求の方が優先に見えるかもしれない．しかし，ソーシャルワーカーとして，これらの基本原則をしっかり保持することが重要である．

6．私たちは本書を通して，批判的で挑戦的な，そして省察的な自分自身への問いかけの必要性を強調してきた．これがトンプソンの第6のポジティブ・ステップの基礎となっている．

7．最後に，前のステップと同様，優れた実践全体を自らの中に盛り込むことにより，省察的で批判的なアプローチをあなた自身で発展させていくことを勧める．

ケーススタディ

　グリーンウッドのチームは，ある地方自治体の子ども家庭支援チームとして，最近多くの難民家族に新たな住まいを提供していた．地方自治体とこのチームのソーシャルワーカーは，これらの家族に対して適切に支援しようと尽力した．しかし，チームはどのように対応すればよいか，どのような慣習に留意する必要があるか，文化の複雑さとこの地域にやってくる家族の保護とのバランスを取る方法について，確信が持てなかった．

　ソーシャルワーカーのうち二人は，これらの家族を支援するために何がチームに必要かを検討するよう求められた．彼らは自分たちのニーズや，このタスクに取り組む際の哲学，つまり社会正義と人権についてチームと共に話し合った．これにより意識が向上し，個人およびチームのニーズに関する考察が深まった．彼らはまた，その地域に住み始めた難民家族に直接協力を求め，通訳の支援を受けて，その難民コミュニティのメンバーがチームに直接トレーニングセッションを提供するよう促し，コミュニティ連絡グループに参加することを実現していった．

124　パートⅡ：知識と技能

　あなたが働きかける集団や個人についてある程度理解しておくことは，たいていの場合有益である．だが，文化的コンピテンスの概念に対しては批判が向けられてきた（Laird, 2008; Ashencaen Crabtree et al., 2016）．若干の知識がかえって危険なものとなり，他者の特徴を「本質化（essentialising）」する可能性が示唆されている．歴史，政治，世界情勢について多少知識があることに関しても，同じように非難されるかもしれない．しかし，それを真に受ける必要はない．省察的アプローチ（reflective approach）を心に留めておくことで，疎外されている人々に寄り添い続けることができる．そのアプローチとは，ソーシャルワーカーが自身の理解を問い直してみたり，当事者らの物語や伝記，見解，理解を，共に支援するスタッフに提供するよう依頼したりすることである．この考え方は批判的人種理論と簡単には折り合えない．というのも，この理論は，人種差別が日常生活の構造に埋め込まれた当たり前の術を表すこと，また平等法によっては解消されないことを示唆するからである（Crenshaw et al., 1995）．しかし，批判的な自己省察の姿勢を取り，自分自身がもつ偏見や立場を認めるのに十分なほど誠実になることで，私たちは初めて，変化や発展が生じうる出発点に立つことができる．これが，グリーンウッドチーム（上記ケーススタディ参照）が新しいコミュニティをサポートする際，疎外された人々のニーズに対応し始めた方法なのである．

　またここで有益なのは，理論的な立場と概念に関する知識を念頭に置くことである．たとえば第1章では交差性と超多様性を紹介した．これらの概念は，私たちの複雑な生を成り立たせる多様な社会的特徴や境界を見分けるのに役立つ．「文化」や「人々」の知識は画一的な見方であり，それらの集団を構成する個人を描写していないことの理解にも役立つ．これらのアプローチは，ある政治的世界における個々の経験を認識し，私たちが憶説をやめて一人ひとりの「生きた経験」を選ぶことを主張する．これは重要である．なぜなら，たとえば難民の場合，彼らは女性であったり男性であったり，特定の年齢であって，友人や親せきが一緒にいたり，あるいはいなかったり，どこかで生きていたり，また彼らは教育や仕事，家庭でそれぞれ異なる経験をしている．ソーシャルワークはそれ自体が複雑であり，人々の生活の複雑さに対応することができる．交差性と超多様性の興味深い，そして議論されている側面の一つは，抑圧的な経

験のヒエラルキーを多面的なものに置き換えることである．ある人は彼らの身なりや経験の一面に特権を与えるであろう．これは受け入れられるべきものであるが，ヒエラルキーを課して他者と関わる経験を減らすことは良くない．個別的な対応，そして資源へのアクセスがあるがままにもたらされ，それらはいずれも必要とされるであろう．

ソーシャルワークの価値と倫理について，どのような知識が必要だろうか？

ソーシャルワークの価値と倫理を考えるとき，西洋哲学のいくつかの核となる要素に触れることになるだろう．ここでの明らかなギャップは，他の哲学や公理学（倫理学の研究）へのアプローチが存在するところにある．あなたが研究する可能性が最も高い三つのアプローチのタイプは，社会生活への義務論的または絶対主義的アプローチ，功利主義的または帰結主義的アプローチ，そしておそらくアリストテレスの美徳倫理であろう．後者はポストモダンの言葉で表現されるかもしれない．しかし，より流動的でグローバルな世界で仕事をする際に重要な，儒教（第4章で既に言及した）を含む非西洋的アプローチについて検討してから，「状況倫理」の場や概念を検討する．この倫理は神学的議論に由来し，ソーシャルワークの実践の文脈において生じる．実践が義務か勧告か，必要かは，価値と倫理に対する様々なアプローチの中で探究されており，社会の内外で疎外されている人々に対応する際の私たちの知識ベースにおいて重要な要素となる．

義務論

義務論では，従わなければならないルールが与えられ，受け入れられることが重要だ．ソーシャルワークの倫理に対する義務論的アプローチは，個人の行動の動機，彼らの意図，または行動や振る舞いの結果として起こることには関係しない．彼らは，規則が字義どおりに守られていることだけに関心がある．この類のアプローチは，人々の行動や文脈から本人や対象を抜き去り，手段的で官僚的な実践で見られるような道具主義を促進すると思われる．

126　パートⅡ：知識と技能

　義務論は，ソーシャルワークの実践において重要な位置を占める．たとえば次の場合を考えてみよう．守秘義務に関する倫理的手順と規則が守られておらず，コミュニティの中であなたが支援している人だと明らかになれば，おそらくはより大きなスティグマをもたらしてしまう．あなたの意図がその人の利益のためだったとしても，あなたは「困難（hot water）」に責任を負わなければならない．

　英国ソーシャルワーカー協会（BASW）の倫理綱領（2012年）は，三つの基本原則——人権，社会正義，専門職としての誠実さ——を定めており，追加の規程も含まれている．これらの倫理原則に対する義務論的アプローチは，文脈，状況，または資源に関わらず，それらを完遂しなければならない「義務musts」と見なすことである．しかし BASW は，実践における複雑な状況の存在を認識しており，たとえば雇用組織とソーシャルワーカーとの間の緊張関係や，一部の倫理規程の実行を危険にさらすような資源不足などである．人々の存在や相互作用は，ルールに規定された通りの適切な言動とはならないものである．時には，私たちの行動の結果を考慮することが求められる．私たちが次に目を向けるのは，功利主義的または帰結主義的な倫理的立場である．

功利主義的／帰結主義的アプローチ

　功利主義の倫理は，非常に善良なものとしてよく推奨されてきた．ある行動が幸福を最大化するのであれば善であり，少数ではなく多数の人にとって良い結果であるという「最大多数の最大幸福」の格言に要約されるものである．行動の正しさは，その結果によって判断される．言葉の通り，このアプローチは民主的であり，非常に適切に思われる．しかし，より深く掘り下げると，このモデルに関連する複雑な要因が見出される．

　歴史的に見ると，功利主義的アプローチは18世紀末から19世紀にかけて発展した．そこには，国家が人々の日常生活にどの程度関与すべきかという古くからの問題が熱く議論された政治的論争と不確実性の背景があった．この種の思想の創始者の一人であるジェレミー・ベンサム Jeremy Bentham は，国家の関与はせいぜい最小限にとどめるべきであると信じており，これが貧弱な救済に対する多くの人々の理解に影響を与えた（Harris, 2004）．私たちの多くはプラ

イバシーを尊重しており，外的存在によって生活が制限されることを望んでいない．実際，プライバシーは人権の中で守られており，多くのデータ保護法を支持し，守秘義務と監視されない自由を強調している．しかし，人々が助けを必要とするときがある．どんなに一生懸命努力しても，自分で決定を下すことができない場合がある．このような場合，国と，しばしばソーシャルワーカーが介入する必要が出てくる．したがって，最大多数の最大幸福は，国家の干渉から私たちを守ることによって達成されるかもしれないが，少なくとも，関与を必要とする状況が残されていることは確実なのである．

　以前に，私たち著者の一人は，認知症ともに生きる人々を支援する際に，功利主義的倫理を採用することの魅力と落とし穴について書いた（Parker, 2001）．当時，認知症の人は今以上に日常生活から疎外され，みすぼらしい死に向かってゆっくりと弱っていく以外に未来がほとんどない，非常に暗い光の中にいると考えられていた．能力の観点はしばしば見過ごされ，促進されなかった．ソーシャルワークとソーシャルケアが多数の人々の幸福や最良の結果を最大化できる方法は，社会の内側にいて，一般的な意見を持ち，市民権またはサービスの受給資格のある人に焦点をあてる傾向があった．認知症の人を排除して，他のニーズや，潜在的には異なるニーズを持つ介護者に焦点をあてることは，功利主義的アプローチを象徴していたが，ますます社会の周縁に追いやられるグループ（認知症の人々）を置き去りにすることになった．認知症の人に焦点があてられたとき，想定された当然のアプローチが検討された．デイケア，老人ホームでのケア，そして同質のサポートが提供される傾向にあった．これは大多数の人に効果があったかもしれないが，それぞれが固有の特徴と歴史をもつ個人に合わせたケアではなかった．さらに残念なことに，多数にとっての最良の結果に焦点があたることには，本人以外の人々のより良い生活を実現するために（認知症の人を）コントロールし制限するオプションが含まれていた．たとえば，認知症の人ではなく介護者のニーズを満たすために，高齢者住宅や老人ホームに入居させたりしていた．パーソナライゼーションの議論を通じて個別化されたケアへの動きは，2014年ケア法に盛り込まれて強調されたが，政治的な複雑さによってこれらの変更には注意して取り組む必要がある（Gardner, 2014; Parker, 2017）．

128　パートⅡ：知識と技能

　このように功利主義的アプローチは，多数の人をサポートする一方で，排除された人をさらに社会の周縁に追いやる可能性がある．これは，人命の無秩序さ，ニーズ，ソーシャルワークケアが関わる，財政的に制約された不完全な世界では避けられないと見なされるかもしれない．しかしながら，私たちがアクションを起こす理由，そのプロセス，そしてそれがもたらす結果を熟考することが重要である．また，異なる指針をもつ様々な人々によって結果の評価が分かれることも知っておく必要があり，これが再び功利主義的アプローチをより複雑にする．これは，社会政策と福祉問題に焦点をあてた2017年の保守党選挙マニフェスト（Conservative Party, 2017）で示された．繰り返しになるが，このマニフェストは，乳幼児の保育園給食無償を廃止して，園児全員への朝食代に充てることを提案したものである．これにより予算は節約されるが，多くの恵まれない子どもたちにとって重要な栄養源が失われる．社会的ケアと高齢者に関して，保守党のマニフェストは，社会的ケアを必要とする高齢者，つまり年齢やニーズ，および人数によって周縁化された人々が，その社会的ケアに資金提供するために彼らの資産を活用する必要があると提案した．これらの立場は採用されたものの，疑問は残った．社会的ケアのニーズに支払うことの道徳的正当性に関する議論は複雑であり，考慮すべき多様な立場がある．ただし，焦点は再び多数（社会的ケアを必要としない市民）に向けられており，少数（社会的ケアを必要としている人々）には当てはまらない．したがってソーシャルワークでは，私たちが何をどのように行うかを指し示す倫理綱領を自覚し，正義の行動となる他のモデルを検討する必要がある．まずは，何が正しくて良いのか，つまり美徳倫理の探求に目を向けてみよう．

徳倫理（学）

　アリストテレス Aristotle は，人々が各自の特徴やニーズを反映して，様々な方法で善き生（a good life）の概念にアプローチすることを認めた．このアプローチには試みと深い観察が必要であり，これは疎外されている人々と「共に歩き」，彼らの社会に浸るというソーシャルワークの必須を表している．アリストテレスは，環境と個人のニーズの両極を調整することについて語った一方で，善き生，そして幸福な人生を送るために自分自身の内面で達成すべき一連

の美徳を明確にした. この考え方から徳倫理が生まれる. 倫理へのこのアプローチは義務論や帰結主義とは異なり, 倫理的生活の包括的なモデルを探すのではなく, 個人とその道徳的性格を中心に据える (Baron et al., 1997). このアプローチは, 道徳的に価値のある, または善き生を構成するものとは何かを私たちが問うことを要請し, フェミニストやソーシャルワークの分野で重要なケアと育成の倫理を説明するために使用されてきた (Gilligan, 1982, 1988; Halwani, 2003).

　しかし, 美徳倫理は相対論的倫理を代表するものであり, 人がどのように振る舞うべきかについての具体的な指針を与えるものではない. これは批判として用いられてきたが, ソーシャルワーカーが人や集団に対する管理的で枠に当てはめるアプローチに異議を唱える批判的省察のポイントともおそらく合っていない. 認められたパラメーターから外れる人々を必然的に取り残し, 不利な立場に追いやるものだからである. むしろソーシャルワークは, 社会の隅や向こう側にいる人々と共に立ち, 彼らと共に歩んでいく. それにもかかわらず,「善き生」と倫理が他者のニーズを高める人々から他の人々をどのように保護するかという質問に答える必要がある. ソーシャルワークへのアプローチとしての徳倫理は, 私たちが何を, いつ, どのように行うかを決定する上で重要な問題を提起する. これらは, 批判的な自己省察を助け, なぜ私たちが特定の立場をとるのか, または実践しないのかを, 文脈に応じて判断するのに役立つ問いである. 徳倫理の相対主義はいくつかの困難を引き起こす可能性もあるが, 拠りどころを見つけることにも役立つ. 次に, 状況倫理に目を向け, 社会正義と人権を通じてこのような根拠を見出すことから始めよう.

状況倫理と「ポストーポストモダン」

　「状況倫理」として知られる重要な観点は神学的議論から派生し, フェミニストの考え方に取り入れられ, 社会的研究および実践において発展してきた. 状況倫理は, 倫理綱領と規定の要件を尊重することを要求するが, ルールを文字どおり守ることが常に「正しい」かどうかを審問し, 文脈における妥当性を問う. 実際に, 起こり得る損害よりも利益が上回ると考えられる場合, 状況倫理は与えられた状況の中で特定の倫理規則を脇に置く準備ができている (Parker and Ashencaen Crabtree, 2014b). ソーシャルワーク研究では, これは「原則的相

130 パートⅡ：知識と技能

対主義」と呼ばれている（Hardwick and Worsley, 2011）．このアプローチに対する批評家は，それが相対論的または二律背反の枠組みの中にあり，法律や規則のないどこかにあることを示唆する（Kainer, 2012）．ただし，状況倫理を使用したアプローチでは，規範，規則，および基準の中心性を認識することが重要であると考えられているが，自分の置かれている状況に応じた柔軟な適用を選択することの必要性が強調されている．この倫理観を発展させた神学者ジョセフ・フレッチャー Joseph Fletcher は，次のように述べている．

> 状況主義者はあらゆる意思決定状況に入っていくとき，自分のコミュニティとその伝統がもつ倫理的格律で完全武装するが，それを自身の問題に光を照らすものとして敬意を払いながら扱うのである．ちょうど同じように，彼はいかなる状況でもその倫理的格律を妥協させたり，脇に置いたりする準備ができている．愛がより良く注がれると思われる場合は．
>
> *(Fletcher, 1966: 26)*

　これはソーシャルワークの実践にとって重要である．私たちは確かに，世界的に開発されてきた社会正義と人権に関する倫理的規定が広く受け入れられていることについて議論し，そこからより具体的な倫理綱領が生み出されてきた．しかし，実践におけるエビデンスはしばしば流動的で，偶発的で文脈に依存しており，各ソーシャルワーカーの自己内省的批判（self-reflective criticality）の必要性が前面に出てくる．そのため，「ルール」が個人のさらなる疎外を要求したり，その人の不利益に直接つながる場合，そのルールを破ることは肯定的な結果につながるものの，その決断を下す際にソーシャルワーカーは重大なジレンマに直面する．この決定は，ある部分では，帰結主義者が示唆するように成果に基づき，またある部分では，義務論者が支持するように，ソーシャルワークの価値と倫理への尊重に基づき，そして別の部分では，フレッチャーが説明する「愛」，またはソーシャルワーク用語でいう個人または集団の社会正義と人権の奉仕に基づく必要がある．状況倫理は，その文脈的および偶発的な特異性において「ポスト－ポストモダン」であると説明することができるが，ソーシャルワーク実践にとって重要な基準点を含んでいる．それは，人権と社会正義が主役になることを可能にするからである．

儒教をはじめとする倫理に対する非西洋哲学的アプローチ

私たちが検討してきた倫理へのアプローチは，西洋哲学に由来している．私たちのグローバルで流動する世界では，一部のソーシャルワーカーや，私たちがよく協働する人々によって受け入れられ，推奨される道徳的および倫理的規範には，それ以外の源があることを認識することが重要となる．これらの様々な観点を十分に検討する余地はないのだが，社会もしくは家族との生活へのアプローチを促進することのできる重要な概念に注意を向けたい．多くの道徳的および倫理的信念体系があることを認めつつ，ここでは儒教と孝行に焦点をあてる．

古典的および現代的な形態の儒教哲学は多面的であり，それを正当化する方法で説明することは困難である（Berthrong, 1998）．だが，それが価値倫理的であり，あるいは社会および人間相互の倫理に関係していることは知られている．この倫理的方法は「懸念意識(concern consciousness)」と呼ばれる．ある意味では，これは人間の繁栄を促す社会的倫理と実践を求め，熟考し，それに従うことへの継続的な取り組みに関係している（Berthrong, 1998; Berthrong and Berthrong, 2000）．これは多くの点で，徳倫理と状況的アプローチの肯定的な側面と大きく共鳴する．複雑で不完全な社会政治的状況の中で，ソーシャルワーカーが自らの実践を振り返るとき，これは確かに彼らが心に留めることができるものである（Houston, 2009）．

ケアと関心のある重要な要素は「孝行」である．中国と儒教の思想において，家族は独特の位置を占めており，社会的関係を理解するための記号論（表層的な定義よりも広く意味する何らかの記号）として機能する．これはユダヤ・キリスト教の「あなたの父と母を敬う」よりも広い概念であるが（出エジプト記 20：12；エペソ人への手紙 6：2），家系を継続する手段として，若い世代から古い世代までの義務，関心，服従を階層的に強調している．この義務は，若い世代が両親によって世話され育てられていることに起因するため，両親が年老いたときに同じことを行う恩義があるというものである．ソーシャルワークサービスが人々のケアに関わる場合，この信条がそれを信じる人々にどのように大きな影響を与えるかは明白である．次のケーススタディは，いくつかの起こりうる問題を示している．

132　　パートⅡ：知識と技能

ケーススタディ

　チャンは数年前に父親がリタイアしたとき，父親の食料品店が存続できるよう懸命に働いていた．彼は自分の業績を誇りに思っていた．妻を亡くしたチャンの父親はますます虚弱になっており，彼の主治医は，ソーシャルサービスが何らかのサポートを提供できるかどうかを確認するために訪問することを提案していた．チャンはしばしば店で忙しく，彼の父親はしばらくの間一人で過ごしていた．しかし，訪問したソーシャルワーカーと話をしたとき，チャンは父親の世話をするのは自分の責任であり，外からの援助は不要で，自分でやっていくと断言した．ソーシャルワーカーは彼の反応は敵対的だと思っていたが，彼女のラインマネジャーと話すことで，チャンの親孝行への献身の観点からこれを文脈的に理解することができた．

倫理的実践に向けて

　ソーシャルワーカーこそが，人間の生活における険しい道のりにおいて人々と交渉し，倫理的アプローチを保証する方法で実践していかねばならない．したがって，倫理の知識が中心となる．ただし知識は一部分に留まり，個人的な経験からはいくらか距離を取り，自己内省のアプローチを問うていくことの必要性を覚えておかねばならない．ソーシャルワーカーは自らの考えを厳密に検証し，働きかける相手のもつ観点を理解するために彼らの声を信頼することで，初めて仮説を確実なものにすることができる．

　疎外されている人々とのソーシャルワークの価値および倫理に関する知識をどのように獲得または強化できるかを，あなたは尋ねるかもしれない．より広い世界についての知識と同様に，実践についての批判的な内省に加えて，上記を達成するための様々な方法がある．倫理と価値に関するソーシャルワークの文献は幅広く，社会の端に追いやられがちな人々の現実的な日々の経験にしばしば基づいているため重要である．資格教育の間だけでなく，現場実践に入る時やそれ以降にも参照できる最も著名な書籍には，バンクス Banks（2012），ア

クター Ahktar（2013），ディケンス Dickens（2013），パロット Parrott（2014），ベケット Beckett ら（2017）があり，これらは特に英国の社会的背景を扱っている．より広い観点で書かれたものでは，グレイとウェッブ Gray and Webb（2010）やリーマー Reamer（2013）があるが，最も支持されるテキストが西洋または北半球の著者によるものであることは冷静に言及しておこう．

　個人が人間の生活にもたらす複数の視点，信念，文化的価値を心に留めておくことが重要であり，それはもっと広く知られているようなより大きな集団の視点も同様である．ソーシャルワーカーとして倫理的に働きかけようとするとき，対象の個々人に自分の立場や価値観，信念を共有させてもらうよう依頼することが可能だ．そうすることで，お互いの違いを認めながらも，今後の行動や介入について，明確で誠実で十分に意思疎通された立場を取ることができる．

演習 5.3

　上記の中核となる倫理的アプローチの簡単なレビューを考えてみよう．あなたが最も共感できるものを書き留めて，その理由を自分自身に問いかけてみる．あなたの理解はどこから来て，あなたの人生の中でどのように発展してきたか？　あなたの実践に役立つ可能性のある別の視点はないだろうか？

コメント

　倫理を考える際に特に重要なことは，他のアプローチを排除して，あるアプローチのみに無批判に同調するという過ちを犯さないことである．ヒューストン（2009）は，その洗練された文献の中で，倫理学派の硬直性に挑み，重要な思想が統合される混合主義的な転回に言及することによって，これをうまく要約している．このためにヒューストンはハーバーマスの討議倫理を援用した．これは客観的規則，主観的規則，コミュニティ規範から成る倫理的妥当性の3種の主張である．また，社会および人間相互の文脈においてアイデンティティを重視する認識をもつホネットの理論

> も採用している．ヒューストンが達成したのは，何事にも囚われず，文脈
> に依拠し，関心をもった倫理的アプローチの統合である．これは，ソーシャ
> ルワーカーが今日の実践で，困難な事態に直面する際に成し遂げるべきも
> のである．

本章のまとめ

　この章では，ソーシャルワーカーに必要とされる，疎外され不利な立場に置かれた人々との実践を発展させるための知識の一部を概説した．法律や政治，または歴史上の出来事など「事実的な」知識を扱ってきたが，すべての知識は解釈されたものであることを私たちは理解した．解釈された知識とは，その事実を経験した一般の人々，雇用主，政策立案者，あるいはソーシャルワーカーや彼らが提供するサービスの利用者らによるものである．実際に，知識を解釈し適用する際に私たちが採用する視点は，私たちがもつ様々な特徴や社会的地位に影響を受ける．自分自身に正直であり，自分の実践に誠実であり，自分の信念や理解，実践について深く批判的に内省する準備ができていることは，私たちの実践が人々の視点に沿って機能を果たし，相手に外側からの視点を押し付けないことを確保するのに有効である．次章では，ソーシャルワーカーが発展させるべき技能について，知識を有益に，建設的に実りがあるよう（fruitfully and constructively）用いることを検討する．

さらなる読書

Banks, S.（2012）*Ethics and Values in Social Work*, 4th ed. Basingstroke: Palgrave
　この著名な文献は手に取りやすく，同時に学びが深い．ソーシャルワーカー，コミュニティワーカー，ユースワーカーなどが直面しがちな現実世界のジレンマをカバーし，価値と倫理における様々な立場の要点を読者に紹介している．
（サラ・バンクス著・石倉康次・児島亜紀子・伊藤文人監訳（2016）『ソーシャルワークの価値と倫理』法律文化社）

Johns, R.（2017）*Using the Law in Social Work*, 7th ed. London: SAGE.
　この文献も著名であり，学生に対して，ソーシャルワーク実践で法律を活用するための総

合的なイントロダクションを提供する．関連する法制度とそれに付随する知識を収録し，版を重ね続けている．

Thompson, N.（2016）*Anti-Discriminatory Practice,* 6th ed. Basingstroke: Palgrave.
　この影響力のある著作は，個人的・文化的・社会的モデルを説明し，それを私たちが共有する社会的分断および性質に関する様々な実践分野に援用している．

訳注

訳注5-1　英国は2016年6月23日の国民投票でEU離脱を選択し，2020年1月31日にEUを離脱した．本書の執筆時点ではまだEUから離脱していなかった．

第6章 技 能

ソーシャルワーク学位の達成

　本章では，専門職能力枠組み（Professional Capabilities Framework）にそって適正な水準に向けて，次のような能力を発展させていくことを手助けする．

価値と倫理

　サービス利用者や介護者（ケアラー）との敬意あるパートナーシップを示し，彼らのニーズや意見を引き出して尊重し，可能な限りの意思決定への参加を促す．

介入とスキル

　言語，非言語，筆記による様々なコミュニケーション方法を見極めて適用し，それらを人々の年齢，理解，文化に合わせて順応させる．

　また本章は，SBS（ソーシャルワーク科目指標書）にある次のアカデミックな基準についても紹介する
5.15　コミュニケーションスキル
5.16　他者と協力するスキル

　不利な立場に置かれ，かつ／あるいは，疎外された人や集団と共に実践するための知識ベースは，ソーシャルワーカーが必要とする基盤を提供し，そこからソーシャルワーカーは人々に伴走しながら変革に向けて建設的に行動するための技能を活用することができる．この章で探求される技能には，対人関係スキル，個人や団体への交渉（negotiating and bargaining），論争と擁護（arguing and defending）が含まれる．また経済的困窮やそれにともなう尊厳の欠如を経験している人々を直接支援するスキルに加え，人々や集団が不当な差別に立ち向かい，社会的不利や疎外への道から抜け出すのを支援するために，ソーシャルワークの知識を活用するスキルも含まれる．組織の方針と実践を向上させ強化する

上でのソーシャルワーカーの役割も検討していこう.

「優れた実践 (good practice)」とは何か?

　優れたソーシャルワーカーになるとは何だろうか？　その答えは見るからに簡単なようで, 非常に難しくもある. それは, この一見単純な質問にどの立場から答えようとするかによって異なる. ケースを開始し, 即座にサービス利用者と目標を設定し, それに向かって迅速に取り組み, ケースをすばやく終結し, 立て続けに次のケースに移る, これが優れたソーシャルワーカーだろうか？そのような専門職は非常に効率的であり, したがって管理の観点からは優れたソーシャルワーカーと見なされる可能性がある. 別のソーシャルワーカーは異なるテンポで働き, むしろ時間をかけることを選ぶかもしれない. サービス利用者と選択肢を検討し, サービスを注意深く確認して (monitoring) 評価し (evaluating), たいていの場合, 選択されたサービスが彼らのニーズに適合しつつ本人らに利用可能であることが明らかになるまで, サービス利用者と連絡を取り合う. そのようなソーシャルワーカーは, この徹底的で慎重なアプローチのおかげで, サービス利用者の視点からは効果的だと見なされるかもしれない.

　　これら二つのアプローチ以外にも, 他の多くのアプローチが存在しているだろう. それらは各々のソーシャルワーカーのやり方 (style) に自然と引き寄せられるが, 次のようなあらゆる範囲の要因に依存している. たとえば, ソーシャルワークの専門分野やサービス利用者集団, 割当てが必要なケースの待機リスト, 実働可能なチームメイトの数, チームワークの文化, 管理上のサポート, 潜在的な資源と他の専門家への照会, である. それに加え, 個人がもつ仕事のプレッシャー, 感情的な回復力 (resilience) のレベル, 個人のもつ家族や健康, 経済力, および／または雇用保障といったウェルビーイングの領域も含まれる. 忘れてはならないのは, ソーシャルワークサービスの受け手側にいる特定のケースおよび個人に対する私的な態度である. 特定のサービス利用者やその問題に対して惹きつけられたり, 逆に嫌悪を覚えたりする実践者の態度は, 個人的な要素であって, ソーシャルワークのペースを加速させたり, あるいは減速させたりする可能性がある. これは実践現場における他のすべての問題につい

ても同様である．これはあまり専門的な考えに聞こえないかもしれないが，ソーシャルワーカーは，彼らが支援する人々と同じく，何よりもまず人間なのである．

ケーススタディ

　ブリジットは新たに資格を取ったばかりの若いソーシャルワーカーで，大規模な NHS トラストがもつ病院中心のソーシャルワークチームに加わった．彼女は，より経験豊富な同僚と共に，高齢者病棟でソーシャルワークサービスを提供する任務を与えられた．ブリジットは，この年配の患者グループで，様々なレベルのニーズと能力に対処することを学んだ．彼女は自分が大切にされていると感じ，コンサルタント主導の毎週の病棟会議で役立つと思われる貢献の方法を身に着けた．一年後，ブリジットは85歳の女性であるエディスのケースを担当することになった．エディスは近隣の地域で独り暮らしをしていたが，転倒して入院した．転倒による身体的損傷とその後の合併症が発生し，彼女の入院は数週間延長された．

　この状況によって，エディスは自宅での一人暮らしに対する自信を失っていた．そこで彼女はこの状況について話し合うために，ブリジットが担当となることを歓迎した．ブリジットが彼女との会話の過程で知ったのは，エディスが非常に興味深く波乱に満ちた人生を楽しんでいたこと，また耳を傾ける聞き手に思い出を話すのが大好きなことであった．いよいよエディスは，作業療法士の勧めに従って，若干の住宅改修と在宅ケアのケアプランを持って退院した．しかし，モニタリングの家庭訪問を行ったブリジットは，ケースを終結することに気が進まなかった．もちろん，担当できるケース数が限られているため，終結しなければならないことは分かっていたのだが．ブリジットにとって，ケースが終結するまでにより時間がかかった理由を見つけるのは難しくはなかった．最後にスーパービジョンを受ける中で，ブリジットはこの特に魅力的でカリスマ的なクライエントに別れを告げることを深く躊躇したことに対する洞察を得ることができた．というのも，ブリジットはこのクライエントから彼女個人への

称賛と愛情を得て成長してきたからであった.

ソーシャルワークの文脈

新人ソーシャルワーカーは,実践における現実と,ソーシャルワーク教育を受けて育んできた期待との間に,違いを感じているという報告がしばしばなされる (Higgins and Goodyer, 2015). 非常によくある困難は,介入戦略が十分に確立されたものでも革新的なものでも,それを展開していく際に,ソーシャルワーカーが専門的な自律性を発揮するのに十分な権限を与えられていないと感じることなのである. 多くの場合,サービス利用者の「選択」というレトリックは,結果的にサービス利用者の現実とはなっていない. そこでは選択が実行されるというよりもむしろ理想に追いやられている. サービス利用者が選択をするために,より長い時間や治療的アプローチを必要としている場合,そのようなニーズは現代の社会サービスの強制的なテンポの下では対応できない贅沢と見なされる可能性がある. 担当ケースの割り当ては,ますます増えていくケース数のプレッシャーにかかる深刻な脅威の下で行われる. このような専門職への期待の再修正を必要とする側面は他にも多くあるが,おしなべて失望につながる可能性があり,潜在的にはシニシズム(冷笑主義)のレベルに至る可能性もある.

^{訳注6-1}

これについては後で詳しく説明していく.

ソーシャルワークの文脈における期待と現実との間のギャップは,多くの異なる解釈に開かれているが,特にそれは政治的に利用されてきた. その議論では,ソーシャルワーク教育の質とソーシャルワーク専門職のスキルの両方を損なわせようとしていた (Ring, 2014; Taylor and Bogo, 2014). このような批判は,続いてソーシャルワークの規制機関に大きな変化をもたらし,現在は(当面は)ヘルスケア専門職評議会を通じて健康(health)と同じ管理下に置かれることになった. つまり,PCF モデルの導入によるソーシャルワーカーの教育と評価である (Burgess et al., 2014).

PCF の理論的根拠は,先述のように,「チェック式」志向だった想定上の手段的で「細分化された(atomised)」アプローチから,能力モデルへと移行する

ことであった（Burgess et al., 2014: 2069）．これは，スキルと知識のより全体的で適応的で包括的なモデルを提供し，専門職業人にふさわしい専門性への発展的アプローチを促進すると主張している．ただしそれだけでなく，PCFがチームワークや境界を越えたコラボレーション，*問題解決，倫理的実践*など，雇用主が重視する専門的なソフトスキルやその他の複雑な成果を保持することを強く奨励していることにも意味がある（Taylor and Bogo, 2014: 1414）．

　これらのスキルは，評価が困難であるか，ソーシャルワーカーが行うことにただ暗示されているため，「ソフト」と見なされるかもしれない．しかし，問題解決には慎重な議論と，多くの場合，丁寧で繊細な介入作業が必要であり，どのケースにおいてもプロセスを性急に進めたり強制したりすることはできない．

　専門職は現在PCFで理論武装しているにもかかわらず，ソーシャルワークは依然として現実の領域ではなく理想の領域に留まっており，PCFはソーシャルワーカーにとって実践的ではないと主張する人もいるだろう．しかしこれは，これらのいわゆる理想を放棄し，現実に特権を与えるべきだと言っているのではない．むしろ，最初に多くの人がこの職業に加わることになった理想主義が，惨事に直面したときの，無知な状態での不可避な喪失として犠牲になってはならないということなのだ．実際，理想は育まれ，維持されるべきであり，その純粋な力を道徳的な原動力として保持し，資格のある実践的なソーシャルワーカーになるための個人的な自己実現にもつながる．ソーシャルワーク初心者が最初にもっていた境界的アイデンティティを，ベテラン専門職になっていく現在の道のりで脱ぎ捨てる必要はないが，代わりに，その過程で自己の重要な部分として大切に包み込んでおくこともできる．

　ヒギンズとグッダヤ Higgins and Goodyer（2015）は，アイロニー（*irony*）の活用を再構築することによって，ソーシャルワーカーの願望と日々の実践の現実との間の不一致の問題に取り組んでいる．これは，潰瘍がシニシズム（cynicism）に感染するのを防ぐため，幻滅という傷の上に絆創膏として機能する斬新なアイデアだ．アイロニーは，この著者ら使用法では，哲学的，義務論的なカントの立場による評価によりあるものとあるべきものとの間にスペースを提供する．そうすることで，どちらか一方が放棄されることなく，両方の位

置が保留状態に保たれ，そこからそれぞれを調べることができる．これは弁証法的緊張の一形態と解釈することができる．そこでは，二つの競合する言説が並置されて，新しい意味または新しいパラダイム（モデルまたはアプローチ）が構築される可能性がある．あるいは，変化の概念的連続体における二極化のありうる出発点に，跳ね返り立ち戻るだけかもしれない．

スキル──その実用性──

　適切なアセスメントの方法を学ぶことは，重要なスキルである．これは，従来ソーシャルワークに期待されていなかった分野に対応するため，その社会的権限が大幅に拡がっていく場合に特に当てはまる．背景には，作業療法士などの他の学際的な専門職が利用できなくなっていることがある．優れたアセスメントとは，複雑で入り組んでいるが全人的なものであり，実践経験や理論的視点，優れたコミュニケーション能力，対人スキル，そして人々への心からの関心に基づいている．悪いアセスメントは，ファイルの中ですぐに見つけられる．それは多くの場合，細かい点が簡素でルーティン的であり，大抵はその人のかなり大雑把な肖像画が描かれているだけで，ほとんど語りがなく，同じことが繰り返され，個人のニーズとそれを満たすために必要な資源があり得ないほど類似していたりする．優れたアセスメントには，ニーズの具体的側面を一定のレベルで字句通りに把握するとともに，水平方向の思考が必要であり，できればそれらを満たす方法についての創造的な思考も必要となる．

　アセスメントの技術を伸ばしたり改善したりしたい人は，効果的な介入とサービスの検討に必要な知識とともに，パーカー Parker（2017）によるアセスメントの包括的解説を参照することができる．ただし，ここで付け加えておく価値があるのは，すでに述べたように，エスノグラフィーが集団と文化を研究するための優れた質的方法論であり，社会サービスチームの「文化」を調べるために使用されてきたことである（Ferguson, 2016）．また，サービス利用者とその家族の生活を深く掘り下げて洞察することにより，ソーシャルワーカーがエスノグラフィックな目を発達させ，クライエントの伝記的知識を向上させる革新的なアプローチでもある（Ashencaen Crabtree et al., 2016）．

142　パートⅡ：知識と技能

　共感はソーシャルワークの価値として，当然ながら非常に重要な役割を果たすものだが，それ自体は私たちが働きかける人々のライフストーリーを発掘する手段とはならない．そのため，サービス利用者の状況を深く理解し，効果的に説明する方法として，エスノグラフィーの技法に精通しておくことが提案されている．例として，この章の「メンシュ」のケーススタディを読みながら，ブルメンタール夫人のケースを考えてみよう．認知症の女性だが，物質的にも経済的にも安定しており，献身的な夫がそばに居て，適切なサービスも近隣にあり，家族と住む美しい家がある．彼女の環境は多くの点で幸運に恵まれている．このような人は悲劇的なケースと見なすことができるか，それともそのような考えは彼女よりもはるかに恵まれていない人だけに限定すべきだろうか？ソーシャルワークのためのエスノグラフィーの活用とその力に関する全体説明については，アシェンカーン・クラブトゥリー Ashencaen Crabtree（2013）を参照するのがよい．

その他の必須スキル

　アセスメントと報告書の作成もまた重要なスキルである．実践上のスキルに対して読み書きのスキルが比較的重要でないと見なす人は，専門職として何のサービスもできない．これはたとえば，きわめて重大な情報を他の専門職や裁判所に伝達するのに求められる高難度のリテラシーとは大きく異なる．貧相な報告書と不明確な情報は，他の専門職が実際にソーシャルワークの推奨事項を真剣に受け止めるのを思いとどまらせてしまうのだ．したがって，この分野でスキルが多少不足している場合は，そのスキルを磨いてみる価値がある．この点に関して，文法や句読法に関する著名な本が多く存在している．

　時間管理は，習得すべきもう一つのスキルである．ほとんどの仕事上のプレッシャーとそれにともなうストレス要因は，個人の時間管理を改善することで軽減できるというネオリベラルな集合的レトリックに陥るのは，率直に言って二枚舌である．多くの人は，業務から抜けることができず，従業員を悪循環に陥れるような機能不全または効果のないシステムに巻き込まれているため，そのようなことは実現できない．

ただし，より効果的に時間を管理する余地がある場合は，たとえばタスクに現実的な時間を割り当てたり，作業の様々な要素をかなり正確に計算したりすることを勧める（特に，一部のタスクを「本来の仕事」と見なし，他のタスクも求められているがそれはつまらないと見なすのが個人的あるいは管理上の傾向である）．したがって，時間管理は開発すべき重要なスキルだが，特定の状況における仕事の速度は，個人で習得したり，簡単に変更したりすることはできないことを認識していく．それ自体は，通常，より強力な集合的チームの対応と，変化に関与する管理支援を必要とする．

自己の活用──最初の，そして最高のツール──

ソーシャルワークとの比較で，他の専門職においてこれほど自己を展開し，巧みに活用する必要性はおそらくないだろう．「ベッドサイドでのマナー」は医師−患者の関係を最大限に引き出すことができるであろうが，相当の有能な医師になるために，パーソナルな技はおそらく必須ではないと考えられる．しかしソーシャルワークでは，他者への共感が弱い，対人スキルが低い，または洞察力がほとんどない優れたソーシャルワーカーを想像するのは難しい．これらは，利用者−ソーシャルワーカーの二者関係に不可欠である．リフレクティブな実践は，自己洞察を得るために不可欠な手段と見なされているが，これには時間と空間を確保する必要があり，あまりにも多くの社会福祉事業所が火の車となっている雰囲気では，必ずしもそれが可能になっているとは限らない（リフレクティブな実践については第9章参照）．

サービス利用者と必要な関係を築くことは，電話でも対面でも，最初の物理的な出会い（physical encounter）の前から始まっている．ほとんどの熟練ソーシャルワーカーは試行錯誤を通じて「対人スキル」を習得しているが，今日では新人ソーシャルワーカーに対する多くの教科書（Wilson et al., 2008など）があり，それはサービス利用者および／またはその家族への適切な説明文を書くという業務を通じて（熟練へと）「案内（walk）」しようとするものだ．これは，本題に入る前の導入の電話（驚くほどトリッキーな場合もある）や，方向性や実態がまだ全くわからない初回の家庭訪問もありうる．

144　パートⅡ：知識と技能

　ソーシャルワークの過程ではたいてい，サービス利用者やその家族／介護者にどのように見られるかという点で，外見の問題が発生しうる．たとえば，次の項目はすべてを網羅しているわけではないが，すべてが特定のメッセージを相手に投影する手掛かりとなる．服装，髪型，髭，そしてメイクや身に着けた装飾品，靴，バッグ，帽子／スカーフ，ガジェット（小物），選んだ移動手段や歩行補助具はすべて，私たちの背景や性別，民族，階級について，相手に多くのことを語るだろう．これらは，自分自身について投影したい外部化された側面である場合もあれば，自分自身の理解とは異なる形で受け取られる場合もある．たとえば，クレオパトラスタイルの重いアイライナーは，そのメイクをしている人に関する特定のタイプのメッセージを，ある世代や全く別の世代の，より古い人々に伝えるかもしれない．同様に，髪飾りや髪の覆い方（およびその覆いの種類）は，見る人に民族性および／または信仰についての意味を豊かに伝える可能性がある．

演習6.1

　あなたの個人的な表現スタイルについて考えてみよう．それはあなたの何を語っていると思うか？　あなたが投影したいソーシャルワークの人物像にどのように適合していると思うか？

コメント

　私たちは皆，生活の中で様々な「帽子」をかぶり，毎日果たさなければ^{訳注6-2}ならないそれぞれの役割に対応している．私たちの個人的なペルソナと職業上のペルソナは非常に似ている場合もあれば，自分自身と大きく異なる側面を表現するために職業上のそれを選ぶ場合もある．あなた自身のどのような側面をプロとしての実践に反映させたいと考えるだろうか？　また，あなたのスタイルによって，これを相手にどの程度提示できていると考えるだろうか？

第6章 技能　145

　訛りや言葉遣いは，私たちが誰であり，どのように見えるかについて，他者の心に強い印象を与えることもある．私たちはこれらを自覚していれば有利に利用できるが，私たちを知らない人に自分自身をどのように伝えるかを分かっていないままだと，逆のことが起こる可能性がある．例を挙げると，現在では文字「h」をエイチと発音するのが一般的だが，比較的最近までこれは，ロンドンコックニーの恵まれない人々のバックグラウンドを示すものと必ず見なされ，しばしば冗談の的であった．

　エイチの発音が普及したのは，ここ20年ほどのことである．これはおそらく，仕事上で対面より電話での対話が大幅に増加し，数字の8が文字「h」と混同される可能性があったことから生じたもので，文字を誇張して言う発音の増加につながった．正しい発音（pronunciation）と明確な発音（enunciation）の課題は，多くの読者にとっては上流気取りでエリート主義的に聞こえるかもしれないが，多様なサービス利用者集団に働きかける私たちの業務においては，これらの発音で感知される世代や階級の違いを理解しておくことが有効である．

　読者のあなたは，自分自身をどのように表現するか，また発言や行動の内容によって判断されるだろう．それはおそらくあなたが他者に対しても判断するのと同様である．したがって，これらを十分に認識して取り組むことが最善であり，可能な時にもし実行できれば，あなたに有利に働く．このように，意図的であれ偶発的にであれ，私たちが自分自身をどのように映し出すかを常に心に留め，探求することが重要である．私たちが専門的な意図について表現したいことを，場にふさわしく正確に伝えることを確実にするためには，最も忠実で親しい友人ではなくとも信頼している人々にチェックしてもらうことも方法だ．これは特に，新しいサービス利用者や家族との，まだ初めだが重要な出会いにおいて重要となる．

　このような自己開示の方略における難点は，他人の批判的な視線の中で自分自身を無防備にしなければならないことだ．これは当然，心地よい経験とは限らない．したがって，真のレベルの相互信頼（確立できる限り）は，そのような個々の実践にとって重要な要素である．その都度伝えたい適切なイメージのために，車の後ろやオフィスの引き出しにいくつかの衣服の小道具を手元に置いておくことも検討する価値がある．これはソーシャルワーカーの古いトリックであり，

フォーマルなネクタイとスーツは，襟の開いたシャツとカジュアルな／古い
ジャケットの外観にすばやく着替えることができる，というのがその例である．
ハイヒールはすぐに「分別のある靴（sensible shoes）」に履き替えることができ，
タイトな／襟ぐりの大きいトップスは大きく羽織れるスカーフやカーディガン
で柔らかいイメージになる．

　このような提言は，それ自体，議論の余地のある哲学的思考だが，ソーシャ
ルワーカーの核となる本当の自己に対して，「まがいもの（inauthentic）」であろ
うとする必要性を提案している，という非難にさらされる可能性をもつ．これ
は人々が日常生活で果たす様々な役割に日々繰り返し対応しているからであ
る．したがって，顔や舌のピアスや複数のタトゥーなど，他者が誤解する可能
性のある側面を隠すことを制約と感じるか，単なる良識と感じるかは個人的な
問題である．

　一部のソーシャルワーカーは，ソーシャルワーカーがサービス利用者に対し
て試みているのと同様に，サービス利用者も外見や背景に関係なく私たち実践
者を受け入れようとする必要があると感じるだろう．しかし，多くの価値判断
は日々の状況だけでなく，実践者としての仕事において他者をどのように感じ
取っているかという観点からも行われていると断言するのは自明の理である．
実際に私たちは，相手に関する私事を語らせる手がかりの観察眼を発展させて
いくよう訓練されているのだ．ではここで，ボサボサの汚れた服を着て，古い
尿のにおいがするサービス利用者を考えてみよう．そのサービス利用者が高齢
者や体の不自由な人であるか，一人暮らしであるか，親戚／介護者と一緒に住
んでいるか，あるいは不安定な下宿や自分の持ち家に住む独身男性であるかど
うかに応じて，ソーシャルワーカーはその人から様々な手がかりを得ていく．
これらはいくつかの例である．

　したがって，外見や発言，行動の観点から，実践者としての私たちに対して
同様の価値判断が下されていないと思い込むことは，良く言って不誠実であり，
悪く言えば傲慢である．これらの仮定の多くが非常に不正確である可能性があ
るという事実は，その観察を無効にするものではない．悲しいことに，すべて
のサービス利用者とその家族が，玄関先でソーシャルワーカーを見て喜んでい
るわけではなく，すべての人が過去にソーシャルワーカーに関して良い経験を

したわけではないのだ．私たちの仕事が，素早く適応できる正確な方法として，最善の効果を上げられるかは，私たちが自分自身を活用することを学ぶかどうかにかかっているのである．

コミュニケーション技術

ソーシャルワークにおけるコミュニケーションと，サービス利用者やその家族との関係構築におけるコミュニケーションの本質的な役割について，多くのことが書かれてきた．一部の人々は，非常に流動的で社交的で優雅な相互作用スキルを自然に持っているように見えるが，同時に情報を伝え，人々を安心させてもいる．繰り返しになるが，派手で動きが鈍く，または甲高い声で他人に激しく話す人で，緊張や不安，混乱，非協力的な雰囲気を作り出すだけの人がいることは誰もが知っている．これに沿って言えば，大部分が私たちの文化と育成の産物であり，多様な社会における私たちの教育と生活経験によって個人に合うように形成された無数のスタイルが連続体としてある．したがって，率直なアイコンタクトをするか，敬意を表して目を下げるか，握手をするか，誰かの家で靴を履くか脱ぐか，食べ物や飲み物のもてなしを受け入れるか断るか──これらはすべて，当然のこととして私たちが日々交渉する，小さくても重要な決定の一部なのである．

相応して，コミュニケーションはソーシャルワークにおいて非常に重要なトピックであり，コプロフスカ Koprowska (2014) は好ましい形式の挨拶に関連するコミュニケーションの礼儀を考察している．一方，イーガン Egan (1998) はマイクロスキルのコミュニケーションを探求し，ハーギー Hargie (1997) はこのテーマに関する総集編に献身した．ハンナとナッシュ Hanna and Nash (2012: 486) は，パラ言語──トーン，ボリューム，ピッチ，イントネーション──を探求し，ルフェーヴル Lefevre (2015) は英国のソーシャルワーク・カリキュラムで子どもたちとのコミュニケーションが抜け落ちていることに言及している．

言語は，優れた仕事にむけた基盤を作っていく上で熟達され，また変わりやすい．たとえば，地元の言葉や選んだ言葉を反映したコミュニケーションは，

148　パートⅡ：知識と技能

実際に寛大な見返りがあるだろう．ただし，逆のことを行えば，不調和と不信が生じる可能性がある．次の二つのケーススタディは，印象を形成し，サービス利用者との健全な協力関係を確立するための土台を整える上で，言語の使用がいかに強力であるかを示している．言語とそのセマンティクス（意味）との関係は非常に重要であり，専門的な関係を築くことも壊すこともある．目標は，共感と相互理解の「徳の高い」ダイナミクスを形成し，問題と解決をより良く認識することに導くことである．

ケーススタディ

　ルイスはソーシャルワーク実習生で，ロンドン北部にある高齢者の精神障害者（EMI）デイケアユニットに配属されている．彼の実習指導者サリーは，新しいサービス利用者である年配のユダヤ人女性（ブルメンタール夫人）をルイスに担当してほしいと望んでいる．この女性は進行性認知症を患っており，夫はサービスを利用することに非常に消極的であるが，彼が自宅で妻を世話することに困っているのは明らかだった．

　ルイスは電話でブルメンタール氏に連絡し，サリーと一緒に家を訪問する許可を何とか取り付けた．夫婦の家は大きなビクトリア朝のテラスで，荘厳なグランドピアノとクリスタルのシャンデリアのあるエレガントな部屋で構成されるが，今それらはほこりで覆われている．ブルメンタール氏は，妻がものを覚えたり，対処したり，また服を着替えたりすることに問題があることを説明した．彼の声には多くの感情が込められており，妻のことを元はコンサートレベルのピアニストで，ここ数年はピアノを弾くことができなかった人だと説明している．ブルメンタール夫人は非常にエレガントで洗練された女性で，常に美しく着飾っていたと言われているが，現在は伸縮性のあるプルアップパンツを着ている．この考えはブルメンタール氏をひどく悲しませ，ケアを提供する責任と同じくらい深い悲しみに苦しんでいるように見える．

　「私の妻は『メンシュ』です．と私が言うとき，それが何を意味するか知っ

ていますか?」と彼は真剣にルイスに尋ねる．ルイスはアフリカ系カリブ
の福音主義キリスト教のバックグラウンドを持っていたが，幸いなこと
に，「よくわかります．あなたの奥さんがもう元のようにはいられないこ
とを知り，とても残念に思います」と答えた．

　ブルメンタール氏は理解されて非常に安堵したようである．熱意のある
面接の終わりに，ブルメンタール氏は妻がEMIデイケアに通うことを容
認し，同意した．

　サリーは後でオフィスに戻ると，ブルメンタール氏とルイスの間の会話
に全くついていくことができなかったことを告白する．たとえば，彼女は
「メンシュ」の意味を理解していなかった．ルイスは，これはイディッ
シュ語で，育ちの良いユダヤ人を指していると説明する．つまり，紳士的
なマナーで文化的に育った人を示すが，今回は女性を意味する．ルイスは
続けて，20世紀の風刺的なアメリカ小説を読んでイディッシュ語のフレー
ズをいくつか挙げてみたと言い，これらは彼が現在配属されている地域に
少数民族のユダヤ人家族が多く住んでいるため，大いに役立ちそうであ
る．

　次のケーススタディでは，言語と意味の問題について検討するが，これはよ
り有害なダイナミクスであり，文化的規範性の問題が言語と密接に（実に高い頻
度で深く）結びついていることが強調される．ここでの差異の問題は，超多様
性のそれに関連している．これはすでに議論してきた概念だが，複雑な現代社
会で解釈されるように，個人のなかに複数の差異が結びついていることと関連
がある（Vertovec, 2007a; Ashencaen Crabtree et al., 2016）．この場合，障害，民族，
性別，階級，年齢，地域の親しみやすさなど，多くの要因が関係している．

ケーススタディ

　メーヴは北アイルランド出身のソーシャルワーカーであり，ロンドン近

郊の南東部の州で身体障害のある成人のためのチームで働いている．彼女は自分のケースの一つを，最近ロンドンから引越してきた新しいチームメンバーのアメリアに引き継ぐところである．そのケースはサムという利用者で，脳性まひを患い，小さな支援付き生活施設に住んでいる．父であるハリソン氏は彼の最も近しい親族で，ほぼ毎日息子を訪ねている．彼の父親は小柄のケンカ好きな男に見えたが，ロンドンのイーストエンド出身で，地に足の着いた，陽気で独特の癖のある人だった．彼は息子との間に愛情深く遊び心のある関係を築いているように見えるが，メーヴはアメリアに対して，ハリソン氏の態度に疑念を表明している．というのも，彼が身体的に粗暴で不適切だという介護職員の発言を聞き，懸念していたからだ．

　メーヴが初めてアメリアをサムとハリソン氏に紹介する会議が開催された．アメリアは会議に続いて，ハリソン氏とサムの介護職員との面接に同席し，ハリソン氏とサムとのやり取りについて話し合った．それにはげんこつで殴ったり平手打ちしたりしたことも含まれていた．メーヴは，これは「虐待」と解釈される可能性があると率直に述べた．ハリソン氏はこの発言に完全に当惑し，ショックを受けているようで，息子をとても愛しているので虐待することは絶対にないと憤慨している．会議の雰囲気は非常に緊張し，ハリソン氏の前でメーヴがこのケースを正式にアメリアに引き継ぐことで会議は終了し，現在は暗く静かで，陰気になっている．

　新しい仕事上の関係性でこれは非常に悪いスタートだと気づいたアメリアは，ハリソン氏とのコミュニケーションを改善する方法を考える．彼女は，彼の世代と労働者階級の背景の多くの男性にとって，息子への愛情はハグやキスではなく，パンチやフェイントのふり遊びで表される身体性を通じて表現されることを理解していた．ハリソン氏は明らかに息子に献身的であるように見えるが，サムの障害と期待される反応ができないことによって，父親の愛の表現には多少の修正が必要となると思われた．しかし，親の愛と関心が十分に存在することを，専門職としてオープンに認める必要もあるのだ．

　次のミーティングでアメリアは，介護職員に席を外してもらい，ハリソ

ン氏と個人で話すことにした．彼女は，サムがあなたにどれほど愛されているかが分かると伝え，しかし続けて，優しい口調で次のように説明した．サムという少年はどれほど体が虚弱であるか，おそらく普通の少年がするような「騒々しい遊び（larking about）」を父親が軽い気持ちで行っても，十分に楽しめる丈夫さはないだろう，と．

ハリソン氏は，虐待という個人的な非難から問題を別の場所に移すこの説明にすぐに喜びを感じ，「今，あなたは私の言葉を話している！」と声高に叫んだ．

この時点からアメリアは，おおいに安心してより幸せそうなハリソン氏に対し，サムのできることに合わせた関わり方に向けて穏やかに支援を進めることができるようになる．それは，ハリソン氏の文化的，世代的，階級的情報に基づいたジェンダー規範の考え方と，彼と息子との自然で適切な愛情を構成するものとを両立しながらであった．

敵意と攻撃性

実際に攻撃性に遭遇すると，必ず狼狽し，非常に恐ろしいことだろう．幸いにも，それが受け身な攻撃性のレベルであろうと，公然と好戦的および／または暴力的であろうと，争いを楽しむ人はほとんどいない．このような攻撃性の経験はトラウマを生み，その職業から能力ある実践者をいつの間にか失うことに繋がりうる．受ける攻撃の種類は多岐にわたり，「あなたがどこに住んでいるか知っている」または「あなたが運転している車を知っている」という暗示の脅迫から，電話での長い罵倒といった言葉による攻撃，ソーシャルワーカーの訪問時に脅したり実際に犬を出しておいたり，個人から身体的暴行を受けたりすることもある．まれに，ソーシャルワーカーが職務中に殺害されることさえある．しかし，幸いなことに，ほとんどの攻撃性は低い程度にあるものの，それでも最終的に職業を辞めるか，留まるが個人的な鎧を硬い甲羅へと強化するか，いずれにしても，実践者の感情的なウェルビーイングが損なわれるリスクがあるのだ．

152　パートⅡ：知識と技能

　ソーシャルワークで遭遇する攻撃についての包括的な議論は，この本の範疇を超えている．しかしコプロフスカ Koprowska（2014）は，暴力と攻撃に関するいくつかの有用なポイントを提供した．それは差し迫った暴力の引き金となる警告や，すべきこととすべきでないことのリスト，そして暴力の可能性を段階的に縮小することに気づくことで，攻撃が何によって起こるのかを認識するといった点である（極端な場合にはそれは自明のように思えるかもしれない）．

　職場環境でのいじめや嫌がらせは，別の形態の個人的暴力となる．悲しいことに，ソーシャルワークの文脈においても，企業部門と同様に，人を搾取し犠牲にする行為のダイナミクスを再生産している．ソーシャルワークにおける傲慢さで占拠された精神的優位は，他の人々や異なる見方を切り捨てる温床になり得ると言えるかもしれない．男性性を本質的に蔑視することを通して，男性のソーシャルワーカーやサービス利用者を搾取し犠牲にすることが現れ始めているのが，この課題なのである（Ashencaen Crabtree and Parker, 2014; Parker and Ashencaen Crabtree, 2014a）．

　疑うことを知らない女性のソーシャルワーカーやそのアシスタントが，明らかに危険な可能性のある個人を訪ねたり，車に乗せたり，対応したりすることを期待する時代は，もはや終了することが望まれる．著者の一人は，若い実習生であったときに，年配のソーシャルワーカーから，見知らぬ男性を家に連れて帰るように言われたことを思い出す．この人物は，次のジャイロ（失業手当）^{訳注6-5}までの期間を乗り切るための少額の現金を求めて，地元の社会福祉事務所へ勝手に入ったようだ．彼の態度と理性のレベルは疑わしいようだった．いくらか不安はあったが，彼女は責任感から彼を仮住まいの下宿に連れて行った．彼女は一緒に部屋に入ろうという彼の誘いを断り，少し安堵して走り去った．その後すぐ，どうやら彼が家に入ってから数分以内に，この人物が騒々しく下宿を破壊し乱闘を始め，その結果，警察に逮捕されたと彼女は聞いた．

　今日では，スタッフの安全を守るために作成された健康と安全のプロトコルが数多くある．それにもかかわらず，たいていの場合，現場に順応した直観が最善かつ最初の警告であり，上記の著者の意見として，この直観を常に意識しておくべきである．ただし，私たちの最善の意図と入念な準備にもかかわらず，サービス利用者（および／またはその家族）が，私たちが見られたいと思う方法で

第6章 技能　153

私たちを見たくないと腹を決めているように見える場合もあるし，一方で，私たちがプロとして提供できる支援を積極的に受け入れようとしているように見える場合もある．過去の社会サービスやその他の権威ある機関との関わりが否定的な経験であれば，将来のソーシャルワーカーがまったく予期せずとばっちりを受ける可能性があることを追記しておくことも必要だろう．すべてのケースにおいて，実際に面会する次のステップに進む前に，入手できる過去のケース記録をすべて読み通し，その人の環境を正確にイメージするための徹底的な努力をする人は，賢明なソーシャルワーカーである．

　しかしながら，どんなに注意を払っても，ソーシャルワーカーが常に正しい言動を取れるとは限らない．サービス利用者とその家族にとって，過去の世代の集団記憶の中にあるものを含み，侮辱され傷ついた経験が有害に働く場合がある．これらが双方の立場で前向きに対処されていないと，サービス利用者とソーシャルワーカーの両方にとって非常に痛々しい出会いになる可能性がある．

ケーススタディ

　ジョーは白人の中流階級の女性ソーシャルワーカーである．担当するのは，複雑なニーズを持つアフリカ-カリブ系の18歳の若い女性デザリーで，母親のアベル夫人，弟と一緒に暮らしており，彼女のレスパイトケアの要請に関する紹介状が届いた．デザリーの二人の姉は結婚して近くに住んでおり，家族は親密な関係にあるようだ．どうやらデザリーの家族全員が，西インド諸島で6カ月の休暇を取り，この期間中，地元の施設で彼女の世話をしてもらいたいと考えているようだった．

　デザリーは楽しくて朗らかな若い女性で，ジョーは彼女とアベル夫人との初めての面談がうまく行ったように思えた．ジョーがデザリーに合ったケア施設を探し，家族が検討できるようにすることに皆で合意した．これはアベル夫人への手紙で確認されるのだが，この時点から事態は急速に悪化する．デザリーの姉たちは，ジョーのオフィスで彼女に会いたいと依頼

し，アベル夫人の指示で，デザリーのニーズについて詳しく話し合いたいと言うのだった．

　面接室に入った途端，姉たちは突然ジョーをひどく叱りつけ，ジョーからアベル夫人への手紙に書かれたあらゆる種類の失言を指摘し，社会サービスやジョーのような人々の制度的人種差別から妹を保護する必要があるとほのめかした．その雰囲気はジョーにとって非常に敵対的であり，予期していなかった完全に不合理な攻撃と思われるものや，彼らの好戦的なトーンが増していくことで，ますます脅かされていると感じている．姉たちと問題について話し合うことができないため，結果的に彼女は面談を終了し，部屋を出た．

　適切なレスパイトケアを探し続ける一方で，アベル夫人は社会福祉サービスとのコミュニケーションを姉たちに委任しており，ジョーには姉たちとのやり取りを続けるしか選択肢がほとんどなかった．これにより，さらに攻撃的な電話が続き，進展がほぼないような会議が行われ，ジョーがケア施設を見つけようと探求した方法に対して正式な苦情が寄せられる．これは社会サービスによって正式に調査され，根拠のないものとして却下される．しかし，この段階までに，ジョーは姉たちとの出会いによって非常にストレスを感じており，彼女らは常に攻撃的であるように思えた．そのため，姉たちとの面談ではもう一人追加して安心感を得るため，アジア系のシニア・ソーシャルワーカーの同席を要求した．

　デザリーに合ったレスパイトケア施設が見つかり，しぶしぶではあるが受け入れられた．それでも，専門職としてその家族に働きかける際の緊張関係は，デザリー本人にも伝わっていた．というのも，彼女は内向的であり，モニタリング訪問でもジョーと話したがらなかったからである．だが，それにもかかわらず，デザリーはその施設で十分にケアされ，満足していた．しかし家族が休暇から戻ると，家族とレスパイトケアマネジャーとの間で口論が起き，デザリーに対する今後のケアを提供しないと拒否する結果になったと，ジョーは聞いた．

第 6 章 技 能　155

> ### 演習 6.2
>
> *ジョーの立場だったら，あなたはどのように感じ，反応したと考えるか？ 状況を改善するために彼女ができたことは何かあるだろうか？*
>
> ### コメント
>
> *姉たちによる想定外な敵対的態度と言葉の攻撃によって，ジョーは最初から二の足を踏むことを余儀なくされたようだった．その結果，彼女は通常の機能的な仕事上の関係に戻すことができなかったと考えられ，後に起こったレスパイトマネジャーとの問題は，彼らが前向きな関与が非常に難しい家族であることを裏付けているように思われる．一方，サービス利用者として中心的な人物であるデザリーについてはどうだろうか．家族による保護は彼女の人生にどのように影響するだろうか？*

対話と非言語コミュニケーション

スピーチ

この本でなされる暗黙の前提として，ソーシャルワーカーとサービス利用者との出会いは対話を創造していくことであり，それは良好な協働関係を形成するために決定的な要素となる (Trevithick, 2014)．対話は，ともに解決策を議論し，意味を構築する中で共有されていく関わりであろう．したがって，権力の不均衡，覇権的または支配的な言説，仮定，および検討課題を隠すことは，建設的な対話を発展させることに成功する方法ではないと思われる．したがって，「対話」は会話そのものと混同されるべきではないが，むしろ相手の現実との関わり方やその立場を明らかにするための理論的考察を参照する（これは民族学的アプローチとも関連があり，同時に共感にもつながる）．

それにともなって，ナットランド Natland (2015) は，対話が当事者間の新しいレベルの理解につながり，新しい行動を可能にするものとして探求している．迫害されたソビエトの哲学者兼文芸評論家ミハイル・バフチン Mikhail

Bakhtin の言葉を用いるなら，対話的な応答がないことほど恐ろしいものはないことを，私たちは学ぶのである．それは，人間として存在することの本質，そして，より人間的になる立場の本質に触れるものだからである．

　私たちが個人的な経験から分かっていることとして，（ソーシャルワーカーのジョーの場合のように）私たちの言葉がどんなに繰り返されても耳を傾けてもらえないことは，非常に苛立たしいことであるし，究極には完全に士気を失う．このような状況は当然，サービスの利用者とその家族があらゆる専門職との出会いでよく経験するものだろう．それにもかかわらず，傾聴され理解されることを通して，和解できる希望は残されている．この点で，スタン・ヒューストン Stan Houston（2009）は，ドイツの社会学者で哲学者のユルゲン・ハーバーマス Jürgen Habermas が展開した討議倫理学（discourse ethics）の概念を提示している．これにより，以下のような対話のための特定の「関与のルール」が作成され，片側のみの言説で対話の進行が支配できないよう保証している．

> 1. 話す能力と行動する能力を持つすべての人は，討議に参加することが許される．
> 2. いかなる主張に対しても，誰もが疑問を呈することが許されている．
> 3. 誰もが自分の態度，欲求，ニーズを表現することが許されている．
> 4. 発言者は，1. および 2. に定められた権利の行使を，内的または外的な強制によって，妨げられてはならない．

(Houston, 2009：1277)

　たとえばケース会議やその他のフォーマルな状況において，当事者の声よりもエビデンスや専門家の発言が優先される場合，ヒューストン（2009）は，ハーバーマスなら上記の討議規則が侵されていると主張するだろう，と述べている．

ボディランゲージ

　ボディランゲージは言葉以上に多くのことを伝える．たとえば，上半身ではじっと穏やかに腕を組んで，繊細な注意を払ってペンを握っている一方で，机の下では足を不規則に踏み鳴らして苦痛や不快感のメッセージを発している人は，落ち着いた専門家ではないことをすぐ見抜かれるだろう．同様に，会議中

に誰かが椅子に深く寄りかかったり，他の人が身を乗り出したりしているのを観察すると，内面の姿勢が明らかに分かるものである．

ボディランゲージは，多くのソーシャルワークのテキストで考察されている．おそらく，優れたボディランゲージに関する最もよく知られた覚えやすいものの一つは，イーガン Egan（1998: 64）のニーモニック SOLER である．

S：クライエントに正面から向き合う（squarely）
O：オープンな姿勢を採り入れる（open）
L：相手に対して前のめりの姿勢をとる（leaning）
E：良好な視線を保つ（文化によっては異なることに注意）（eye contact）
R：リラックスする（relaxed）

ソーシャルワーカーが自身のボディランゲージと口頭でのメッセージが一致しているかどうかを確認するために使用できる機器は多数ある．ここでは，模擬面接のビデオ録画などの学習ツールが学生にとって役立つ．相手の体の姿勢を反射することは，ソーシャルワーカーが共感を生み出すのに良い効果をもたらすとして用いられてきた．これが身体を使ったパロディに陥らない限り，ではあるが．

繰り返しになるが，ほとんどの人はボディランゲージの意味を直感的に「読み取る」ことに慣れており，通常，お互いに頭を近づける鏡合わせのようなボディランゲージによって，誰が「親友」であるかを判断できる．そのような信頼できる関係性は，フランス語のフレーズ tête-à-tête（内密な，差し向かいの）で鮮やかに思い描かれる．　同様に，ボディランゲージを観察するだけで，冷酷な反感，恥ずかしさ，激しい怒りや好戦，愛（子としての，親としての，プラトニックな），愛（恋愛とエロティック），そして思いやり，心配，侮辱，ナルシシズム，虚栄心，その他の多くの複雑な感情も，たいていはすぐに認識することができる．ためになる楽しい演習なので，時間をかけて自分自身のことを書き留めてみよう．抵抗がなければ，その記録に気さくなフィードバックを求めてみよう．この自己洞察を意図的に実践して，他者とより良いラポールを築き，誤解の可能性を減らしていこう．

タッチ（触れること）

最後に，タッチ（触れること）の活用について説明する．見習いのソーシャルワーカーに対しては，身体的接触は得策でない場合も可能性としてあるため避けるべきだという一般的な注意が向けられてきた．身体的接触は全く意図していない方向で受け取られる可能性があり，議論はあるが，回避するのが最善である．もちろん，これはまったく真実だろう．しかし，触れることは，人々や動物のようなものに対して最も初めに行う最も強力なコミュニケーション手段であり，安心感，保護，心配，恐怖，喜びを伝えるものである．相手に触れるのは慎重に避けるべきか，それともその問題は個人の判断に委ねるべきか？これは確定的な方法で答えるのが難しい質問である．なぜなら，それを行うことが最善か最悪か，あまりに多くの状況があるからだ．

周知のことだが，一部の人々は，コミュニケーションの一つのレパートリーとして自然と相手に触れたがる．それはたいてい簡単に見分けることができる．他の人々は，身体的には控えめで，接触に対して嫌悪感を抱いており，彼らもまた注目すべきで——見抜かれるというよりもむしろよく感づかれる．優れた会話をしながら自然に手を伸ばして知人に触れることが非常に嬉しい人もいるが，医師，美容師，歯科医，マッサージ師など，触れることを義務とする専門的な仕事をしている人々から触れられることを嫌う人もいる．というのも，これらは人間的な温かさにつながるのではなく，たいていは触れることの意味が仕事の対象へと還元されてしまうからだ．

身体的な接触を控えることが，まるで冷酷で非人道的であると見なされる場合もある．特にロマンチックで性的な出会いではなくとも，触れるのが自然な状況下にある場合はなおさらだ．この点で，男性のソーシャルワーカーは最悪のジレンマをしばしば経験する．なぜなら，彼らのタッチが純粋な意図であったとしても誤解されるのではないかと恐れているからである（Parker and Ashencaen Crabtree, 2014a）．

したがって，触れるか触れないかという難問はまだ残っているだろうか？これをどのように私たちは切り抜けるか？　私たち著者の一人は，自然と自分から触れる傾向にあり，これを多くの場合，言語コミュニケーションの延長として使用している．たとえば，学習障害のあるサービス利用者にお返しの大き

な温かいハグをするのは，ソーシャルワーカーとしての多くの努力が，彼を人生の良いステージに至らせ，そのケースを無事に終結することができた後である．終末期のサービス利用者がホスピスケアで特に苦しい時期に，その手を握ってさすった．英語がほとんど話せない若い難民に働きかけているとき，優しくその腕に触れて安心感を与えた．彼女は障害のある弟を母の代わりに育てていた．

　もう一人の著者は，手を伸ばして触れる傾向はあまりないが，相手に支持を伝えるために，言葉で巧みに語る明快さを好む．どちらの方法も間違っておらず，どちらも正しい．つまり，ここでは個人の判断が最も重要となる．ここでいう「判断」という言葉は後ろ向き推理に当てはまり，最初の直観的で即座の応答として用いている．これは言葉を必要とせずに，(時々誤ることもあるが) 各々の出会いや状況において正しい道を進んでいると感じることができる応答なのである．

本章のまとめ

　コミュニケーションと対人スキルの活用は，ソーシャルワークの実践において重要であり，個人はしばしば彼または彼女の最も有用なリソースまたはツールであると言われている．この章では，ソーシャルワークが実践される文脈の重要性と，アセスメント，記録の技術，コミュニケーション (言語と非言語の両方) を含む，どのような重要なスキルが必要かを検討した．あなたが活用し成長させたいスキルに関するふりかえり (reflectivity) の重要性は中核にあり，これらを特定するのに役立つことは，この章に十分書かれている．第7章では，実践知の開発が，専門的な文脈の中で自己の活用 (use of self) をさらに発展させるのに役立つ方法であることと，ソーシャルワークのスキルがレジリエンスの育成にどのように役立つかについて説明する．

さらなる読書

Egan, G. (2014) *The Skilled Helper: A Problem-Management and Opportunity-Development Approach to Helping*, 10th ed. Belmont, CA: Brooks/Cole.

160　パートⅡ：知識と技能

この古典的な著作は対人スキルに関するもので，援助業務における問題解決と協調的アプローチを発展させてきたが，ソーシャルワークよりもビジネスと組織開発の分野に由来している．長年読み継がれ，技術テキストの語彙集として重要な役割を果たしている．

Hennessey, R. (2011) *Relationship Skills in Social Work*. London: SAGE.
　この本はソーシャルワークの人間関係の側面に焦点をあてているため関心が高まっており，今日私たちが遭遇する実践へのより手段的で非個人的なアプローチに対抗するものであるため，重要である．

Koprowska, J. (2014) *Communication and Interpersonal Skills in Social Work, 4th ed.* London: SAGE.
　この本は様々な対人スキルとグループワークスキルに関する包括的で手に取りやすい入門書である．これらのスキルは，同僚や他の専門職，そして一般の人々との協働環境において役立つ．

訳注

訳注6-1　シニシズムとは，社会の風潮や規範など，あらゆる物事を冷笑的にながめる見方や態度のこと．職場の冷笑主義（シニシズム）は，燃え尽き症候群（バーンアウト）の一側面とされ，原因は個人ではなく職場環境にあり，組織全体の生産性や文化にかかわる課題と言われる．

訳注6-2　ペルソナ：心理学者ユングが提唱した概念．周りの状況に適応するために見せる「顔」や「ふるまい」のこと．ユングによれば，人間の心は単一のアイデンティティや役割だけでなく，複数のアイデンティティや役割を持ち，それらが時と場所に応じて表出するとされる．

訳注6-3　コックニーアクセントは，東ロンドンの労働者階級の訛りのこと．以前は汚い言葉と言われていたが，現在では広く使われ，本当のロンドナーの言葉ともいわれるほどになっている．

訳注6-4　イディッシュ語：ドイツ語にスラブ語・ヘブライ語を交え，ヘブライ文字で書く．ロシア・東欧・英国・米国などのユダヤ人が用いる．

訳注6-5　ジャイロ（giro）：失業者に対して英国政府によって与えられる小切手

第7章　専門的知識と技能

ソーシャルワーク学位の達成

　本章では，専門職能力枠組み（Professional Capabilities Framework）にそって適正な水準に向けて，次のような能力を発展させていくことを手助けする．

プロフェッショナリズム（**専門職性**）

　プレゼンテーション，態度，信頼性，誠実さ，敬意の点で専門職性を示す．

批判的省察と分析

　想像力，創造性，好奇心を実践に生かす．

　適用される法律，プロトコル，およびガイドラインに従って，正確でわかりやすく，簡潔でタイムリーな記録と報告を継続的に行う．これらが専門職としての判断と組織の責任をサポートする．

　適切かつ敬意ある情報共有の技術を示す．

文脈と組織

　様々な組織におけるソーシャルワーカーの役割と責任，説明責任の業務，および専門的な自律性と裁量の境界を理解する．

　また本章は，SBS（ソーシャルワーク科目指標書）にある次のアカデミックな基準についても紹介する．
5.7　　科目固有のスキル
5.10　問題解決スキル
5.15　コミュニケーションスキル
5.16　他者と協働するスキル
5.17　個人的および専門職としての成長におけるスキル
5.18　テクノロジーの活用および数量的スキル

　パートⅡの最終章では，第5章と第6章で説明した知識と技能をまとめ，ソーシャルワーカーの育成について考察する．ソーシャルワーカーは実践を通じて

162　パートⅡ：知識と技能

成長し，人々や集団，状況，出来事に応答する直観的に「感じられた (felt)」方法，つまり実践知を構築する．私たちはこのことを検討し，ソーシャルワーカーが実践を共にするクライエント，サービス利用者，または経験のある熟練者から学ぶという文脈の中で設定する．この章の最後の部分では，ソーシャルワーカーとしてのヴァルネラビリティ（脆弱性），レジリエンス（回復力），および自分自身のケアに焦点をあて，感情的に消耗させる複雑でトラウマ的な出来事や他人の話に対処するスキルと感情的な忍耐力を養っていく．ただし，これらの核心的な問題を検討する前に，現代の実践においてプロフェッショナリズムが何を意味するのか，またそれによってこの章では何を伝えるのかを詳細に検討する必要がある．というのも，それは議論と含みのある概念を表しているからである．

専門職としてのソーシャルワーク実践とは何か？

　直観的な実践知や専門的知識の概念について議論するとき，複雑に論争されてきた（ソーシャルワークの）職業，専門家，専門的実践に関する見解をできる限り明確にすることが重要だ．これらの問題のいくつかは他の文献で検討したが (Parker and Doel, 2013a)，職業，専門家，および専門家で「ある」ことが多様で変化してきた意味を精査し，これらの議論から生じるジレンマのいくつかについて検討する必要がある．

　私たちは以前の著作の中で，「すべての知的職業は素人に対する陰謀である」という，劇作家ジョージ・バーナード・ショー George Bernard Shaw の『医者のジレンマ』(*The Doctor's Dilemma*) からよく引用される名言をとり上げた (Parker and Doel, 2013b)．コミカルでありながら，どこか辛辣な方法で真実を明らかにしている．このフレーズはソーシャルワークに共鳴しており，その意味を検討する必要がある．実際，一部の人々にとってソーシャルワークは，彼らの活動に関与して援助したり支持したり，励ましたりするというよりも，人々を規制，管理，取り締まる手段を意味しているかもしれない．この見解は，ソーシャルワークとソーシャルワーカーが人々を疎外し，不利益を生み出していることに責任があると示唆しているだろう．悲劇が生じたときによく起こる騒ぎ

を考えてみよう．そのような例は，第5章の前半で説明した，ベイビーＰの死に関する調査への反応で明らかだ（Jones, 2014; McNicoll, 2016; Shoesmith, 2016）．マスコミは，幼児の悲劇的な死の責任はソーシャルワーカーにあり，ソーシャルワーカーは自分自身を守ろうとして共謀しているという一般の認識を食い物にし，悪化させた．（ソーシャルワーカーという）「専門職」に対して，その構成メンバーを守るよう設計された閉鎖的で秘密主義的な組織体だという見方が浸透している．もちろん，それは支援専門職という点で私たちが支持したい見解ではない．

　しかし，上述したように，職業，専門家，専門性という用語が何を意味するのか，または何を伝えると理解されるのかを知ることは，大いに議論されている．ソーシャルワーク「専門家」の役割について議論する場合，社会で何らかの形で疎外され，不利な立場に置かれている人々と実践するソーシャルワーカーの影響を探る前に，いくつかの定義を解きほぐすことに時間を費やす必要がある．

　職業と専門家の定義には幅があり，ある程度，現行の PCF 専門職能力枠（British Association of Social Workers, 2015）と絡み合わなければならない．PCF は，そのタイトルだけで，用語の意味を理解しようとすることの重要性を示している．もちろん PCF は，学生から教育者を含む最上級の地位まで，英国のソーシャルワークのキャリアを支え，キャリアの各段階で必要な知識と技能を明確にしようとしている．この学習法における二つの特定の領域は，専門的実践または実際のプロフェッショナリズムの概念に明示的に関連している．領域1のプロフェッショナリズムと，領域9の専門的リーダーシップである．これらの二つの領域を考察することは，私たちが上記の用語を理解し，ソーシャルワークの専門的役割を探究することに役立つ．

　PCF は「プロフェッショナル」ケイパビリティ・フレームワークという名称からわかるように，専門的なソーシャルワークには，価値と倫理，多様性，権利と正義，特殊な知識，批判的に振り返る能力，介入してスキルを使用する能力，ソーシャルワークの組織的背景を理解できる能力への評価も含む必要があることが示されている．これらは他の領域にも関連している．しかし，「専門性（プロフェッショナリズム）」の領域を具体的に見ると，ソーシャルワークは

164 パートⅡ：知識と技能

国際的であることが認められているが，ソーシャルワーカーの行動に対する責任に焦点をあてており，それは発展と学習を継続し，適切なサポートを求めることである．重要なのは，この章の後半で取り上げる，ソーシャルワークの名声を守り，規制するものに説明責任を負うという，専門職として特定される性質や特徴のいくつかと一致していることである．領域9の専門的リーダーシップに焦点をあてることは，ソーシャルワークの自己（再）創造，そのオートポイエーシス^{訳注7-1}を示しており，これは個々人が責任をもって研究し実践を発展させていくことを通じて行われる．これによって私たちはそのアイデア（つまり「専門性」）が意味するものを得始めるが，特定の性質またはコンピテンシーを並べるレベルに留まっているようである．また，専門職に期待される主要な特性を表現するために，この用語の用いられ方が変化していることも表している．

　もう少し抽象的に見てみると，*専門職としてのソーシャルワークの役割*によって，「専門的」ソーシャルワークが実体として存在することが示され，同様に，それが「非専門的」ソーシャルワークとは明確に区別されなければならないことを意味する．さらにこれは，ソーシャルワークそれ自体として何がともなわなければならないかに関して，明確で議論の余地のない理解が存在することを表している．第1章で見たように，ソーシャルワークの西洋モデルや英国内をはじめとする個々の国に限って見ても，悩ましく複雑な定義，実践，そして理解があることを知る（Hutchings and Taylor, 2007）．ソーシャルワークの前に「専門的」を付けるとき，その複雑さとあいまいさを拡張して，社会学的議論の果てしない泥沼に入ってしまうが，適切で必要なのは，ソーシャルワークの概念とその多面的な活用を明らかにしようと努めることである．

　重要なのは，これらの用語と定義およびその発展の歴史に批判的なアプローチを採用することであり，これによって私たちは，現代社会におけるソーシャルワークの専門的役割が何を意味するかを探求することができる．ソーシャルワークは多様な方法ではあるが世界中で実践されているため，国際的な視点を取ることも重要となる．ソーシャルワークの議論がローカルになりすぎて，より広い文脈から切り離されないようにするためである．もしそれがローカライズされたままであるなら，ソーシャルワークの支援と機関がその状況で何を期待されているかを理解するだけで十分となり，おそらくソーシャルワークは単

に個人や家族の行動を取り締まることを目的とした手段的な仕事として理解されることを見出すだろう．もしそうであれば，「専門職（profession）」と「専門的な（professional）」という用語は，非常に異なる意味を持つことになる．実際，実践のために PCF を作成した意味が，運用マニュアルとして単純に理解されており，ソーシャルワーカーがキャリアの様々な段階で何をすべきか，何を知っておくべきかのリストだと思われている．したがって，論争の的となっている意味と展開のいくつかを探究する必要がある．それゆえ，職業とプロフェッショナリズムの歴史と社会学の一部を端的に確かめ，それらの特定の技術的使用から確立された意味の形を変えるものまでを検討してみよう．

　私たちはソーシャルワーカーという職業内で一致団結し，メンバーを守ることと同様に，「専門家」としてのアプローチを表すオープンで優れた実践についても大いに耳にしてきた．たとえば，ミッドスタッフォード州 NHS 財団トラストに対するフランシスの調査（Francis, 2013）は，不適切な実践と認められたものを報告するという，規則の変更を求める声につながった（Lamb, 2013）．私たち自身のソーシャルワーカーとしてのキャリアを一つ挙げると（パーカーの場合），一人の子どもが行方不明になった後，ある同僚は責任から身を守るために自身のソーシャルワークメモを「編集」したという事態があった．これは管理者に発見され調査されたが，専門職としての名誉を傷つけないために「静かに対処」された——つまり「隠ぺい／白塗り（whitewash）」されたのである．別の見方をすれば，特に1980年代以降，官僚主義と管理主義が容赦なく台頭してきており，それはソーシャルワーク実践の説明責任を確保しつつそれらの実践を管理する手段となって，これ自体が悪い結果を引き起こしているという懸念がある（Catchpole, 2013）．このかなり非道徳的な例の集まりは，私たちが「プロフェッショナリズム」によって意図することを表しているだろうか？　おそらく，プロフェッショナリズムのこの一般的な解釈が人々の疑念を引き起こし，またプロフェッショナリズムが人間排除の傾向をもつという見解を呼び起こすのである．困難な状況での関係の構築と維持よりも，人間味のない目的や目標を完了することに関心があるといったように．しかし，そのような解釈は，管理主義と専門職実践との混乱を反映していると主張することができる．前者は，個人に特定されないスタンダードや目標に関心があり，後者はソーシャルワー

カーが説明責任を負う人々への最善の支援と結果に焦点をあてている．これらの問いは別の問いへとつながり，イントロダクションの章で検討したソーシャルワークの問いに一時的に戻る必要がある．

ソーシャルワークにおける職業とプロフェッショナリズムの簡単な歴史

　ソーシャルワークは，たとえそれがローカライズされた活動と見なされたとしても，グローバル化された世界で実践されている（British Association of Social Workers, 2015）．これは，移民を流出する国であろうが，先住民のニーズとは根本的に異なる移民を受け入れる国であろうが，いずれにしてもますますその傾向にある．ただし，「専門家」の台頭は，歴史に適応する文脈の中で位置づけられる．ロストウ Rostow（1960）の伝統的な企業社会から技術による大量消費社会への社会的近代化のモデル，および，これらの社会政治的変化が従属的で，しばしばかつての植民地国家で社会的対立を維持する可能性があることを示唆するプフェファーとサランチク Pfeffer and Salancik（1978）の依存理論批判を用いると，現代のソーシャルワーカーは外部からの見知らぬ人々が増加する状況に立っているのかもしれない．彼らは，時間の経過とともにこれらの発展によって影響を受ける社会的および個人的な苦しみに慰めを与えると同時に，その進化する社会構造の不可欠な一部としての役割において「専門家」として行動する．

　私たちの過去の研究では，プロフェッショナルについて考えるとき，私たちはサッカー選手を思い浮かべるかもしれないと提案した．彼は（たいていは男性）有給の仕事としてサッカーをプレーしていれば「プロ」であり，それは無償で行っているのではなく，何らかの行いに支払いがなされていることを純粋に示している（Parker and Doel, 2013b）．私たちはまた，サッカー選手が審判に下された決定に対して悪態をついた場合，その選手は「プロ意識に欠ける」行動をしていると見なされる可能性があると述べた．しかし，これはサッカー選手がもはやプロではないという意味ではない．それが意味することは，専門家がその実践に対して賃金または報酬を支払われること，およびその専門的活動に従

事するときは特定の規定された規則に従わなければならないことである．さらに例を挙げれば，「プロフェッショナル・ファウル」のようなものを考え始めると，より複雑になる．これはゲームの一部として，望ましい結果を達成するために反則したり，ルールを破ったりすることが助長されている場合である．「プロフェッショナル・ファウル」の概念は，企業生命が汚職と関連している可能性があるという見解とおそらく一致している（Brown, 2013）．これは，先述したように，専門家が困難な状況を「ごまかす／隠ぺいする（whitewashing）」ことによってメンバーを公的な調査から守ろうとしているという認識につながるものだ．

　この用語の一般的な用法を検討したので，再び専門職の社会学に目を向けよう．ソーシャルワークの専門性とプロフェッショナリズムが構築され運用されていく方法をより深く見るために．これもまた，非常に研究が競合している分野である．

　職業の社会学には興味深い歴史があり，1970年代に批判的アプローチが勢いを増した．これは，職業を取り締まるために制度化された手段を代表する専門職へのジョンソン Johnson（1972）の痛烈な批判に続くものであった．この構造は，専門職という概念の内部にある，権力と支配の概念的不変性を示している．しかしこの批判は，主にウェーバーとマルクスの見解に由来する，機能主義と特性論アプローチが支配していた20世紀初頭に端を発していた．

　専門職に対する機能主義的アプローチは，専門職が主張する独自性を強調し，専門職を社会内の合理化と実用的な傾向に位置付けた．これは，エリート専門職を通じて社会の伝統と秩序を維持し安定させるのに有効な専門職倫理に焦点をあてたデュルケーム Durkheim を無批判に受け入れたことに由来する．しかし，すべての機能主義者が，社会的安定の調停者および保護者という耳障りの良い専門職概念を受け入れたわけではない．これにより，官僚的な順機能と成長への逆機能に関する批判を許してしまった．たとえば，専門職は人命救助の医療処置ガイドに沿った適用など，厳格なルールに従い，人間の利益に貢献していると見なされうる．あるいは，稼ぎ続けるために職域内で違法な行いを隠すなど，専門職は堕落した実践を守っているとも見なされうるのである．

　他の社会学者は，社会における職業の機能だけに焦点をあてるのではなく，

職業を区別する中心的な特徴，要素，および属性を識別しようとする特性に基づくアプローチを開発した．しかし，ジョンソン（1972）は，特性ベースのモデルをオートポイエティック（自己創造）であると考え，その専門家ら自身によって提供された定義を使用することで，職業上の力を強めていったとした．

　職業が専門職になるために辿ったプロセスを調査した相互作用主義の社会学者によって，機能主義者と特性に基づくアプローチは，その後さらに拡張された．これは，ソーシャルワークの旅路において重要だった．マクドナルド Macdonald（1995）によれば，これらの行動焦点モデルは，専門家とは何かを問うのではなく，個人がどのように行動し，そこに到達し，特権を引き受け保持するために何をしたか（というプロセス）を問うものであり，専門職の行動が社会的現実を構築することも認識していると指摘している．したがって，社会学的な用語で考えることができれば，ソーシャルワークのような専門職は，その実践，他者との相互作用，政策の展開などを通じて発展し，自らを創造するのである．

　アプローチとしては新ウェーバー派のウィッツ Witz（1992）は，社会における権力を持ち続けるために専門職が採る戦略は，社会的閉鎖と「職業帝国主義」の戦略を表していることを認識していた（Larkin, 1983）．一般大衆の心理も重要な発想であり，信頼が限界を迎え，ベイビー P の死後に下された社会サービスに対する公的な有罪判決のような事態を説明する際に役立つ．しかし，彼女がその議論に追加したことは，ソーシャルワークとプロフェッショナリズムに関する現在の考察に特に関連している．彼女は，ジェンダー，権力，職業の間の関係を強調し，家父長制または男性優位の社会構造の中に職業的プロジェクト（その成り立ちとその維持）を位置付けた．これ自体が社会や職業の閉鎖性に対する批判を必要とする．少なくとも数的には女性を支持する職業において，男性に特権を与えており，この批判自体に注意が必要だ（Ashencaen Crabtree and Parker, 2014; Parker and Ashencaen Crabtree, 2014a）．それはまた，もしかしたら女性の生活や社会的地位をコントロールする専門職とも理解されることもあり得る．これは，ソーシャルワーカーによる子どもの保護と安全確保の実践に見られ，一般的に母親のほうが父親よりも大きく注目するものである．次節では，専門職としてのソーシャルワークを考察し，定義の複雑な分野であることを理解していこう．

プロフェッショナリズムの歴史と「職業」の概念は，ソーシャルワークの中で特に歪んだタペストリーを描いている．上述のように，医学や法律などのより確立された，または伝統的な職業と並んで，この用語が社会学的な意味を獲得した職業としての受け入れへの意欲と闘いを見てきた．ソーシャルワークの道のりは平坦なものではなかった．実際，それは私たちが概説した伝統的な定義に挑戦してきたのであり，ソーシャルワークは機能主義的および特性に基づく職業の特徴に常に一致するとは限らないのである．私たちは，なぜそれが必要なのか？と問うことができる．その答えの一部は権力関係のうちにあり，そしてソーシャルワークがその地位の観点から認められる希望のうちにあるのだ．

職業としてのソーシャルワーク

私たちはすでに，専門化とプロフェッショナリズムに向かうソーシャルワークの旅路が困難であり，今も続いていることを示してきた．ソーシャルワークは20世紀における発展を通じてセミプロとして確立されたが，「ほぼ専門職だが完全ではない」，他者の地位にある（Payne, 2013; Thompson, 2013）．

リプスキー Lipsky（1980）のストリートレベルの官僚主義に関する古典的なテキストは，この道のりを説明するのに役立つ．リプスキーは，彼がストリートレベルの官僚と呼ぶヒューマンサービスの実践者が，不十分なリソースであいまいな公共政策を実施することを求められている点について説明している．これは，今日のソーシャルワーク実践と共鳴している．これらのソーシャルワーカーは，この道を交渉するために自分の理想，価値，倫理を妥協し，そのために高度に個別化された方法を開発してきたかもしれない（Pithouse, 1987）．これに加え，ソーシャルワークにおける管理職のアジェンダは，ソーシャルワークや他の専門職の規律を大きく変えたため，専門職の伝統的な定義はもはや満足のいくものではなくなった（Ferguson, 2008）．管理主義の文化は，遵守と規則に縛られた行動を要求することによって，監視と統制を強化し，自律性を縮小するという意味で，実践者とサービス機関の「専門外化」を促進したのである（Singh and Cowden, 2013）．

イリイチ Illich（1972）は，皮肉で軽蔑的な分析で，彼が*人々を無能力化する*

*専門家*と呼んだものを攻撃した．専門家とは，専門的に定義された正当な*問題*に対応できる，認められた専門知識を持っている人である．イリイチは，医学のような伝統的な職業の「診断と処方」の権力基盤に対して，より懐疑的なアプローチを求めた．このより伝統的な専門職に対するアプローチは，イリイチにとって仕事の社会的空間の制御の一部を形成するのだが，ソーシャルワーカーが自分たちの目的のために心理社会的ニーズを制御，特定，正当化し，必然的に当たり前に他のニーズを排除するという，自己永続的な独占を生み出した．これにより，ソーシャルワーカーは自分自身や所属機関のニーズを満たすための業務を設定するようになるだろう．たとえば，最善の支援と結果に必要なペースで仕事するのではなく，定められた日程に従ってアセスメント業務を完了するなどである．専門的ソーシャルワークをこの方法で理解することの危険性の一つとして言えることは，実践者がサービス利用者のニーズを自分たちのニーズに隷従させ，そしてジョージ・バーナード・ショーの言葉を引用した通り，彼らが協働する人々への陰謀を図るように行動することを可能にすることである．

　相互作用主義者の視点とイリイチの批判は，今日のソーシャルワークに関連する多くの概念を揺り動かす．専門職にふさわしい力の中心は，専門職が自身の仕事を制御および規制し，他の専門職よりも優位に立つ手段として理解することである．現代のソーシャルワークでは，これは2002年に英国の4カ国で得られた職能団体の認知をめぐる闘争に部分的に反映されており，中でもイングランドのソーシャルワークは2012年にさらに一般化され，健康に基づく規制機関へ移されたことでより打撃を受けた（健康および介護専門職評議会）．これは，2017年の児童およびソーシャルワーク法の下で，専門機関であるソーシャルワーク・イングランドの創設により，再編される予定である．様々なソーシャルワーク改革と，広く報道された悲劇に続く政治主導のキャンペーンは，ソーシャルワーカーが自律的に働き，「専門的な」判断を下す権限に疑問を投げかけ，異議を唱え，これを縮減してきた．他の人々はそのようなアプローチの必要性を再び主張している（Munro, 2011）．現代の英国のソーシャルワークに関して，ソーシャルワークとソーシャルケアに対するその優位性との間には緊張関係がある．これはソーシャルケアワークに対する医療専門家の優位性が高まってい

ることによってさらに緊張が高まり，おそらくソーシャルワークの地位をさらに低下させている．これらの例は，専門的な仕事についての論争があり，流動的で変化しやすい理解を示しているが，組織の行動が社会内での地位と階層を定義する上で重要であることも示している．ソーシャルワークは伝統的に，医学や法学と比較して「悪い関係」として見られ苦労してきたのであり，それはより広く公的支援として受け入れられやすい教育，警察，看護などの新しい「専門職」との対比でも同様である．専門職として受け入れられるためのソーシャルワークの挑戦は，幾分苦しめられてきた．その理由は，階層化された組織の世界では，それが対処するために創られた不幸の責任を負いやすい実践と原理を持つことが有用だからである．

　当然ながら，国と地方政府は，ソーシャルワーカーが働きかける個人のニーズを決定し，ニーズに対応するサービスを提供するための官僚的な手段を明確にする傾向にある．これは，サービス計画とその提供に関わる支援を利用する当事者の関与がますます強調されているにもかかわらず生じている．そのため，ソーシャルワーカーが知識，価値，技術を用いて評価する個人のニーズを常に満たすとは限らない方法へと，ここで権力が変動する．リプスキー（1980）の研究上で見たように，ソーシャルワーク実践の管理された官僚的環境は，もちろんソーシャルワーカー自身の専門的実践への関わりを混乱させる必要はないが，それが何を意味するのかについての修正を要求するのである．

　ハグマン Hugman（1998）は，ソーシャルワークの観点から，より伝統的な専門職および専門化に基づく慎重で自己定義的な「専門性（expertise）」の定義を批判している．これは，サービスを利用する人や，この専門性の概念を支える「最善の利益」の考えを排除する可能性がある．専門職としてのソーシャルワークのこの理解は，近年のサービス利用者と消費者の視点から異議が唱えられている．

　カルバンとスミス Karban and Smith（2010）は，ヘルスケアとソーシャルケアの専門職が流動的または危機的状況にあることを認識している．（社会的）課題，技術と役割の変化，政治的理由による政策と組織の改変によって，国民の信頼が揺らいでいるからである．彼らはまた，ヘルスケアとソーシャルケアの専門職が，学際性の必要から推進され続けていることも認識している．この学

際性は，専門の区別が発展するのを妨げ，各分野のアイデンティティを均質化する傾向がある．

　先に述べたように，専門職を理解または定義する方法が変化し，それがソーシャルワークの適用にも影響している．「ソーシャルワークは専門職なのか？」あるいは「どのようにしてそこに辿り着いたのか？」と尋ねるのではなく，「専門的ソーシャルワークは何によって構成されているのか？」と尋ねる必要がある（Parker and Doel, 2013b）．

　トンプソン Thompson（2009, 2013）は，より古典的なアプローチから専門職としてのソーシャルワークへの道のりを図示し，反プロフェッショナリズムと急進的な視点の挑戦を通じて，最終的に，自分の実践を強化するための個々の関与に基づく「新しいプロフェッショナリズム」に権限を与えることに到達する．

ソーシャルワークにおける「専門職アイデンティティ」の開発

　専門的実践のための教育は，職能によってではなくむしろ制度改正によって決定されるのだが，これは専門職ソーシャルワーカーになるための文化的枠組みと物語を構築する．二次社会化のプロセスは，教育を通じて，そしてソーシャルワーク機関での実習教育または職業紹介を通じて，ソーシャルワークのより広い考え方，伝統，および実践に教え込まれるときに生じる．しかし，これは複雑で，時には緊迫した状況であり，現代における実践の変化，要求，緊急性を考えると当然のことである．政府やその他の機関が示している，実践に向けた教育システム上の準備が不十分であるという主張からみた現在の対立（Brindle, 2013）は，業務を手段的に完了し目標を達成することと，専門的自律の必要性との間で役割の対立につながる．この自律性は，専門職としての判断や批判，および人間関係に基づき，政治的に動機づけられた人道的実践に依拠している．価値に基づく実践と管理主義との間に続いている緊張関係は，今日の英国で専門職ソーシャルワーカーの在り方がそれぞれの状況で多様に異なることを意味するであろうという文脈につながる（Parker and Doel, 2013a）．重要なことは，ソーシャルワーカーがその用語を批判的に理解することで，所属組

織と管理者が求めているのは，支援する人々をさらに疎外したり，不利な立場
に追いやったりすることではないことを確かめることである．

実践知（Practice Wisdom）

「実践知」という用語は，「臨床的」または「専門的な判断」を指すために使
用されることがある（Scott, 1990）．これは，ソーシャルワーク専門職の難解な
知識や厳格さによって決定されるという意味で専門的なのではなく，人々との
日常的なやり取りからいくらか離れて，経験豊富な実践者が状況を解釈し，直
感的に行動できるようにする経験の重みを指す．これは，エビデンスに基づく
アプローチを提唱する人々によって厳しく批判されてきた（Parker, 2017）が，
通常，これらの状況でエビデンスが何を意味するのか，またそれが概念として
どのように議論されているのかについて熟考されていない．チェン Cheung
（2015）は，定義するのが難しいにもかかわらず，テクニカルな合理性の限界に
立ち向かうことを提案する．彼女は，実習指導者が学生と協働する方法を研究
することで，ソーシャルワーカーとして成長するために開発できる四つの絡み
合った側面を概説している．これらの実践知の4要素は次のとおりである．

1．道徳的推論と認知的知識——この本で検討した知識と価値に直接関係
　　する．
2．知識のエージェント的性質——個人がそれぞれに世界を異なる形で解
　　釈することを認識しつつ，共通理解を通じて関わり，交わる．
3．知識生成のインタラクティブな性質——共通の理解は，ソーシャルワー
　　カーやサービス利用者を含み，人々との関係を通じて構築され，実現
　　される．
4．知識の流動的な状態——知識や真実，確実性は変化しうる本性をもつ
　　ことに親しんでおく．

　これらの実践知の特徴は，個々のソーシャルワーカーの内側に，彼／彼女の
経験を生かし，その領域の人々と相互作用するなかで見出され，実践知をこれ
らの関係と理解の統合として理解する．ソーシャルワーカーや彼らが協働する

174　パートⅡ：知識と技能

社会の端にいる人々の生活の中で世界が絶えず再構築されているため，世界に対する多様な視点と，あいまいさや不確実性に慣れておくことは，私たちが働きかける人々を理解するために重要である．第2章で見たように，疎外され，権利を剥奪された人々は，レッテルを貼られ，烙印を押されることがよくある．自分らしさ，経験，直観を活用できることは，テクニカルな合理性やそれが根拠として使用するものにおける客観的圧力への重要な対抗手段である．

　実践知は，多くの点で，ソーシャルワークへの情緒的で知性のある関係的アプローチの始まりを表している．北米のソーシャルワーク学者であるドナルド・クリル Donald Krill は，1990年にこの概念を発展させた．彼は，ソーシャルワーカーとしてうまく実践することを学ぶには，理論と主観的および精神的または宗教的知識（信念体系に基づく知識）との統合が必要であると示唆した．クリルは自身の著書において，彼自身の教育スタイルに由来する，一連の自己および他者の探索的演習の概要を説明している．ここから，実践のツールとして，そして必然的に人間として，自分自身を深く内省することのプロセスが始まった．クリルがここで紹介したことの多くは，リフレクティブな実践についての議論や，関係的ソーシャルワークの復活においてさらに発展してきたが，現時点では非常に精神的な自己に焦点があてられている．

　ディビッチ Dybicz（2004）は「知恵（wisdom）」という言葉に焦点をあて，知識（knowledge）や経験（experience）の代わりにこの言葉が使われた理由を尋ねている．これら知識や経験は重要である一方で，彼はソクラテスのアプローチを引用し，知恵は技術的な問題や有効性を考慮するのではなく，ソーシャルワークの価値基盤から，そしてその内側で初めて生み出される実践に光明を投ずると確信する．クラインとブルーム Klein and Bloom（1995）が強調しているように，どちらも（技術的な有効性も，価値基盤から生まれる実践も）当然ながら重要だが，その実践知の重みは決定的である．

　では，今日の多くの法定場面で見られる，手続きに焦点をあてたソーシャルワークへのアプローチとどのように適合するのだろうか？　実践知は，実践の技術的または科学的側面を否定するものではなく，人間性および関係性を再び打ち立てようと試みる．個々人のソーシャルワークの技と科学を統合し，体系的で構造化されたアプローチの必要性とともに，ソーシャルワーカーの直観的

第7章 専門的知識と技能　175

な知識，判断，視点を称揚する (Samson, 2015; Parker, 2017)．それは，技術的で合理的な実証主義的アプローチだけでは不十分であることを認識している (Chu and Tsui, 2008)．

　ソーシャルワーカーは，仕事に対する動機，経験，およびこれらにどのように反応し，そこから学ぶかを探求することにより，深い熟考を発達させ，それによって実践知を培うことができる (Thompson and West, 2013)．その世界でのストレスや緊張，他者の苦痛に対処する方法は人それぞれであり，(専門職である) 私たちにとって，誰もが不利な立場に追いやられたり疎外されたりした経験があることを認識することは，違いや不確実性，あいまいさを受け入れる専門職人生の第一歩である．二歩目は，ある状況について直観的にどのように感じているかを引き出すことであり，構築しようとしている関係や，もう少し調べたい認識や概念を通じて，それ (直観的な感じ方) を試すことである．

　実践知は，これまで見てきたように，別世界にある秘儀のような実践アプローチではない．それは，深く直観的なレベルでの意識の向上と状況への気づきに関係し，現代生活の限界にいる人々とともに変化に向けて働きかける．この意味で，それは政治的でもあり，手続きのアプローチが公平・公正で倹約的である厳格さによって強固にされてきた考え方に対して抗議している．実際，後者は個人のニーズの局面を誤解したり無視したりすることがよくあるため，これらのニーズが増大してより激しい地点に到達し，様々な意味でよりコストのかかる対応が求められるのである．したがって，あなたの「直感」を日々ふり返り，問いただし，注意を払うことで，自身の知識と技術が成長し始め，疎外されている人々を支援し，力を与える方法でそれら (知識と技術) をうまく協調させていくことができるのである．

他者の経験からの学びを活用する

　実践知を開発することは，省察的で思考力や道徳観のあるソーシャルワーカーへと成長するための中核となる．また，教育と実践においてサービス利用者や介護者による関与が，業務の関連性と適切性を確保する方法としてますます促進されていることを見てきただろう．日々の実践を通じて知識と技能を向

176 パートⅡ：知識と技能

上させる方法の一つは，あなたが支援する人々の経験から直接学ぶことである．
彼らは自身の置かれた状況に関する専門家であり，周縁へと追いやられた経験
をもつ．多くの場合，彼らは自分の能力を生かして立場を変えていく当事者に
なることができる．

　あなたは資格取得プログラムの期間中，サービス利用者や介護者と多くの経
験を積んでいることは間違いない(Stevens and Tanner, 2006)．これは，ソーシャル
ワークの認定プログラムの要件であり，重要な学習と経験を提供すると考えら
れている (Teater and Baldwin, 2009; Agnew and Duffy, 2010; Irvine et al., 2015; Cabiati
and Raineri, 2016)．ただし，そのプロセスがどのように機能するかは完全には明
らかではなく (Hatton, 2017)，サービス利用者や介護者から学ぶときは注意が必
要となる．なぜなら，彼らとの関係であなたには権力があると思われている可
能性があり (Anka and Taylor, 2016)，関係は協働的でなければならないからであ
る (Skoura-Kirk et al., 2013)．サービスを利用する人々との関わりが教育に含ま
れる理由を問いただすことも，学習の一部となるだろう．

演習7.1

　サービス利用者や介護者があなたの教育に参加することが重要だと思
う理由を挙げてみよう．

　次に，この関わりによって生じる可能性のある複合的な検討事項をいく
つか挙げてみよう．

　最後に，サービス利用者や介護者の経験や彼らとの関係から，搾取的で
ない形であなたが学べる方法について考えてみよう．

コメント

　これはあなたの個人的な演習であり，答え方は数多くあるが，いずれも
否定されることはない．

　著者であり教育者である私たちは，ソーシャルワークや関連サービス
が提供されるとき，物事がうまくいく方法と非常に悪い方法を探求するこ

とによって，様々な場面や状況から学ぶことの利点をいくつか理解している．これらには，周縁にいる人々にとってどのような経験であったかを聞き，それと私たち自身の生活と反応との類似点，そしてまさに現実的な相違点を認識することが含まれる．これらは謙虚さを育てることに繋げられ，ソーシャルワーカーのような権限を行使するときに非常に重要となる．

　金銭的搾取または人々の善意の悪用の懸念と並んで，発生する複合的な要因のいくつかには，疎外された人々のグループが選ばれ含まれる場合があり，すべての経験が共有されているかのように，人々の均質なグループを代表するよう求められている可能性がある．もちろん，これはおそらく私たちが持っていない特徴を共有することによって，人々が「他者」であるという考えを強化しうる．また，サービス利用者が訓練やサポートを受けて共に成長しながら学生らにこのサービスを提供することは，教育システムの一部となり，「専門的な」サービス利用者あるいは介護者になる可能性も一考の価値がある．したがって，彼らは以前とは異なるサービス業界との関係を築くであろうし，学生に異なる経験を提示することができるかもしれない．

　私たちにとって，信頼と相互学習を発展させるために中心となるのは，物語，経験，そして関係の構築を尊重することである．

　覚えておくべき重要なことは，私たちの経験を，同僚やサービス利用者，介護者など共に働く人々の経験と比較することはできないが，個々人のソーシャルワークや介護，ヘルスケアの経験もまた，どのように物事が語られ，そのトーンや外見は私たちにどのような感情を抱かせうるのかという点で，価値ある洞察を与えるということだ．

感情的に困難な状況における脆弱性(vulnerability)と回復力(resilience)

脆弱性とは何か？　なぜソーシャルワーカーは脆弱なのか？

第2章において，脆弱性はこれまでに触れてきた多くの用語と同様に，定義するのが非常に難しく，その使用法に論争があることを見てきた（Penhale and Parker, 2008; Heaslip et al., 2016）．それが1990年のNHSおよびコミュニティケア法や2000年のケア基準法より前の法律から理解できるような，想定された弱さの特徴に言及している場合，これは人々をスティグマ化し，疎外するものだとすぐに分かるだろう．幸いなことに，2014年ケア法により，これらの誤解されやすい引用文は削除されたが，その前提は依然として残っており，再び警戒する必要がある．むしろ脆弱性を，感情的，身体的，あるいは現に社会的に人を傷つけるリスクにさらす制度や社会の何らかのアクションによって創られたものと私たちは解釈するかもしれない．もちろん，ある意味で，誰もが傷つくリスクにさらされているということであれば，私たちは皆，脆弱（vulnerable）である．ソーシャルワーカーはおそらくその立ち位置によって脆弱にされているのであり，何らかの方法で社会の外へ押し出され不利な立場に立たされている人々に寄り添う立場にあるからである（Parker, 2007）．脆弱であることは，誰もが触れる可能性のあることである．それは人々の選択やライフスタイル，あるいは病気や障害の経験に関連しているかもしれないが，私たちがここで最も関心を持っている，さらに傷つくリスクに対する脆弱性は，社会の中で構築され，社会を現状のまま維持することに既得権を持つ人々と，衰弱させられている人々との間でのパワープレーによって作られるのである．

脆弱性(vulnerability)に関する知識は，疎外された人々と協働する際にどのように役立つのか？

他の著書では，紛争状況やテロ攻撃があった場所で実践するソーシャルワーカーが経験した二次的なトラウマを報告している（Parker and Ashencaen Crabtree, 2014c）．脆弱性が外部からどのように生み出されるかについての知識と，私たち自身の限界と脆弱になる可能性を認識することは，疎外され不利な立場にある人々と協働するときに役立つ．また，個人の脆弱性に基づいてニー

ズを想定するのではなく，これがどのように発生したのかに疑問を呈し，その状況を変える方法を本人と一緒に模索することも有効である．次のケーススタディは，これを明らかにするのに役立つ．

ケーススタディ

ジェームスは25歳で，中程度の学習障害があった．彼は地元のコミュニティ演劇グループに参加し，そこには脚本，稽古や，演劇の様々な能力を持つ一連の若者が集まっていた．ジェームスはこれを楽しんで，共通する関心を分かち合い，互いを気遣う多くの友人を作った．このグループに参加する前，ジェームスのソーシャルワーカーであるエブリンは，ジェームスが寂しさを感じて，近所のグループと親しくしがちな様子を懸念していた．というのも，そのグループはジェームスのお金を取り，ビールを購入し，飲み干すと次の場所に移動していたからだ．エブリンが懸念していたのは，友情とよこしまな接触との違いを見分けるジェームスの能力についてであった．彼が劇団に入団したとき，彼女は彼が再びこのように虐げられるのではないかと心配していた．しかし，彼の友好的で穏やかな性格によって，彼はこのグループと「（ゼリーのように）うちとけ固まり」，利用されるのではなく，新しい友達に支えられるようになった．

学生ソーシャルワーカーの「脆弱性」は，近年研究者の注目を集めており，ソーシャルワークプログラムにとっても重要である．なぜなら，プログラムと実習を通して，学生らの成長に影響を与えるからである．研究では，学生ソーシャルワーカーの感情および精神医学的ニーズを考察する傾向があり，たとえば薬物やアルコールの使用（Mazza, 2015）（Lemieux et al., 2010; Prost et al., 2016），学生における他者の脆弱性の認識（Kane et al., 2009）が挙げられる．熱烈なソーシャルワーク関係は学生時代に始まると認識されたことにより，資格取得後の実践者を守るためには，（教育段階で）脆弱性への影響を改善する方法を開発していくことが明らかに重要となる．

したがって，私たちが何をするか，どのように物事に取り組み，何を仮定するかを通じて得られる，脆弱性とその構造に関する知識は，私たちが実践を問い，振り返るのに役立つ．ただし，ソーシャルワーカーである私たちも脆弱になる可能性があることを上記で理解した．私たちはしばしば，支援する人々の心理的および感情的な防御力を強化することに関心を持ち，回復力（resilience）を生み出すことに焦点をあてている．また，ソーシャルワーカーとして働く上で重要なことは，他者の苦痛やトラウマに日々直面したときに，自分自身の回復力を高めることでもある．私たちが今取りかかるのはこのことだ．

回復力（resilience）とは何か？

ジム・グリア Jim Greer（2016）は，ソーシャルワークにおけるレジリエンスと個人の有効性に関して，重要で読みやすい本を執筆した．その中でレジリエンスは，私たちがソーシャルワーカーとして行う仕事の感情的な要求と苦痛を管理することにかなり関係していると強調する．それはますます複雑で困難で大変な状況に耐えることではない．彼はまた，緊縮財政が続く時代におけるレジリエンスの重要性，ソーシャルワークを含む公共サービスへの根本的な変化と打撃，そしてソーシャルワークに対する公衆の監視の高まりについても説明している．レジリエンスは私たちの能力に関わるものであり，困難な状況に柔軟に適応し，出来事に対する建設的な対応を促す方法で内省や解釈を行う能力である．

演習 7.2

悲惨な状況もしくは感情的に揺さぶられる状況に，あなたはどう対処するだろうか？　例を考えて書き留め，これがあなたをどのように感じさせたか，何をしたか，他人にどのような助けを求めたか，またはあなたが求めていたらよかったと思ったサポートについて考えてみよう．

将来，このような状況によりよく対処するには，どのようにすればよいだろうか．

コメント

「悲惨な状況や感情的に揺さぶられる状況にどのように対処するか?」という質問への回答は人によって異なり，物事を非常にポジティブな方法で対処する場合もあれば，よりネガティブな方法で対処する場合もあることに驚くかもしれない．あなたがアルコールに親しむ人であれば，強い酒を飲むことが一度限りの対処として適切な方法であるだろう．もちろん，それがあなたの主なコーピング方法でない場合は，適切ではないだろう．田舎での長い散歩が向いているかもしれないし，もしくはジムに行くのがいいかもしれない．これらは建設的な対処行動だが，忙しい仕事のスケジュールでは常に可能であるとは限らず，多くの場合，計画する必要がある．

状況に対処する様々な方法を検討し，どれがポジティブで，どれがそれほどポジティブではないかを明らかにしよう．すぐに実施完了できるもの，計画と時間を必要とするもの，長期的に実現可能なものとそうでないもの，などである．これらは，仕事での感情的な負担に対する適応的な反応を向上させるのに役立ち，そのレパートリーが広いほど良い．

ソーシャルワーカーとしてどのようにレジリエンスを育むか？

私たちの自信を打ち立て，また限界を認識することは，ストレスの多い状況に適応する上で重要である（Greer, 2016）．あなたはスタッフ育成セッションを通して職場のウェルビーイングを考え，あなたの雇用主は，ソーシャルワークの激しさとストレスに対処するのに役立つ，様々な従業員支援プログラムやスーパービジョン，および労働衛生対策を提供するだろう．ただしこれは忍耐力テストではなく，それらの提供によってあなたが職場環境に馴染むよう機能すべきであり，それらに頼ることであなたはさらに効果的に実践を完遂することが可能となる．以下に，レジリエンスを高める方法をいくつか示す．責任はあなただけが負うものではないことを認識してほしい．

緩衝仮説（buffering hupothesis）が示唆するのは，私たちの人間関係は個人的

および職業的の両方でストレスに対処し，落ち着きを取り戻し，悲惨で多大な支援が求められる状況で働く能力を回復するための重要な方法を表すことができることである．もちろん，私たち自身のレジリエンスを強化するための単なる手段として，私たちの人間関係を利用することはできない．そうすることは搾取であり，すぐに個人的な関係を失うか，仕事に対する態度が厳しくなることに気付くだろう．しかし，感情的に支持するスーパービジョンの活用は，関係性を生かした実践を育成するために重要であり，相互に支え合う個人的な関係をもつことは，ソーシャルワーカーとして私たちが決して見失ってはならない生の人間的側面に私たちを根付かせる．

　緊急時の社会的サポートの重要性を考察した社会心理学的研究から導き出された緩衝仮説だが，社会的サポートが少ない所では苦痛が増大することも考慮されている (Cobb, 1976; Brown and Harris, 1978; Cohen and McKay, 1984)．それゆえ，自分自身のサポートを求めることは，あなたの職場の人々もあなたのサポートから恩恵を受ける良い機会を提供する可能性が高く，レジリエンスはレジリエンスを育むことができるのである．ただし，ここで考慮すべき重要な点がある．特に，人間関係や社会的サポートは各自の個人特性に関連していることが多く，乏しいスーパービジョンと同様に，乏しい人間関係ではストレスの悪影響を埋め合わせるのを助けられないだろう．バッファリング（緩衝理論）に対する批判もなされてきたが，それにもかかわらず，社会関係資本はストレスに対する効果的な緩衝材として機能し，レジリエンスの構築に役立つことが研究によって示され続けている (Duschinsky et al., 2016; Mayer, 2017)．

　レジリエンスを高めるのに役立つ教育活動や学習活動を含めることは，カリキュラムの重要な部分として認識されているが，現時点では部分的にしか組み込まれていない (Beddoe et al., 2013; Palma-Garcia and Hombrados-Mendieta, 2017)．ファルチFarchi ら (2014) は，*自己効力感 (self-efficacy)* は，学生がストレスやトラウマに対処するのを支援する重要なツールだと考えている．これは，著者たち自身の教育と学習にも活用し，ある程度の成功を収めてきたものだ (Parker, 2006; Walker et al., 2008)．

　クラウダーとシアーズ Crowder and Sears (2017) は，マインドフルネスに基づくテクニックの活用を，燃え尽き症候群と二次的トラウマ（彼らは共感疲労

と呼んでいる．Kapoulitsas and Corcoran, 2015も参照）を防ぐ方法として検討した．カバット-ジン Kabat-Zinn (2013) はおそらく最も有名なマインドフルネスの提唱者であり，私たちの生活の慌ただしさ，激しさ，ストレスと戦うために静かで内省的な瞑想を用いる手段として提唱した．これは現代のソーシャルワークにおいて特に有益である．しかし，静かになるための空間と時間を自分自身に与えることを拒み，マインドフルネス瞑想を日常生活に組み込むルーティンを開発することを拒否することがしばしばある．追求する価値があるのは，権利を剥奪されて社会への完全な参加から除外され，しばしば苦しんでいる人々とともに私たちが働くことが理由であり，マインドフルネスは私たちが経験する二次的トラウマのいくつかに対処するのに役立つだろう．

　しかし多くの場合，マインドフルネスの有効性を示す証拠は明らかだが (Eberth and Sedlmeier, 2012; Greer, 2016)，一部の個人にとってマインドフルネスにともなう問題や危険性に関する逸話的な報告が増えている．まず重要なのは，ストレスやトラウマに対処するためのアプローチとして，それがあなたにとって正しいと「感じる」ことである (Marsh, 2016)．一部の人々は，その瞬間にとどまるようなことはできない．他者がこのアプローチから得ている効果に逆らうような心配や不安，否定的な考えで頭をいっぱいにせず，今起こっていることだけに集中し，他のすべてを無にすることができない人もいるのである．

　レジリエンスを高めるには，自分自身をより意識する必要がある (Grant and Kinman, 2012)．それには振り返る練習と，自分の限界と強みについての誠実な内省が求められる．これらが時間と共に様々な状況で変化していくことの理解は役に立つ．つまり，私たちの誰もが常に同じようには居られず，私たちを取り巻く世界に絶えず反応し，その中で行動していることである．このように，ソーシャルワークの感情的な負荷を管理できることは，それにはまた波もあるため，私たちがうまく実践できているか，周縁化につながる社会の構造や状況に挑戦しているか，継続的な注意が必要となる．レジリエンスは，私たちのソーシャルワークや私たちが協働する人々の生活に対する個人的・心理的なアプローチであるだけでなく，政治的および構造的なものにも関係しており，不利な立場に立たされ周縁化された集団の抵抗や反乱の戦略を利用することができる (Guo and Tsui, 2010)．それは活動家の立場を求めるものであり，英国で取り

184   パートⅡ：知識と技能

戻すことが必要な国際ソーシャルワークの合法的特徴である．

　自分自身を大切にすることは，サービス利用者とともに働くためにできる限り最善の方法で自分の知識，経験，知恵を活用する準備を整えるのに役立つという意味で，ソーシャルワーク実践への専門的アプローチの一部である．それは，公衆に対する陰謀といった否定的で伝統的な専門的実践の理解を乗り越え，コミットメント（委任）と価値を基盤とする練られた関与へと移行するのである．

本章のまとめ

　この章では，現代のソーシャルワーク実践に必要な専門知識と技能の一部をまとめている．私たちは，（単なる）職業か専門職かの間で複雑に議論されている概念を詳細に精査し，ソーシャルワークを協働する人々と対立させるような無益で時代遅れの理解がいくつかあることを認めた．私たちが提案したのは，実践への批判的かつ省察的なアプローチが重要であること，そして，疎外と排除の経験を縮減するために人々と協働する時に用いられる知識，技能，価値の向上に専念する必要があることである．

　専門的ソーシャルワークに関する議論に続いて，あなたの実践を高めるために必要ないくつかの特徴を検討することに目を向けた．私たちは，実践知の概念や，あなた自身がもつ脆弱性（vulnerability）や回復力（resilience）の重要性を探究した．これらは個人として，またソーシャルワーカーとしてのあなたのストレングスを維持するための様々な方法を表しているが，これらはソーシャルワーカー個人としてのあなたに関わるものであり，そのことを強調することは，物事が計画どおりに進まない場合や仕事が多すぎる場合にあなたが批判される可能性がある．つまり，政治的アプローチも重要である．これについては，次の章で説明する．

さらなる読書

Grant, L. and Kinman, G. (2014) *Developing Resilience for Social Work Practice.*
　　Basingstoke: Palgrave.

Greer, J.（2016）*Resilience and Personal Effectiveness for Social Workers*. London: SAGE.
　これら二冊の本は，現代における複雑で危険をはらむソーシャルワークの世界で，自分を大切にすることの重要性を説く優れた入門書である．

Parker, J. and Doel, M.（eds.）（2013）*Professional Social Work*. London: SAGE.
Thompson, N.（2009）*Understanding Social Work*, 3rd ed. Basingstoke: Palgrave.
　これらの二つの文献は，あなたが働き，接するであろう実践や組織における苦難の道のりを切り抜けるために必要な理解を深める．

訳注
訳注7-1　オートポイエーシス：生物システムの自己生成理論・自己組織化

パートⅢ：倫理的にそして省察的に実践すること
Practising ethically and reflexively

　この本で実質的に最後となる二つの章では，ここまで検討してきた概念上の理解，知識と技能を持ちこみ，それらを倫理的にそして省察的にソーシャルワーク実践の文脈でまとめていく．

第8章　法と政策を活用すること

ソーシャルワーク学位の達成

　本章では，専門職能力枠組み（Professional Capabilities Framework）にそって適正な水準に向けて，次のような能力を発展させていくことを手助けする．

多様性

　現在の法制度の要件に照らし，個人的および組織的な差別や抑圧を認める．そして，これらの差別や抑圧に抗議するため，手続きに従って様々なアプローチを活用する．

権利，正義，経済的ウェルビーイング

　法制度と指導が人々の権利をどのように促進または制限するかを理解し，法律がどのように人々の権利と資格を保護または促進するために使用されるかを認識する．

　人権，公民権，法の下の平等の原則の範囲内で働きかけ，絶対的，限定的，競合する権利と，異なるニーズと視点を区別して取り組み始める．

文脈と組織

　組織内で法的に課せられた義務や構造，行動を理解し，これらが政策や手続き，実践にどのように影響するかを理解する．

　また本章は，SBS（ソーシャルワーク科目指標書）にある次のアカデミックな基準についても紹介する．
5.5　ソーシャルワーク実践の本質
5.7　対象に特化したスキル
5.13　問題解決スキルの分析と統合
5.16　他者と協働するスキル

本章はパートⅡ（第7章）の「知識」の章とは異なっている．つまり，知識からその実践での応用へと，個人・集団・コミュニティと共に法律を活用するという焦点の変化である．これには，しばしば法定条件で雇用されるソーシャルワーカー，あるいは法令上の範囲内で行動するソーシャルワーカーとして制度内で働くことからはみ出すものも含まれるだろう．他の人々に法律を知ってもらい，法律を活用して変化できるよう支えていく．そして，制度に直接異議を唱えるのである．これはすべて，既存の立場を強化するか，あるいは異を唱えるかにかかわらず，政治的に活動することに関係している．ソーシャルワーカーが実践する方法や，彼らの行動の意味が何であるかを問うような仕事において，再帰的なアプローチが採用される．これは次章の根拠を準備することになるが，虐待を受けていたり不利な立場に置かれていたりする人や集団と協働するときに起こりうる倫理的ジレンマについて考えてみよう．

地方自治体のソーシャルワーカー

2005年4月1日，「ソーシャルワーカー」という用語は，2000年ケア基準法第61条の下で保護された称号になった．英国におけるこの改正とソーシャルワーカー登録による意図せぬ結果の一つは，一般的な地方自治体で，ソーシャルワーカーの人数と「法定」場面におけるソーシャルワーク業務が合併整理されたことである．これによって，イングランドとウェールズでは，ソーシャルワークは政府が後ろ盾となって法的に社会問題に対応するものという，独特の理解を生み出し始めている．ソーシャルワーカーはこのような理解を利用して，地方や国家政府に代わり，その法的枠組みの下で業務を行っている．これ自体が，その特定のシステムによって社会的に疎外され，不利な立場に置かれてきた人々と協働するソーシャルワーカーに緊張を与えている．それはまた，ソーシャルワーカーと上記の人々とを分離させ，抵抗されなければならない何かとも一線を画してしまう．

この複雑な状況は，地方自治体が児童保護ソーシャルワークサービスの提供から手を引き，「営利」企業がこれらを管理および提供できるようにするという，一見正反対の動きによっては相殺されなかった．これは，現在の「2017年子ど

もとソーシャルワーク法」である「子どもとソーシャルワーク法案の策定に関する議論」で導入され，拒否されたが，ソーシャルワーカーと彼らが支援する人々との二極化を強めた．新しく革新的なソーシャルワークの方法を開拓することなく，ソーシャルワークは保護機能によって定義されるという立場を擁護し，社会正義と人権に対して倫理的に課せられた焦点ではないように思われた．これまで見てきたように，これは英国（特にイングランド）のソーシャルワークを他の場所のそれと比較して設定したものである．あなたが現場に配置され，有資格者としての実践に移行するときは，これらの緊張関係を念頭に置くことが重要である．

第三セクターのソーシャルワーカー

ソーシャルワーカーは，多くの第三セクター，コミュニティ，またはボランティア組織の主力となっている．過去には，これらの「ソーシャルワーカー」は，ソーシャルワーカーまたは若者およびコミュニティワーカーとしての資格を持っていたであろうが，実際には全く資格のない者もいた．これはまた，本書の冒頭で「ソーシャルワークとは何か」という問いを投げかけた議論に関連している．上記のように，法的にはその問いに答えられるが，この問題を検討する際には，社会正義や人間性，そしてウェルビーイングへの問いを念頭に置く必要があり，国際的なソーシャルワークの理解を私たちの思考の最前線に置いておく必要がある．それは単純な法的定義が示すほど明解なものではなく，これは新人ソーシャルワーカーとしてのあなたの実践に影響を与えるものだ．

現代のソーシャルワーク

地方自治体のソーシャルワーカーや，法定場面あるいは法律業務を行うソーシャルワーカーは，彼らが協働する個人，グループ，およびコミュニティのために法律が適用され，解釈され，活用される方法をよく理解しておく必要がある．ただし，これはボランティア団体や第三セクター，およびコミュニティ開発組織で働くソーシャルワーカーにも当てはまる．法律は適用されるときに解釈され，また異なる解釈が可能であることに留意することが特に重要となる．

これが実践では，法制度が人々を助け，力を与え，保護するために使用できるのと同様に，社会的から疎外して不利益を与えたり，差別したりするためにも使用できることを意味する．ソーシャルワーカーは準弁護士ではないが，法律を適用する際には「俊足である」必要がある．これには次のことが要求される．

- ・法律に関する知識
- ・手続きの実用的な知識
- ・ソーシャルワーカーの雇用組織が法律を解釈し，適用する方法の理解
- ・判例法の実用的な知識
- ・知識を伝達し，複雑な状況においても批判的かつ迅速に考える能力

ジョーンズ Johns（2017）は，弁護士ではなくソーシャルワーカーになりたいという意向を開拓するため，ソーシャルワークの実践で法律を使用するという彼の議論を開始する．これが重要である理由は，キャリアを積み始めたばかりのソーシャルワーカーの多くは，法律とその適用がますます重要視されるようになったことで意欲が削がれているからである．ただし，すでに述べたように，法律は流動的であり，解釈に開かれている．当然ながら最も重要なことは，法律が人々の生活を制限するために使われるのではなく，これまで社会の中で閉ざされていた彼らの可能性を開くために用いられることである．そして正義と権利を訴え，既存のシステム内で変化を求めるキャンペーンを行うために，法律が使用されるべきだと主張することである．

法律，手続きなどに関する知識

1998年人権法と2010年平等法は，英国およびイングランドのソーシャルワークを国際的なカウンターパートと結び付けるための，価値に基づくソーシャルワーク実践の知識をソーシャルワーカーが構築できる基本的な構成要素を表している．

1998年人権法は，英国のすべての平等法を支えており，啓発と指導のための有用なツールを提示している一方で，ソーシャルワーカーが日常の実践でより有用な形を見出しているのは他の法律である（Brammer, 2015; Ahmed and Rogers,

2016; Johns, 2017). 2010年平等法は，第1章で紹介したように，性別，障害，人種，民族に基づく不当な差別に取り組むことを目的とした以前の法律をまとめた画期的な法律である．ハラスメントや尊厳の侵害，性転換に関わる問題，障害による差別，加齢による差別などに一段と踏み込んでいる．そのため平等法は，疎外，不利，不当な差別の問題に対処しようとしているソーシャルワーカーにとって重要な法律なのである．

　私たちがソーシャルワーカーとして法律をどのように使用するかは重要だが，これは私たちの雇用組織が法律に下した解釈の影響を受けることがあり，「慣行や実践」が疑問視されることなく展開する可能性がある．したがって，法律を適用するときは，法律がどのように使用されるか，提供されるサービスにとってこれが何を意味するのか，サービスを必要とする人にとって何を意味するのかについて問うことが重要である．

ケーススタディ

　マックスは，新しいチームで初めて複雑なアセスメントを行っていた．彼は自分の組織が要求する時間スケールを認識していたが，ケア法自体はアセスメントの完了に厳密な時間を設定していなかった．壊滅的なオートバイ事故の前は山登りが大好きだったイアンに対面したとき，マックスが「あなたに何が必要かを調べるためにここに来ました」などと発言したことに対する彼の怒りは明らかだった．マックスは持っていたアセスメント様式と，彼の雇用主が求めていた事前に決められた質問からいったん離れてみることにした．代わりに，彼は仕切り直して改めて始めさせてほしいと頼み，イアンに彼の人生と彼にとっての状況について話すように促した．

　このような人間関係に基づくアプローチは，第7章で端的に説明したが，これにより親密な関係を築くことができ，イアンのニーズを身体的あるいはADL関連事項としてではなく，心理的感情的なものとして表現することができた．事故の後，病院から家に戻ると，イアンは怒りに屈し，

194　パートⅢ：倫理的にそして省察的に実践すること

古いウォーキングブーツを捨てた．これは彼が深く後悔していることである．生活の質を向上させるために「必要だった」ことの一つは，かつて登っていた山に戻ることだと彼は言った．マックスはこれを検討することに同意し，アセスメントを完了するために別の機会に戻ってくると言った．

　マックスが事務所に戻ってマネジャーに報告したとき，彼の行動は批判された．彼は日程の締切と仕事量の忙しさを分かっておらず，「ケアパッケージ」に関係のない事柄について話し合い，自分の仕事をしていないと言われた．

マックスの行動が批判されたのは，おそらく，チームが寄り添う考えを前面に出すことを許さず，リソースだけに集中していたからだろう．法律と政策に関するマックスの知識は，手順に順応性があり，期待を管理できることを知っていたほどのものであり，彼の直感的な実践知に従って，作業パラメーターと信頼を確立する関係を形成した．彼は，管理者が期待する手続き上の解釈に従うのではなく，サービスの必要性のみに基づいた慣行に異議を唱え，法律を解釈することができた．マックスの行動は，彼が浴びせられた批判に対して勇敢だったのであり，（ソーシャルワークの）価値，法律の第一義的な意図，および人間関係の強化に関するより広い視点を取ったのである．

演習8.1

　あなたの実務における法律の適用について，自分の考えを書き留めてみよう．法の適用と解釈はなぜ重要なのか．人権に基づくアプローチが優れた実践にとって重要なのはなぜか？

コメント

　あなたは自分の考えを，ソーシャルワークのグローバル定義（国際ソーシャルワーカー連盟／国際ソーシャルワーク学校協会，2014年），PCF（英国ソーシャ

第8章　法と政策を活用すること　195

ルワーカー協会, 2015年）, そしてあなたの価値観に結びつけたかもしれない. 誰もがそれぞれ少しずつ異なることに焦点をあて, 異なるアイデアを強調する. これは, 人権と社会正義を実践の中心に据えようと努めるうえで重要である.

　次のセクションを読むときは, これらの考えを心に留めておこう.

　人権と正義の問題に関する知識は, 私たちがどのように実践するかにとって重要である. 1998年人権法の第1章には18の条項があり, そのすべてがソーシャルワーク実践に関連があり重要である. その多くが移民や難民である周縁化された人々と協働をするとき, あなたは拷問を受けた人々（第3条）や, あるいは現代の奴隷制の被害者（第4条）を支援するかもしれない. あなたの組織には, 彼らのニーズをアセスメントするためのプロセスと手順があり, 相手に対して何がニーズとして評価されたかを説明することができる. このような状況下の人々の根底にある人権の知識は, あなたが正しい結果を守り, 主張するのに役立つ. そして, この分野における実践知（第7章を参照）を発展させるにつれて, これがあなたのソーシャルワークのペルソナの不可欠な部分になっていくだろう.

　精神的能力の有無における自由剥奪セーフガードおよび1983/2007年精神保健法は, 特定の判断を下すことができないことによって, もしくはメンタルヘルス問題のために, 傷つきやすい人々を保護および支援するソーシャルワーク実践のための法制度の重要部分を表している. 人権法は, 個人の自由を剥奪する不健全な精神を持っている場合は拘留することを認めている（第5条の1 .e）. 第5条は主に, 犯罪行為が行われた, または行われたと疑われる場合の合法的な拘留に関するものだ. メンタルヘルスに関わるこの短い条項はあいまいであり, 解釈の余地がある. これはソーシャルワーカーが人々の生活状況を考える際に, 法律, 手引き, 方針, および手順に関する知識が重要な場面である.

　このような立場にある人々とのソーシャルワークの根底にある原動力は, 自由と安全を保障することである. そして, その人に自由（liberty）を与えることがもはや現実的でなくなった際には, 解放（freedom）と権利を可能な限り守

196 パートⅢ：倫理的にそして省察的に実践すること

ることである．したがって，あなたたちは人権のレンズを通して法律と政策を用いる必要があるのだ．

ケーススタディ

ローレンスは63歳で，肝疾患後期のアルコール依存症だった．彼は一人暮らしで，妹が住む場所の近くの小さなアパートで彼女からサポートを受けていた．妹が精神保健法に基づくアセスメントを求めたのは，ローレンスがたばこを吸ったまま眠りに落ち，その時自分の身を包んでいた寝袋に引火させてしまった後であった．彼は負傷しておらず，目を覚まして火を消したが，ソファとカーペットを焦がし，アパートに大量の煙を発生させた．指定精神保健専門職（AMHP）と主治医がローレンスの状況をアセスメントするために訪問した．AMHPのヘルガは，1983年の精神保健法第1.3項によって，アルコール依存症が同法に基づく拘留を許可する精神障害に該当しないと明確化したことを知っていた．彼女はまた，ローレンスの妹，彼の隣人，そしてローレンス自身が経験した苦しみを知っていた．

ローレンスの妹は，彼が自殺するのではないかと心配し，また，これまでのように支援を受け続けられなくなるのではないかと心配していた．彼女は彼が今のアパートから出て世話をする必要があると思った．主治医は，総合病院でローレンスのベッドを確保したが，彼は入院を拒否したと述べた．ヘルガは，自身の最初の役割として，ローレンスを精神保健法の下で評価する必要があった．法の下での拘留の唯一の正当な理由は，彼がアルコール依存症だけでなく，法に定める精神障害を持っていた場合である．彼はまた，他人の目には本人の最善の利益に見えないようなものを選択したとしても，明らかに自分の人生について決定を下すことができた．つまり彼は能力を欠いてはいなかったのである．

上記のローレンスの事例は，人権アプローチの複雑さの一部を示している．たとえば，ヘルガは「誰の権利が優先されるのか，その理由は？」と尋ねるか

もしれない．ローレンスは自分が選んだ人生を送りたいと思っている．彼の選択が賢明ではないと感じるかもしれないが，それでも人権アプローチでは，そうしなければならない明確な法的理由がない限り，私たちは自由への権利を認める必要があり，当事者がその決定に異議を申し立てるため，擁護者と機会に頼ることができるようにしなければならない．ただし，ローレンスの妹にも，安全と保護への権利がある．ローレンスは2014年ケア法に基づく地方自治体からの支援を受ける資格がないことが事前のニーズ評価で示されていたため，妹は彼にケアと支援を提供せざるを得ないと感じた（Feldon, 2017）．法律を扱うことで，誰かが純粋に合法的なアプローチを取ることになり，これに基づいて決定を正当化することを余儀なくされる場合がある．ローレンスは，表面的には，1983年の精神保健法に基づく拘留の基準を満たしていなかった．これ（単純に法律を適用すること）は人間的要素を無視しており，ソーシャルワークは人々に寄り添い働きかけることを目指すのであって，人々は家族や集団，その他の共同体の中で相互に関わり，関係やニーズを持っている．したがって，ローレンスとのソーシャルワークは，法律を遵守して適用するだけでなく，他の方法で彼と妹の権利を守るために何ができるかを検討することが必要となる．

　緊縮財政と人員削減の時代には，実践に対する有意義で人間中心の関係的なアプローチは困難な場合があり，ソーシャルワーカーとして定められた仕事を時間内に完了し，目標を達成し，これらの規定の範囲外で働かないように圧力をかけられる．しかし，定められたことだけを実行し，それらの境界を超えないようにすることは，あなたの支援に頼る疎外された人々を失望させることになり，ソーシャルワークの中心的価値への道を裏切ることになる．だからこそ，あなたが働きかける人々の状況や生活に影響を与える法律や政策を認識しておくことが重要なのだ．もし，提供されたもの（サービス）がソーシャルワーカーとしてのあなたの「専門的見解」で不適切であれば，彼らに選択肢を抵抗する手段として示すことができる（第7章を参照）．他の社会サービスに関する知識やアドボカシー，ケアやアクティビティ，自助グループ，ウェブサイトのチャットルーム，ディスカッショングループを提供している支援機関に関する知識もまた重要である．これによって，サービス利用者や介護者が自分たちのニーズを追求でき，あなたの所属機関が下した決定に彼らが異議を唱える手段を提供

198　パートⅢ：倫理的にそして省察的に実践すること

することができる．これは重要かつ合法である．また，ニーズが過大と見なされる場合，実際の政策の実施に変更をもたらす可能性もある．

ソーシャルワーカーが周縁化された人々への支援において依拠する，人権法に含まれる18の条項には，次のものがある．

1．財産の保護（最初の議定書に含まれる）
2．生存権
3．拷問および非人道的または人格を傷つける取扱いからの自由
4．奴隷および強制労働からの自由
5．自由と安全に対する権利
6．公正な裁判を受ける権利
7．法なしには罰せられない
8．私生活と家族生活を尊重する権利
9．思想，良心，宗教の自由
10．表現の自由
11．集会および結社の自由
12．結婚する権利
14．差別の禁止
16．外国人の政治活動の制限
17．権利の濫用の禁止
18．権利の使用制限に関する制限

　法律の第1議定書と第1条には，この18の条項を構成する残り二つの権利がある（注：13と15は上記にはない）．これらは次のとおりである．

13．教育を受ける権利
15．自由選挙の権利

　条文のタイトルをざっと読むだけで，何らかの形で疎外されている人々にソーシャルワークを実践し，諸法制を適用するためのこの人権法の重要性を理解することができる．しかし，人権に関する複雑さと激しい論争は，ソーシャルワークにおける議論にも広がってきた（Katiuzhinsky and Okech, 2014）．文化の

多様性と差異の尊重，および人権の促進は，時には対立する可能性がある（Healy, 2008; IFSW, 2014）．ソーシャルアクションや政策によって脆弱な立場に立たされた人々の保護，または個々の人権に置かれた価値が，ソーシャルワークの世界基準を下回る場合，ソーシャルワーカーはジレンマに直面する．カチュージンスクとオケ Katiuzhinsky and Okech（2014）が指摘しているように，普遍主義者と相対主義者の立場の間で対立が生じている．これは簡単に折り合える論争ではない．しかし，彼らが示しているのは，ソーシャルワークが人権に根差した専門職として注目されている一方で，草の根のソーシャルワーカーは生存と成長の基本的ニーズを理解しており，それらの基本が満たされて初めて，他の権利のニーズに追いつけることなのである．彼らはまた，私たちの人権に関する知識が，人々に権利について教育し，力を与え，権利に基づく法改正を提唱するのに役立つことを示唆している．第 7 章の倫理と価値の議論を引用することは，特に状況倫理アプローチを採用する場合に，普遍主義者や相対主義者の立場と交渉するのに役立つだろう．

ケーススタディ

　2017年 6 月にロンドンのグレンフェル・タワー地区で起こった悲劇的な出来事は，法的な観点から，人権へのアプローチがどのようにコミュニティを刺激し，正義を求め，確立された社会的および政治的構造に異議を唱えることができるかを示している．

　グレンフェル・タワーの住民は公開調査を要求し，その議長から調査の権限に関する注意事項を聞いた．彼らの多くがすでに社会で周縁化された人々であった．そのような人々の側面，つまり多様な集団の生きた経験に焦点があてられるのではなく，起きた火災のメカニズム，その広がり，および改修の技術的な詳細について焦点があてられると彼らは信じていた．住民らがさらに憤ったのは，2017年 6 月29日に開かれた火災について話し合うための評議会が，ジャーナリストの立ち入りが許可された途端，終了された際であった．これが住民らに示すのは，秘密裏に，非公開の方法で

彼らを排除し，彼らの苦しみを認めようとしなかったことであった．

弁護士のグループ BME Lawyers 4Grenfell（Black Activists Rising Against Cuts（BARAC），2017年）は，住民とともに，政府が任命した委員長であるマイケル・ムーア＝ビック卿を交代させ，権利に基づく様々な要求を充足するためのキャンペーンを展開した．これらの要求に含まれるのは，生存者の緊急事態に対処するための24時間対応サービスに関する福祉ベースの主張，寄付と慈善寄付のための中心的な機関の設置およびその監査の公開，国内に不法滞在していることが判明した居住者が誰であれ28日以内に英国市民権を付与されること，調査の中間結果は調査開始から4カ月以内に公開されることの確約である．

生き残った住民と共にこれらの要求を展開したグループは弁護士であり，ソーシャルワーカーではない．しかし，それは不利な立場に立たされ疎外された人々に代わって，そして共に，法律を適用することによって何ができるかを示しており，これはソーシャルワークの関心事に触れるものだ．社会活動と人権とを，これらのコミュニティでの実践の文脈に位置づけるものだからである．

これを書いている時点で，欧州人権裁判所の中心的な役割が激しく議論されているブレグジット交渉のために，人権の観点への焦点はますます複雑になっている．英国法における欧州人権裁判所の長期的な存続については確信が持てない．だが，現場のソーシャルワーカーにとって重要であり続けることは，人々が社会と生活に彼らが選ぶ方法で参加できるように法律を解釈し活用する業務の最前線で，法律を支える原理を貫くことである．そして，この目的を妨げる実践や慣行，政策やその手続きに異議を唱え，力強く議論することである．あなたの所属機関のマネジャーとのスーパービジョンとフィードバックを活用する，専門家団体の議論に参加する，労働組合および英国ソーシャルワーカー協会（または他の国で同等のもの）に参加する，そして人権と社会正義を促進するため政治に積極的であること，これらが政策の発展に貢献する重要な手段である．これらの行動はまた，当初からソーシャルワークの役割を果たし続けている．

第8章　法と政策を活用すること　201

特に緊縮措置が取られ，成果管理と目標設定のシステムが優先される場合は，人権に基づいた姿勢を維持することで雇用主との対立に身を置くこともあるだろう．それゆえ，第7章で議論したようにあなた個人の回復（resilience）を通じて，また必要ならば職場や雇用上の保護を通じて，あなたが確実に守られることが重要である．登録と実務に対する現在の基準や要件と，経済的および手続き主導のサービスとの間の緊張関係は，解決が困難ではある．しかし，ソーシャルワークの定義と実践者に期待される基準と価値には，政治的に動機付けられたアプローチが必要であることは明らかだ．ただし，これは政党政治の観点からではなく，専門家組織が適切に機能することへの観点から，そのメンバーらに代わって行うのである（HCPC, 2012：国際ソーシャルワーカー連盟，2014年；英国ソーシャルワーカー協会，2015年）．これは，個人の人権とより広い社会正義への関心が，あなたの仕事上，法律と政策の適用を説明する重要な道しるべとなることを意味する．権利について議論するとき，私たちは平等と不平等を考慮し，より公正な社会を作る際のソーシャルワークの役割を明らかにする必要があり，それは法律と政策の適用を通じて行われる．

2010年平等法

2010年平等法は，すでに述べたように，平等に関する法律を一つにまとめている重要な法律である．私たちが扱うあらゆる法律と同様に，この法律は1998年人権法によって支えられており，どのような違いがあったとしても人々が平等に扱われる権利に関する数々の国際宣言に基づいている．ソーシャルワークにおいてこれが重要なのは，違いや多様性は不当な差別的扱いの理由にはならないことを忘れてはならないからだ．表面的には自明のことのように見えるかもしれないが，地方自治体の社会サービス部門や大規模な第三セクター機関などの大きな組織は，変更が難しい政策や手続きを通じて支援方法を創り出すことがよくある．政策や手続きそのものは，サービス利用者との協働や対応に一貫性がもたらされると主張されるかもしれない．だがそれは実際には，起こっているニーズに対応しようとソーシャルワーカーが創造的に行動する機会を狭める可能性がある．これが所属機関によって予測されていない場合，特にそう

202 パートⅢ：倫理的にそして省察的に実践すること

である.

ケーススタディ

ブラントンのメンタルヘルスチームの事例を調べてみよう. このチームはニーズのあるすべての人に平等な支援を提供することに誇りを持っていた. サジッドとローザは, ブラントンにある同じ地域の出身だった. 彼らは二人ともうつ病を経験しており, サジッドはかかりつけ医から, ローザは彼女の産業保健担当医からチームに紹介されていた. 紹介者は, うつ病を管理するためのグループ支援を依頼した. これにはブラントンチームがよく知られており, 当然のこととして提供していたことである. サジッドは現在働いておらず, 子どもたちが学校に通っている時間だったので, 金曜日の午後のミーティングに参加することができた. しかしローザは, 平日は仕事をしており, 休みを取ることができず, ミーティングに参加できなかった.

この場合, ブラントンのチームは全員に同じ支援を提供したが, 個々の状況に常に対応できるとは限らなかった. これにより, サービス利用の仕方に不公平が生じた. 2010年平等法と2014年ケア法に示されているように, 画一的なアプローチではなく人々の個々のニーズに合わせたサービスの開発を主張することで, 平等なサービスを提供することになり, それらを特定の状況に限定するのではなく, すべての人が利用できるものになるだろう.

平等法はまた, あなたが支援している人がどのような社会的特徴を持っていたとしても, ソーシャルワーカーとして私たちが確実に公平な実践を行うことに意識を向けるときに役立つ. 私たちがソーシャルワーカーとして平等法の理解を活用できるのは, サービスが構築または提供されるがために人々が社会に参加できず疎外されるような, 既存のサービスや資源に異議を唱えるときである.

第8章 法と政策を活用すること 203

ケーススタディ

ミシェルは，ラナという多発性硬化症を患う若い女性を担当するソーシャルワーカーだった．ラナは寛解していたものの，住宅組合のアパートとバスルームの入り口を工事することはまだ難しいと感じていた．住宅組合は，緊縮政策が続くにつれて財政難が増していた．彼らは，ラナ自身が代金を支払わない限り，予算の工面はできないとラナに説得していた．

ミシェルがこのことを知らされたとき，彼女は2010年平等法が社会と生活のあらゆる側面への人々のアクセスを確保するために合理的な調整を求めていることを知っていた．彼女はまた，ラナに支払いを求めるべきではないことも分かっていた．このことをラナに知らせることで，ラナは住宅組合の決定に異議を唱えるために必要な情報を得ることができた．それでも彼らが拒否したので，彼女はミシェルに支援を要請した．このように道筋とサポートが提供されたおかげで，ラナはより容易に支援にアクセスできるようになった．

法廷で働く

地方自治体のソーシャルワーカーが果たしうる最も重要な役割の一つは，所属機関に代わり法廷で行動することである．特に覚えておくべき重要なことは，あなたが代理するのは地方自治体または他の雇用組織であり，一方で，あなたが支援するサービス利用者は独自の法定代理人を用意しているか，または裁判所が指名したソーシャルワーカーが支援する，ということである．同様に重要なのは，あなたは法定代理人ではなく，ソーシャルワーカーだと自覚することである．これらの基本的な視点は，法を用いて可能な限り最善の方法で人々を支援することに役立つ．地方自治体はその訴訟に関して，ある特定の結果による予算への影響への一つのスタンスを持っているかもしれないが，あなたは地方自治体の代表者であるだけでなく，専門職の基盤となる価値，視点，および人権アプローチに従って職務を果たさなければならない．法廷は重大な場所で

204　パートⅢ：倫理的にそして省察的に実践すること

あり，その状況に対してあなたが考えるとおりに忠実である責任があり，「社会通念に従う (toe the line)」ことは，それが正しいとあなたが確信しない限りすべきではない．

　この法に関するあなたの知識と，あなたの組織内で法律が理解され適用される方法に関する知識は，裁判所の審議の中心となる．あなたが理解している法律の適用と，それがあなたの実践をどのように導いたかについて，あなた自身の心の中で明確であるならば，支援相手のサービス利用者に代わって，あなたはより強く主張することができる．またたいていの場合，少なくともよくあるのは，誰かの欲求や願いが他の誰かのそれらと対立するケースである．これは，あなたのアプローチ，あなたがそのように実践した理由，そしてあなたの将来の仕事の計画が，法律の健全な解釈に従い，人権に基づく立場に支えられている必要がある．次のケースを考えてみよう．

ケーススタディ

　マルコムは 3 歳の男の子で，母親と継父にはげしく殴られて入院していた．検察庁は有罪判決を確実に下すには証拠が不十分と考えたため，告発は行わなかった．地方自治体は，マルコムが経験した重大な危害だけでなく，その家庭環境に戻ることで今後も暴力を受ける危険があると考えたため，マルコムに関する庇護命令を求めている．

　ソーシャルワーカーはこの状況が深刻であることを認識していた．母親に働きかけて，その時彼女はすでにマルコムの継父の元を離れており，子育てとしつけが確実にできるための，より自信の持てる方法を身につけようとしていた．ソーシャルワーカーはケース会議で，庇護命令よりも計画的に見守りつつ帰宅させる方が，長期的にはマルコムのニーズにより良い効果があると主張したが，その主張は却下された．

　法廷で質問されたとき，ソーシャルワーカーは自身の経験と実践知（第 7 章を参照）から誠実に答弁した．その時用いたのは，児童保護と家族生活の両方に対する人権の理解であり，ソーシャルワーク研究に関する彼女

の知識であった．会議で合意された計画がソーシャルワーカーの答弁によって覆り，地方自治体の事務弁護士はこれに腹を立てていたが，ソーシャルワーカーは自分の知識とスキルを駆使して，関係する人々の権利と安全を守るための正しい結果だと信じていた．

個人やコミュニティと協働しアクティビズムを浸透させる

　ジミー・マクガヴァン Jimmy McGovern の2017年のテレビシリーズ "Broken" のエピソードで，ショーン・ビーン Sean Bean の司祭であるマイケル・ケリガン Michael Kerrigan 神父は，イエス・キリストが神殿から両替商を追い出したという話を引用して，会衆に向けて，ハンマーを地元の賭博店に持って行き，ギャンブルマシンを打ち壊すよう促した．まさにダイレクトアクションである！　もちろん，そのような行動は犯罪へと至るであろうし，現代のこの国でソーシャルワーカーが奨励できるものではない．しかし社会で疎外され，不利な立場に置かれている人々の側に私たちが立つ場合，それは反乱や抵抗の行動が何らかの形で必要だという明確なメッセージをまさに与えるのである．このように，より直接的な行動が求められ，正当化された時代もあった．ナチスドイツのソーシャルワーカーはしばしば政権に加担した (Lorenz, 1993)．現代の観点からは，私たちは抵抗しなければならなかったと考えるだろう．最近では，ハンガリーのソーシャルワーカーであるノルベルト・フェレンツ Norbert Ferencz が，ゴミ箱から食べ物を探すことを法律上の軽罪とする政府の命令に反対するキャンペーンを行った．彼は逮捕され，「扇動」という禁固刑の罪で起訴された (Ioakimidis, 2013)．彼が国際ソーシャルワーカー連盟のソーシャルワークの定義とその倫理的要請に従っているという根拠に基づいて，彼の釈放のためのキャンペーンを成功させたのは世界中のソーシャルワーカーだった．

　私たちは，法律と政策およびその適用に関する理解を，あらゆる方法で用いることができる．私たちが奴隷制について考えるとき，私たちのほとんどは奴隷制や奴隷としての人身取引が歴史的に合法で，実入りがよく，その美徳またはその他の点で争われていた時代を振り返る．私たちは，卑劣で非人道的な慣

行のいくつかには愕然としている．人々を捕らえて奴隷化し，取引するための村への襲撃，植民地プランテーションでの労働力としての奴隷の使用，そして保険金狙いの忌まわしい意図的な溺死（Thomas, 1999）などは，実際に起こったことである．しかし，現代にも奴隷制は蔓延しており，ソーシャルワーカーとしての仕事で関わる可能性がある．2015年現代奴隷法は，法制度の重要な部分を表しており，人権のレンズを通して理解され適用されることが求められる．この法律は，人々が労働を強制されたり，多くの場合彼らの意思に反して拘束されたりする，人身売買の慣行がよく関わる分野を対象としている．

　ソーシャルワーカーとして支援する可能性があるのは，人身売買された人，トラウマを抱えている人，住む家がなく，子どもや他の扶養家族がいるかもしれない人たちである．この法律の仕組みを理解し，法律に基づくことは必要であるが，支援を提供できる様々な機関や組織，および現代奴隷ヘルプライン（https://www.modernslaveryhelpline.org）などの国のヘルプラインについて知ることも，効果的に働くためには重要となる．法律は合法と非合法の境界を表している．あなたはソーシャルワーカーとして，法律の骨格に人間を肉付けし，人間対人間として働くことによってウェルビーイングを確保し，冷たく道具的な規則の適用を拒否するのである．次のケーススタディはこのことを示している．

ケーススタディ

　アミラは27歳だった．彼女はシリアでの戦闘から逃れていた．彼女の家族は2011年のバシール・アサド政権に対する大衆蜂起に参加していたが，彼女の夫は逮捕され，殴打され，投獄された後，釈放されるとダマスカスを離れ，友好的な地域に向かった．

　残念なことに，ISIS によって彼女の夫が殺されたとき，家族は戦闘に巻き込まれた．アミラは，7歳の娘と70歳の父親と共に逃亡した．彼女は，自分と家族を安全に国外に連れ出すことに同意した何人かの男性を見つけ，そのために彼女が持っていたすべてを支払い，パスポートを手渡した．彼女はすぐに娘と父親から引き離されてしまった．彼女は後に，父親は旅

の途中で亡くなったが，娘はドイツのミュンヘンにいると言われた．その後，彼女は脱走を組織した人々に借金があり，これを返済するには彼らのために働かなければならないと言われた．彼女は家政婦として働くために英国に送られることになっており，借金を返済するまで，言われたことをすべてしなければならない．9カ月間，掃除，料理，子どもの世話をしっかりと行い，休みを取らず，二，三人の番人なしで外に出ることも許されなかったが，その後彼女は彼らから逃れることができた．彼女は英語を少し話せたので，地域の法律センターの助けを得ることができ，自分のアイデンティティを確立して，娘を探すためのサポートを得た．彼女は，自分が捕らえられた場所や家族の詳細を知らず，警察が逮捕するのに十分な情報はもっていなかった．

国境管理局はアミラを不法移民と認定し，彼女の事件が処理されている間，彼女は尋問と拘留の対象となった．彼女は，亡命申請が赤十字によって支援された幸運な人の一人であり，この赤十字が彼女の娘を発見し，今は8歳になるが，当局と連絡を取って二人を出会わせたのである．このような立場にある人々を支援する地元のソーシャルワークチームは，彼女の身分が社会保障給付や住宅支援から排除されていることを認識していた．チームは彼女が英国のビザと入国管理サポートからの手当を申請するのを手伝い，彼女は自分自身と娘のためにそれぞれ36.9ポンドを得た．ソーシャルワーカーは法律を適切に使用するだけでなく，アミラを難民評議会（https://www.refugeecouncil.org.uk）と国民福祉慈善団体（Turn 2 Us）（https://www.turn 2 us.org.uk）に連絡させた．これが彼女の亡命申請の支持を集め，アミラと彼女の娘にとっての精神的な支えとなり，法の不当な適用に異議を申し立てたのである．

法律と政策を活用することは，コミュニティやグループ，個人に寄り添って働くことに関わる．人々への指導と支援を解釈し提供するためにあなたがそこにいることを認識しながら，彼らの状況を変えるために法律と社会政策を活用するのである．それは数ある中の一例である．進行中の研究からの発展例とし

208 パートⅢ：倫理的にそして省察的に実践すること

て，私たちが完了しかけているハイドアウェイ計画は，地方自治体がスペシャリストソーシャルワーカーを雇って，メンタルヘルスおよび／または薬物・アルコールの問題を背景としたDVや虐待を経験した男女と協働するプロジェクトを開発しているというものである．これらの人々は利用可能なサービスから除外されており，その理由は，彼らが予測できない行動を取るためであったり，あるいはこれらのサービスがいずれか一つの分野でしか救助や支援を提供していなかったりするためである．ソーシャルワーカーは，これらの人々と境界や限界を超えて働き，自信を育て，複数の組織と関わる能力を養い，それらの組織が通常行っている活動以外の状況にも対処できるよう支援するために，特別に採用されている．

ソーシャルワーカーは，暴力と虐待，メンタルヘルスとケアに関する法律に精通し，それらに関連する政策と指導法を知っている必要があるが，それだけでなく，ニーズに対応し，法律の要件を満たすのに役立つような，他の組織から提供されているものについてもよく理解しておかねばならない．

政治的に働く——政策を変えようとする——

ソーシャルワーカーはややあいまいな立場にある．雇用上では，ソーシャルワーカーとして日常的な役割を引き受けているとき，政党のメンバーとして政治的に働くことを許されない．支援している相手に自分の政治的信念を押し付けることはできないが，これは政治的であってはならないという意味ではない．実際，従来と同様に，今日では政治的であること，およびソーシャルワーカーとして政治的に行動することが重要なのである．小文字の「p」または大文字の「P」で政治を考えることは，私たちがソーシャルワーカーとしてどのように政治的に行動できるかを理解する一つの方法である．政治的であること(being political)は，私たちが社会で活動する方法に変化を起こそうとすることであり，政治的であること（being Political）は，政党またはイデオロギーを代表して行動することである．確かなことは，社会とコミュニティのすべてのセクションが1930年代のナチスドイツのように状況が悪魔のごとく発展することを，私たちは決して許してはならないということである．そこではソーシャルワーカーが

怠慢または迎合のいずれかによって関与していたのである（Lorenz, 1993）.

　あなたは様々な方法で政治的ソーシャルワーカーになることができる. 個人の能力でもって，あなたと同じく社会正義と人権の維持が重要だと信じている政党に参加し，その政党のために選挙運動を行うことができる. これは良心と権利の問題である. 私たちの社会政策を変更し，私たちの社会を組織する方法に影響を与えるために，政治活動を通じてデモやキャンペーンに参加することができる. もちろん，専門家団体への登録基準では，法律の範囲内で活動することが求められるが，抗議は社会正義と変革に対する決意を示す一つの方法である.

　あなたが政治的になることができる他の方法には，チームや組織のレビューに加わることや，あなたの仕事が人々に良い影響を与えるか悪い影響を与えるかについての根拠を収集して実証することが含まれる. インターネットでの選挙運動に参加したり，自己啓発資料を書いたり，人々が利用できる資源を開発したりできる. あなたはチーム内で，価値がソーシャルワークの中心的な位置を占めるように議論することもできる.

　ただし，政治的変革に向けて取り組む重要な方法の一つは，ソーシャルワーカーとしての実践にある. フェミニストの格言「個人的なことは政治的なこと」（Hanisch, 1970）は，文字通りの意味で解釈されると誤解が生じるものの（Furedi, 2017），依然として重要である. あなたの働き方は，視覚的な「物語」，つまり読むことができるパフォーマンスを生み出す. たとえば，法律の条文と組織の手順だけに従うことは，システムが人々よりもむしろ重要であることを示すだろう. それは，疎外された人々は問題ではないというメッセージを伝えることになる. 一方で，あなたがもし苦しむ人々の立場に立つならば，希望やサポートそして変革への政治意志のメッセージを，権利を奪われ声を上げられない人々に届け，それが社会の中で聞かれるべきである. 次のケーススタディを検討してみよう.

210　パートⅢ：倫理的にそして省察的に実践すること

ケーススタディ

　パウエルは，イーストミッドランドの町のはずれにある小さな団地に住んでいた．彼は英国で10年間配管工として働いており，定期的にポーランドに戻って母親を訪ねていた．彼は英国滞在中に人種差別，嘲り，悪口を言われたこともあったが，様々な友人がいて，英国での生活を楽しんでいた．しかし，2016年6月のEU加盟に関する国民投票の後，彼の仕事への連絡は滞り始め，初秋の頃には仕事で生計が立てられなくなった．彼は仕事を探している間，求職者手当に登録した．ますます彼は，自分の団地での生活を敵対的に経験した．彼はポーランドに戻るように言われ，唾を吐かれ，罵倒され，脅迫された後，身の安全を心配していた．警察は何が起こったのかを調査し，彼がヘイトクライムに真正面から立ち向かう必要はなく，非常に重く受け止められていることを明らかにした．

　パウエルが苦しんでいることを発見した警察は，彼の許可を得て，彼を社会福祉施設に紹介した．メンタルヘルスチームのソーシャルワーカーが訪問し，彼の状況を評価したが，サービスの資格基準を満たしていないと述べた．パウエルは，自分に起こったこと（サービスを受けられないという判断）に怒ったことを恥ずかしく思っていたが，それだけでなく，ソーシャルワーカーが人間としての彼よりもシステムに関心があるように見えたため，パウエルはこの人に排除されたと感じた．パウエルは，別のソーシャルワーカーが所属するコミュニティ・グループの番号を教えられ，その人にソーシャルサポートと会社について問い合わせた．ソーシャルワーカーは，彼の話や心配事，懸念事項に耳を傾けた．再び彼の許可を得て，平等法の下で社会サービスを取り上げ，ヘイトクライムに対処するためのコミュニティ統合計画を実施するよう地方議会に要求した．ソーシャルワーカーがそのようなやり方で政策を活用しているのを見て，パウエルはコミュニティ・グループでボランティアを行い，同じように人種差別的な暴言や中傷を経験しているコミュニティ内の他のポーランド人居住者を支援することに希望とエネルギーを注いだ．彼の行動によって，コミュニ

ティは中傷されたときにもっと声を上げられるようになり，警察に懸念を報告することもでき，そして警察もそれを歓迎したのだった．

　ソーシャルワークの内部で政治的実践を強化するもう一つの重要な方法は，第1章で紹介したラディカルで批判的なソーシャルワークの歴史的遺産を構築していくことである．もちろん，ここでの考え方の多くは，新マルクス主義の社会解釈に由来しているし，これはすべての人に適しているとは限らないだろう．現代の急進的なソーシャルワーク・アクション・ネットワークの幅広い基盤は，社会正義と人権を国全体で促進し，ネオリベラルな新公共管理政策がソーシャルワークサービスを利用する人々に与えた攻撃に対処することを目的としている．これは，今日のソーシャルワークに内在するニーズに関わる多くのソーシャルワーカーの見解と一致している．

本章のまとめ

　この章では，法律と社会政策に関してソーシャルワークに必要な知識とスキルを取り上げ，それらを活用してソーシャルワークを実践に移す方法を検討した．ソーシャルワーカーがなぜ世界や国，地域の政界をよく理解する必要があるかの理由を紹介した．それに先立って，私たちは法律を実際に解釈するため，人権と平等の基盤について考察した．政治的であるための一連の方法として，周縁化された人々の社会的地位や利益の向上のために，ソーシャルワーカーが法律を解釈し，政治運動を行うことが紹介された．私たちはいよいよ本質を問う最終章で，ソーシャルワーカーが日々の実践で直面する倫理的ジレンマを検討していく．

さらなる読書

Brammer, A. (2015) *Social Work Law*, 4th ed. London: Pearson.
　地方自治体での経験をもつ法務官によって書かれたこの人気のある版は，良い実践のために法律を理解して活用することの重要性を示す力作であり，同時にその実践の発展と変化も理解することができる．

212　パートⅢ：倫理的にそして省察的に実践すること

Ife, J. (2012) *Human rights and Social Work: Towards Rights-Based Practice,* 3rd ed. Cambridge: Cambridge University Press.
　人権の分野におけるジム・イフェの名声は卓越しており，この本は，ソーシャルワークの実践において人権がなぜ，どのように重要であるかについての詳細で博学な解説である．

Johns, R. (2017) *Using Law in Social Work,* 7th ed. London: SAGE.
　ロバート・ジョンによる法の活用に関する書籍は，手に取りやすく人気があり，ソーシャルワークの学生や実践者に大きな価値を与え続けている．　それは，実践に直接つながる明確でわかりやすい方法で書かれている．

訳注
訳注8-1　ペルソナについては第6章　演習6.1参照．

第9章　実践における倫理的ジレンマ

ソーシャルワーク学位の達成

　本章は，専門職能力枠（Professional Capabilities Framework）にそって適正な水準に向けて，次のような能力を発展させていくことを手助けする．

価値と倫理

　決定に到達する際に価値と倫理を考慮に入れながら，専門職業の倫理原則と法規を理解して適用する．

　潜在的に矛盾するか競争している価値を管理すること，そして，ガイダンスで，認識し，倫理的ジレンマを振りかえり働きかけをすること．

　サービス利用者とケアラーに対して丁寧なパートナーシップをとるよう働きかけること，彼らのニーズと意見を引き出しながら，可能なところならどこでも意志決定への参加を促す．

　また，ソーシャルワーク科目指標書で出されている，以下のアカデミックな基準を紹介する．
5-3.i-xii　価値と倫理

実質的に最終章である第9章は，社会的不利あるいは周縁化された個人と集団に適切で信頼できる仕事をするソーシャルワーカーに課せられる主要な倫理的問題を考察していく．それは以下を探求することが含まれる．

- 政策や実践が，人々や集団，コミュニティを周縁化し，社会的不利な立場に置く場合
- 組織の方針とソーシャルワーカー自身の道徳感覚（moral sense）が衝突するとき

214 パートⅢ：倫理的にそして省察的に実践すること

●資源がそこにないとき
●コミュニティがお互いに衝突するとき
●ソーシャルワークを利用する人が，ソーシャルワーカー自身の道徳的感
　覚あるいは価値ベースに挑戦するとき

周縁化され社会的不利にある人々

　これまでの章で，かなりの多くの紙幅を割いて，周縁化と社会的不利を構成
するものについての探求と，その疑問について取り上げてきた．その結果，社
会の「はしご段（rungs of the ladder）」で最も底辺を占めている人々は誰か，そ
して，実際に，ソーシャルワーカーがサービスでできることは何かについてふ
れてきた．人々が社会構造と社会政策によってどのように周縁化されるのかに
ついて，難民と他の移住者に関連する社会的疎外（social exclusion）としての貧困，
同様にその住民の地位，権利，そしてサービスのためのアクセス利用の派生的
結果を探求してきた．同時に，ロマジプシー移動集団のような，ライフスタイ
ルと文化を通して社会の端にある人々は，故意の政策や十分に違いに順応でき
ず脱落することで，主流社会から疎外されている人々として見なされてきた．

　障害や年齢，階層は，人生における安定性あるいは不安定性に影響する．そ
して同様に，それほど明白でない程度に，ジェンダーも影響する．この後者の
要因は特定に詳細には探求されないが，ジェンダーはここに言及される高齢者
のケースの多くは男性よりも女性に関連することが顕著である．高齢男性のフ
レイル（frailty）^{訳注9-1}は，しばしば彼らの妻によってケアされている，けれども女性
が長寿であるため，必ずしも健康状態がよいとはいえなくても，妻が相補的に
夫婦間で交代してサポートを受けることはない（Galfe, 2014）．

　生涯を通じて変化する状況は，人々にとって弱く，傷つきやすく，不確かな
状況を生み出し，人々は様々な方法でそれを乗り越えていく．そうではあるが，
危機理論に関連する実践の知恵も示唆しているように，これらは新しい見方や
在り方を試みる機会となりうる．これはサービス利用者と同様にソーシャル
ワーカー双方の真実である．このプロセスは，基本的には楽観的ではあるが，
困難や失望がないわけではないことも明らかである．

第9章　実践における倫理的ジレンマ　215

したがって本章では，これまで述べてきたいくつかの問題や登場人物に立ち戻り，それらが示すジレンマと，それらにどのように対処できるかを明らかにしていく．

これまでに議論したように，PCF（Professinal Capabilities Framework）は，全体論的で，実践の細分化しているコンピテンスの問題を解決するようにできてはいるがバージェス Burgess ら（2014）やヒギンズ Higgins（2016）は，PCF は社会医療的ニーズの増大に直面してエッセンシャルサービス不足となった英国社会の緊縮政策の結果に対処することができないとしている．第8章の新人ソーシャルワーカー，マックスのケーススタディでは，サービス利用者のほんとうのニーズに気づいたとき，自動的な素早いニーズのアセスメントをやめてしまう．ほんとうのニーズを知ったことで「ケアパッケージ」を割り当てられる「ケース」よりむしろ個人的悲劇に関して受け入れることができない人間として聞くようになり理解するようになる．

リーマ Reamer（2013）はソーシャルワーク介入の技術的で，実証的で倫理的な次元に関しての実践を探検している．マックスのホリスティックで，感情移入アプローチは，PCF によって是認されるように，優れた実践（good practice）としてソーシャルワーク価値により因習的に認識されるだろう．ここでは，ニーズのアセスメントを行う技術的側面は保留され，倫理的なソーシャルワークの判断としてサービス利用者の実証的な状況のより良い理解を支持する．しかしながら，マックスが，効率的，または有効に本件に対処するよりむしろサービス利用者に焦点を合わせるためにより多くの時間を費やすことを選んだために，上級管理者によって非難された．このような実践上の難題について考えるとき，ヒギンズとグッデヤ Higgins and Goodyer（2015）が提示したアイロニーがすぐに思い浮かぶ．ここで，ソーシャルワークの価値観とソーシャルサービスの現実との間にしばしば生じる，明らかな溝について振り返ることになるかもしれない．けれどもそのところで，十分な仕事への時間はソーシャルワークにおいて，コミュニティ資源と同じくらいの必需品である．

現代ソーシャルワークの非常に影響力の大きい局面の一つはリスクへの焦点である．「セーフガード（safeguarding）」というあいまいな言葉がソーシャルワーク教育と実践で一般的であり，ソーシャルワークがしばしば*リスク管理*

216 パートⅢ：倫理的にそして省察的に実践すること

(managing risk) に関するものであると示されている（Crisp and Gillingham, 2008）．用語としてのリスクがどのように使用されているかに関してスタンフォード Stanford（2010）はコメントしている——サービス利用者はリスクに晒されるかソーシャルワーカーにリスクをもたらすかのどちらかである．ソーシャルワーカーは，その介入によってリスクを改善することもできるし，リスクを増大させることもできる．したがって，リスクという言葉は，専門家としての不快感や恐怖と密接に関連することになる．

　リスクを嫌悪する英国社会では，健康と安全の社会秩序の厳格な強化に関して，かかわる人すべてに晒されることの一つである．確かにこれはかつて社会に存在していたよりはるかに大きい人道的配慮を示すことの社会的必要性から始まった——そして，これはこれまでの法律の核心であった．しかしながら，責任の重荷が雇い主から個々の従業員に移り，従業員は企業に対する訴訟の「リスク」を回避するために，様々な安全衛生規則を守らなかった場合に処分を受けることになる今日，これが優先順位の第一であるかどうかは，現在では疑問視される．

　著者の一人が，最近，6月のうららかな天気の日にクロスカントリーの列車で家に戻る途中の出来事から，さらにこれを例証する．再三，旅行者の多くの激怒の声が聞こえ，ありふれた乗客への車内アナウンスが天候が「暑く」一本の水をくばることに変わった．そのあと，体の具合が悪い乗客は，非常用のコードを引くのではなく，次の駅で降りるか，さらに良いのは，列車に乗るのを全くあきらめるよう本当のメッセージが続いた．明確に，このリスクマネジメントは乗客が気分の悪いことで高くつく（代償費用）遅れを避けることに焦点があわせられた．列車の遅れのせいで乗客は不利益を被るか暑さと脱水のため気分が悪くなるか．どちらの場合でも，主な関心事は，乗客のためというよりむしろ鉄道会社のために問題を避けることであった．

　このことは，公共生活や個人生活を抑制し，ソーシャルワークに深く浸透しているリスク回避の問題全体を浮き彫りにしていることが示唆できる（Stanford, 2010）．なぜなら，脆弱な社会的に弱い人々が搾取や虐待から法的に保護される必要があるのは明らかであるが，無反応な社会ケアシステム，不十分で脆弱なサービス，圧力をかけるサービスや職員によって人間性を奪われることに

よって虐げられも（abuse）している.

　どのように人々を脆弱にさせるのかを理解するために，第4章のウッドと娘のサラのストーリーの続きを見てみよう.

ケーススタディ

　娘（サラ）は（ウッドを）虐待していると思った高齢認知症虚弱者病棟（EMI）に，苦しむ母に会うために訪問したことを思い出して，サラは著者とのインタビューにおいて以下の会話を再現した.

ウッド（サラに）：正気でなくなっていた.
サラ：何によって，正気でなくなっていると思うの？
ウッド：私の財布にはお金がまったくない，そして，衣服に他の誰かの名
　　　　前があるの，そして，同伴者がないと外に出ることが許されてな
　　　　いの. 正気でないと言うしかない.

　第4章で説明されるように，ウッドはEMI棟での不幸な生活の後，適切なナーシングホームに入所した. そこでの次の問題は彼女のケアのための経費の追い立てであった.

　サラはウッドのソーシャルワーカーに積極的な協力を求め，資金を調達して母親をホームに住まわせ続けようとしていた. サラは，ソーシャルワーカーであるヤンと意思疎通をはかるのに多くの困難を経験したこと，そして残念なことに，その関係は共感的で建設的というよりは，むしろ緊張した敵対的なものであったと感じていた. ある日，サラはヤンからの電話に苛立ち，資金不足が深刻化しているため，ウッドに選択肢（退去するしかない）がないことを露骨に告げられた.

サラ：この過程においてずっと見失っていたと感じていた母の人間性になんとか光をあてることができないかと思っていたときに，このミー

ティングでソーシャルワーカーの人間性に出会わなければならなかった．

　ケアに関してだれかと話すのが必要であるときはいつも5個の大きいファイルを持ち歩かなければならない．それで，わたしは，作業療法ファイル，CHC（健康管理帳：continuing health care）ファイル，ソーシャルサービス事務書類，有価証券ファイル，コンタクトをしたナーシングホームチェーン，母の治療関係書類そしてわたしのケアサポートファイルのすべてを閉じてファイルにしていた．どこに行こうとも，これらの全てをもっておかなければならなかった．そうすることで，もし行政や誰かと話すことができる時，彼らに素早く話すことができたからであった．その日は母親のソーシャルワークの年次審査で，私は六人目のソーシャルワーカーに会っていた．

サラは次のように述べた．

　ソーシャルワーカーのヤンに，「私たちの実践の振り返りをしたいのですが？」と話すとヤンは，「それは何ですか」と尋ね，私は「それは，あなたの実践がどう私たちの人生，良いこと悪いことに影響したかについ話してみたいのです」といった．

　それはとても有意義なミーティングだった．彼女との電話での会話や，それが私にどのような影響を与えたか，幻滅して希望を失い，号泣してしまったことなどを話したからだ．希望を取り戻す唯一の方法は，ヤンと経験を共有することだと思った．それはこの優秀なソーシャルワーカーがそんなつもりで言ったとは思えなかったからだ．彼女はシステムに巻き込まれ，コールセンターの心がけ，台本を身につけてしまったのだと思う．そして彼女は，自分が扱っているのが一人ひとりの人間の命であることを見失っていた．彼女に対するプレッシャーは，上からも下からも，そして周囲からも，つまり経営陣からもかけられていると想像していた！母を予算の問題以上に見る余裕はなかった．

第9章　実践における倫理的ジレンマ　219

それで私は彼女に私の気持ちを伝えた．それで，私が，どのように感じ
たかを彼女に伝え，彼女はそのことを完全に理解した．しかし私は彼女に
「あなたの関係のつくり方は攻撃的ですよ」と言わなければならなかった．
そして彼女は，泣き始め「あなたは，私が攻撃的であると言う三人目です」
「はい，私はそうです」，そして，「とてもそれをすまなく思っている」といっ
た．そして私は彼女に「問題は，あなたがソーシャルワーカーであり，予
算を扱っているため，攻撃的になる必要があるということです」「私は愛
する人（母）をあなたに届けるケアラーであり，あなたと彼女（母）の間
に身を置き，守りに入らなければならない立場にある」「実に何も進歩し
ていません，なぜなら，あなたは私が必要とするスキルセットを持ち，私
はあなたが必要とする情報を持っているからです」「だから，母をめぐっ
て綱引きをするような攻撃的で防衛的な態度ではなく，社会的ケアビジネ
スを複雑なジグソーパズルのように見て，一緒に道を切り開こうとしませ
んか？」と話した．

彼女は私が言ったことに本当に驚いたようで，とても静かになった．そ
して，彼女は言った「オフィスに戻って，これは変わらなければならない
ことなので，何がここであったかについて，話す必要がある」と，私はこ
れを聞いてとても安心し，そして「ありがとう，聞いてもらえたことに本
当に感謝よ」といった．

最終的に私は，母がやっと「わかってもらえた」のを感じ，そして母の
経験が認められたと感じた．しかし実際には，タイタニック号の舵を切る
ようなものだと思う．灯台のように目立ち，これまでとは違うやり方で物
事を進めようとするソーシャルワーカーが乗組員の中に一人はいるかも
しれないが，他の乗組員を説得してこの船を違う方向に進ませるには長い
時間がかかるだろうと思う．

組織の方針とソーシャルワーカーの道徳感覚が衝突するとき

これはソーシャルワーカーにとって非常に困難な問題であり，もし解決されなければ，その職業に対する専門的なコミットメントを脅かしかねない．ここでは，「仲介者（broker）」としてのソーシャルワーカーという考え方を，中立的な立場から見ていく．この考え方は，すぐに金銭面的なことを連想させるかもしれないが，「媒介者（middleman）」という広い視野を包含する考え方としてみていく．「サポート仲介者（support broker）」は，基本的にサービス利用者／ケアラーが必要とする情報，ガイダンス，アドバイスの保有者と見なされ，課題中心のアプローチだけでなく，個別に合わせた情報提供の適合をはかるとされている（Phillips et al. 2010）．

「文化的仲介者（cultural broker）」の概念も，家族を援助することにおいて，少数派民族の背景やあるいは周縁化された宗教からの文化的にセンシティブなサービスのアクセスのために提唱されている（Lindsay et al., 2014）．これらやその他のブローカーの概念は，ソーシャルワークの役割を探求する上で有用な余地を与えてくれるが，金銭面や金銭的評価という点で，ブローカーのより陰湿な面は，ソーシャルワークの創造性を発揮する余地をあまり与えない．これはしばしば，地域社会における資源供給とその不足の醜い様相を表している．この仕事は，有資格のソーシャルワーカーだけでなく，ソーシャルワークの資格を持たないメンバーも遂行することができるが，誰に割り当てられたとしても，通常は否定的な意味合いを持ち，仕事量に対して不快感，さらには汚名を着せる（stigmatizing）以外の意味はもちそうにない．

見ず知らずのサービス利用者の経済状況を，公式に調べることを楽しむ専門家はほとんどいない．このような調査は，サービス利用者を動揺させたり，困惑させたり，不愉快な対立につながる可能性が高いという現実的な懸念があるかもしれない．資金調達に関する問題は多くの倫理的な意味合いを含んでいる．ウッドとサラのケースのように，サービスは，誰かのウェルビーイング（wellbeing）に不可欠であるにもかかわらず，それにアクセスできないでいるかもしれない．高齢者が貯蓄をすべて使い果たし，子どもたちに何も残さないという問題は，道徳的に危うい立場ではある．実践家の中には，貯蓄はすべて個人に帰属し，

相続人には帰属しないと主張する人もいるだろうし，相続という概念自体が間違っていると主張する人もいるだろう．それでも，文化的背景によって，特定の人々は家族のお金を守るべきと考えるかもしれない．おそらく彼らは両親によって助けられたように次世代に引き継がれるべきと見なす．したがって，この論理に基づけば，自分たちの必要なことに使うことは，家族の正当な報酬を奪うことに等しいことになる．他の多くの人たちは，生涯税金を払い続けることで，（特に，これまで福祉サービスをあまり利用してこなかった人たちは）今，必要なときに無料のケアを受ける権利があると主張するだろう．

演習9.1

ケアに対する支払い，特にそのケアが誰かの蓄えのすべてではないにせよ，非常に大きな部分を食いつぶしてしまいそうな場合，これらの異なる立場について，あなたはどのように考えるか？

コメント

自分の考える視点と反対の視点をどれだけ理解できるだろうか？　それぞれの立場の利点を，関係するすべての利害関係者 (the stakeholder)（サービス利用者，家族，関係する専門職，国家など）の観点から，どのように評価するだろうか？

この議論でどの立場を取るにせよ，サービス利用者やケアラーは，銀行口座の明細書など，収入を証明する正しい書類（証拠書類の写真を求められることが多く，それ自体が不愉快な問題でもある）を提示しない場合，自費利用者（self-funder）に分類されることになる．明らかに，これは，サービス利用者が何を尋ねられているか，あるいは正確な財政的証拠を見つける要求に応ずることができないのは何かを理解しないならば，これは潜在的に同意しがたい状況または問題をしばしば生みだす．

サービス利用者が自費利用者と判断された場合，ソーシャルケアスタッフは，

222 パートⅢ：倫理的にそして省察的に実践すること

ケアパッケージを提供する機関を紹介するだけで，そのようなグループに対して義務を果たすこととなる．これらの中には公的な機関もあるが，大半は独立系機関（independent sector）で最も多く見られる．その結果，独立系機関の急激な発展がみられた．もちろんそこには評判の良いところもあるが，あまり慎重ではない，あるいは説明責任を果たしていない機関もある．この種のタイプの機関は，すぐに開業したり閉鎖したりするかもしれないが，サービスの良し悪しにかかわらず各機関はニーズが資源を上回り儲かる市場で収入を得る立場で展開されている．

社会的ケアに作用している新自由主義の政治情勢は，大部分のソーシャルワーカーが健全さを見いだすよりも統制のないそして非常により不透明な状況に置いている．介護ニーズに応じてお金を稼ぐために機関が開設されるのは，顧客の「選択（choice）」という過度に単純化された概念に当然の敬意を払って，市場の需要と供給の概念を促進する政治的要因の論理的な結果である．このようなことの支持者は，市場の効率化を支持するが，同様に，国家責任を個人の才覚に委譲するような政策から生じる結果であるとも指摘することができる．サービス利用者は，これらの状況の性質によって，しばしばこうした選択肢がなかったり，理想的な世界であれば利用できるはずの選択肢を，見ることも得ることもできなかったりする．実際に，私たちはケアを必要とする誰かであるが，ケアがどのように管理されるかあるいは誰によって管理されるかについて選ぶことが簡単にできる立場ではない．これまで見てきたように，サービス利用者はしばしばケアを求める申立人の立場に置かれ，十分なコンプライアンスや利益が得られないと見なされれば，ケアを受けられないこともある．

資源がそこにないとき

財源（funding）をめぐる争いは，個人や家族に大きな影響を与えるが，医療と福祉という公共サービス間でも行われるため，実践家と利用者のレベルよりも高いところで繰り広げられる．それぞれのケースがNHSまたは，さもなければ，社会福祉サービスにかなりの財政的コストがかかるので，長い間，シビアで慢性の複雑なニーズがある個人のケアにどう資金を提供するかは議論が続

いている．このように，誰がCHC（Continuing NHS Healthcare）を受けるかという問題は，コミュニティにおいて，そのような個人に資金を提供する主な責任がどこにあるかについて多くの論争をしばしば含んでいた．

皮肉は，たとえ反省するための材料であったとしても，私たちをここまでしか導いてはくれない．ニーズをサポートするための資源がない場合，特にそのような資源がかつて利用可能であったことを十分に知っている場合，または適用基準がかつてサービスを受けていた人々を除外するために別の段階に引き上げられた可能性があることがわかっている場合，私たちは何ができるだろうか？

特に考慮すべき点は，ソーシャルワークが社会において資源を割り当てる政治的な役割があると考えるかどうかである．さらに言うと，ソーシャルワーカーは政治的動物（political animals）なのだろうか，それとも私たちの実践は政治的な汚れを完全に取り除くとみるのか？　もし後者であるなら，それ自体が政治的な立場なのだろうか，もしそうなら，そのことは私たちが働きかけている人たちや，一緒に働く人たちをどう助けることになるのだろうか？　このような問題については第5章で考え始めたが，このことはソーシャルワークの経験をとおして何度も復活し続ける問題である．

もし私たちが，ソーシャルワークが政治から切り離されたものではないことを認めるなら，そしてここで「政治（politics）」という言葉を，単に政党政治としてだけでなく，生活を形成したり，生活に影響を与えたりする人々や集団の間の力としても解釈することは有益なことである．それから，それはソーシャルワークの教育者も認める責任のあることである．必要不可欠な資源が利用できない場合，ソーシャルワーカーは自らの専門的価値観に従って，実践の中でどのように対処すればよいのだろうか？　もしそのような状況が神の御業でないなら，それは人によるものに違いない．もしそうなら，その根底に政治があることになるが，もちろん政治は人々と利益団体で構成されているに過ぎない．もしそうならば，政治がそのルーツであるけれども，もちろん，政治は人々と利益集団から構成されている．社会がどのように資源を配分するかは政治的な決定であり，市民や団体による影響を受ける可能性がある．

ローカルなサービス提供の現場で働くとき，ソーシャルワークの近視的光景

をあらわすことは容易い．そこでのミクロレベルの実践はだんだんに課される
サービス利用者と官僚的な要求に不規則にひっぱられる．けれども，ソーシャ
ルワークは，メゾレベルの介入を包含しながら，これよりもさらなる広がりを
もつ，たとえば，コミュニティとの関係あるいは地区自治のイニシアティブの
レベルはどうかなど，——そしてさらにマクロレベルの社会政策に影響する．
ソーシャルワーク実践が日常的に行われる社会構造で形成されるためには，政
治という垂直的な階層の中で効果的な専門職の関与ができない限り，個々の実
践家が本物の良い実践を達成するのは途方もなく難しい（不可能だとさえ言う人
もいる）．このように，ソーシャルワークは本質的に政治的であり，政治化され
たものであり，その未来とサービスを利用する人々の未来のために，民主的な
空間においてこれまで以上に積極的に活動し続けなければならない．

　しばしば認められるように，ソーシャルワーカーは非常に居心地の良くない
位置にまたがっている．古典的には，彼らは恵まれない人々や困窮者のために
擁護しているが，同時に国家の奉仕者でもある．しかし，政治的影響力のベク
トルが国家を形成しているのであって，静的なものではない．それゆえに，ソー
シャルワークは，ソーシャルワーカーに無力感を与え，燃え尽きさせるような
虚無的で破壊的な緊張と矛盾の網の目の中に閉じ込めることもあれば，対照的
に，ソーシャルワーカーはクライエントグループと，そして国内的にも国際的
にも互いに強さと連帯を生み出すような，ダイナミックで創造的な力を生み出
すこともある．

　ソーシャルワークは，国家が授ける権威を入手することができる．専門的な
仕事は，しばしば目立たず，困難であると感じるけれども，ソーシャルワーカー
の力は，彼らがそれを行使することを選択すれば侮りがたいものとなり得る，
反対に，彼らがそうしなかったり，彼らの声を重要視する方法を知らなかった
りすれば，それは無視できるものとなる．重要なことは，これまでと同様，連
帯と団結した使命，そして専門職とその使命を守るために大胆かつ力強く発言
する，強力で包括的組織（inclusive body）である．またメディアを利用する際
の優れたノウハウは非常に重要であるが，ソーシャルワーク団体においては，
これまであまり活用されてこなかった．ソーシャルワークを否定し批評する
人々は，メディアを悪意のある目的のために利用する．しかし，それはソーシャ

ルワークにとって有利に働くこともある．では，ソーシャルワークに関する良いニュース（good news）はどこにあるのだろうか？　より良い防御は，ソーシャルワークが行っている良いこと，そして欠点や失敗を遥かに凌駕するその多くの成功について，真っ先に，そして声高に語るために攻勢に出ることである．

演習9.2

ソーシャルワークとメディアとの効果的な関わり方についてどう考えるか？

一般の人々にどんなソーシャルワークの話を聞いてもらいたいと思うか？

コメント

本や番組プログラムでのアイデアは公共の領域において良い材料が不足していることで苛立った人々によって生み出されることがある．ソーシャルワークが社会で果たしている重要な役割について，一般の人々に何を伝えることができるかについて，ソーシャルワーカー自身以上に知っている人はおそらくいないだろう．

その一方で，ソーシャルワーカーだけではどうすることもできない緊縮財政によって，人々がどのように失望させられているかという，もう一つのストーリーがあることを忘れてはならない．

ケーススタディ

ジュリーは仕事の大半が複雑なニーズのアセスメントにかかわるローカルのソーシャルサービス事務所で働いている．彼女は資金を獲得するための深刻な争いについて記述している．

226 パートⅢ：倫理的にそして省察的に実践すること

健康状態の悪い人が入院している場合，その人は CHC（Continuing Health Care）を受ける権利がある．しかし，以前は多くのケースで NHS は私たちの意見に同意していたが，今では，より大きな会社のコンサルタントを送り込み，私たちの意見を覆えそうとしている．一例を挙げよう．CHC の資金援助を受けるには，そのニーズが強烈で，複雑で，予測不可能であることを示さなければならない．しかし，コンサルタントは，そのニーズは資金を提供するほど予測不可能ではないと言う．

その決定は家族に莫大な違いをつくりだす．彼らは資産を売り払ってしまわなければならないかもしれない．私は家で転倒して怪我をした一人の男性のケースを思い出している．それまで，彼は，少しのケアも必要としたことがなく，みごとな体格の持ち主であった．しかし残念ながら，本を棚にもどすのに，バケツの上に立ったとき，そのバケツが滑って，頭をテーブルにぶつけて，現在，四肢麻痺の患者となってしまった．彼は自分で食事をすることさえできないが，それでも，コンサルタントは，彼へのケアの必要は不確定と主張した，彼のすべての生活でケアが必要な状態にあるにもかかわらずである．コンサルタントは，彼の状態は激しいものではなく専門看護師の必要はないとして，CHC の支払いを拒否した．ソーシャルサービスは社会的ケアだけを管理すべきであるが彼のニーズはそれをはるかに超えていたにもかかわらずである．

さらに悪いことに，この夫婦は当時離婚をする予定だったが，法的なプロセスを開始できないでいた．それで今彼らは（彼の）ケアの支払いのため自宅を売らなければならなくなり，そして，離婚訴訟で半分の財産を与えられただろう妻は，権利をとりそこなった．

誰かを助けられるかもしれないのに，誰が介護費用を負担するのかについて議論するだけで，貴重なソーシャルワークの時間と労力を費やしてしまうことになる．

おそらく，考えられることは，この現在深刻な不利益を被っている不幸な夫

婦をサポートする方法はいくつかあるということである．まず，離婚を望むのであれば，離婚を続行することは可能なのではないか，という疑問が即座に生じる．これは，個人の尊重という重要な原則を裏打ちするものである．片方が重度の障害を負ったからといって，なぜ夫婦が不幸なままでなければならないのか？　さらなる問題として平等，特にジェンダーの問題がある．そこでは女性がとてもしばしば，無意識的にケアラーの役割を担ぐことを期待されてしまう．離婚はおそらく，関係者，特に直接のサービス利用者である夫との関係において，第一に情緒的なかかわりが必要となるだろう．この感情的サポート（emotional suppor）は PCF（Professional Capabilities Framework）によって特定されるソーシャルワークの付託と任務を危機にさらすことになる．

コミュニティがお互いに衝突するとき

　もしただちにコミュニティの衝突について考えるならば，現在の国を巻き込み，分断している差し迫った緊急の政治的混乱から逃げることはできない．

　この記事を書いている間にも，イスラム過激派とウェールズ出身の白人至上主義者らによって，悪名高い残酷なテロが行われ，通行人を無差別に襲っている．そして，これらの攻撃（テロ襲撃事件）に対応して，トランプ大統領はサディク・カーン Sadiq Khan（良心的なロンドン市長）に怖がることなく威厳をもちそれを考えるようツイートした．そのうえ，何百人ものロンドン公営住宅入居者は，防止できたはずのグレンフェル・タワー高層ビル火災（2017年6月14日）での恐ろしい死に，ちょうど直面した（第8章参照）．さらに，政治背景は結局のところブレグジット Brexit（EU 離脱）に包み込まれたままである．辛辣なマスコミと当惑され怒った住民が EU 国民投票や，その年の以下のことを通して政治不信と否定，深い国の分断を長引かせた．以下のこととは，離脱交渉において EU 移住定住者の命を駆け引きする冷淡な交渉，急いで召集された総選挙，わが身にはね返ってくる経済苦難，この国の将来に対する信頼の損失である．こうしたことはすべて，英国に根深く残る緊張を浮き彫りにし，悪化させることになる．気休めやどんなに素早い政治的措置（fixes）あるいは「改装（makeover)」でも解決できないほど不安定さが根強くありすぎている．

228 パートⅢ：倫理的にそして省察的に実践すること

　もしソーシャルワークが偏狭で非政治的なものだと思うなら，そのような懸念は専門職の実践が結果を出せない根拠（matters）として構成していく．そして，そのような考えから無関心さが残ってしまう．しかしながら，ソーシャルワークは素晴らしく社会の中で生態系システムの一部を形づくっている．私たちが働きかけている人々のいるところには，公然とあるいは隠された不当な扱いのような社会的な影響が運び込まれている．さらに，これらのことが私たちの生活にどのような影響を与えているかを認めなければ，私たち自身が不正（injustice）であることになる．したがって，陽気なルネッサンス時代の形而上詩人ジョン・ダン John Donne の言葉で言い換えると，*いかなるソーシャルワーカーも孤島のようには生きられない，あるいはそのふりはできない*．

　乏しい資源のまま維持しようとする利益集団が生み出す競争や対立は，サービス利用者にとってより質の低いケアやサービスをもたらす．しかしそのような競争でさえ，もちろん，ネオリベラルの考えをベースにしており，抜け目のなく顧客利益に働きかける．すべての社会健康ケアにあてはめられるこの残酷な営利モデルの不適切性は，「優れた実践（best practice）」のモデルを同一視し提供することを探し求める多くの実践家の専門意識の挑戦できる一つである．この専門職の理想は公的サービスに関する政府のけちさ（cheese paring）とはほとんど互換性をもたない．恐ろしい火災のあったロンドンのグレンフェル・タワーは，建物に可燃性の外装材を使用して，安く上げようとした地方議会の極端な倹約の犠牲の象徴として黒こげのまま残されている．この悲劇が，世界で最も裕福な国の中の最も裕福な行政区（ケンジントン・アンド・チェルシー区）で起こったという事実が，緊縮財政や，貧しい人々や社会から周縁化された人々を軽んじる政治がもたらす被害に対する政治的な呼びかけになるのは当然である．

ソーシャルワーカー実践の道徳的感覚と価値ベースへの挑戦

　社会的不公正がいかに重苦しく時には意気消沈させるように見えても，ソーシャルワークが疑いなく豊かで面白い側面をもっていることを私たちは忘れてはいけない．時折の笑いを楽しむことは不適当であるどころか，泣きまたは叫

びそして机を時々叩くような笑いは安全弁として作用するだけではなく，クライエントグループを，困難な状況にもかかわらず人間性を表現しようと奮闘している人々として見ることができる．

　定まった思考方法やコミュニケーションの没個性的な流儀を身につけることが重要なこととして「専門職（professional）」であろうとすることにはあまり脅かされるべきではない．それで，そのことを気にしてばかりいるなら，私たちの感情移入（共感すること）とユーモアのセンスを失うことになる．専門性（professionalism）とは，決して尊大な態度で偉そうな口をきいたりすることではなく，また楽しい仕事でないというわけでもない．私たちが共に働く人々（サービス利用者，その家族，そして同僚）に対して，私たちの専門職としての価値観や原則に見合った接し方を知ることであり，相手の人間性を見抜き，尊重し，大切にすることである．

　私たちの働きかけている人はしばしば「私たちを面白がらせる（笑わせる）（tickle our funny born）」，ライフスタイル，習慣，服装そしてコミュニケーションスタイルを持っている——したがって，私たちはあまりにこれを抑圧してそして良いユーモアを死なせることではなく，これを使用して，彼らとソーシャルワークをさらに深く探求し，より抜け目がなく，思いやり（compassionate），レジリエンスとセルフヒーリング（自己回復）のある実践者になる道を歩むことである．

ケーススタディ

　コニーはキャラバン（移動住宅），あるいは捨てられたキャラバンで生活している．彼女は常習的貯蔵人（ため込む人）であるので，キャラバンは彼女の所有物でいっぱいで，崩れかけた屋根に収納されている．コニーは実際にキャラバンに取り付けられた古い日よけの下で生活しているが，そこは，衛生問題がありネズミがはびこっている．

　コニーのキャラバンは実質的に居住に適さないので，ソーシャルワーカー（ワヒダ）は，最近何とか住宅協会に話をして彼女をフラット（アパート）

230　パートⅢ：倫理的にそして省察的に実践すること

に移すよう都合をつけた．その移動のためには，コニーにとって貴重なため込みをしたものの一部を手放すことに同意することで認められた．もっとも，移動が実行されるとすぐに，コニーは，いくつかの自分の所有物がまだ残されていると引っ越しサービスにすぐに電話をした．それで再び，コニーは，びっくりするほどのため込んでいたものによって取り囲まれた．それは正面玄関を通り抜けるのが非常に難しいほどのはなはだしい量だった．引っ越して間もなく，ワヒダは隣人からコニーの非社会的な習慣について電話を受け，何が起きているのか調べるために家を訪ねた．そのアパートに行くと，彼女（隣人）はコニーがゴミ箱から食べているのを目撃したと説明した．コニーは（隣人の）考えと通報について大いに憤慨してこう言い返した．「とんでもない！　私のような女がゴミ箱から食べると思う？　私はカナダに行ったことがある，海外よ，あなたはわかるだろう！」

　昔のコニーを知っているワヒダは，この件を追求し，他の人も目撃していると説明した．否定しても無駄だと悟ったコニーは，はったりを通すことに決めた．

コニー：さて，私はゴミ入れにある物をリサイクルするのが好きです．物をきちんとするのが好きなのです，わかりますか．

ワヒダ：コニー，あなたはゴミ入れから何か食べたり飲んだりしたことある？

コニー：おお，いったい全体！　さて，分かりました，よく，私はコーラのボトルをいっきに飲み干してしまったかもしれません．人はものを捨て（無駄にする），それはみっともないことです！

ワヒダ：ボトルはどれくらい大きいのですか？

コニー：それは巨大なボトルでしたよ！　だれかがまだ飲み物の残ったボトルを捨ててしまったと思ってください！　私の母は，「むだにしないで，欲しがらないで」といつも私に教えたわ．

ワヒダ：コニー，考えなければならないことがいくつかあると思う．まず，だれが飲み残したものかわからないし，何が入っているのかさえ

わからないよ！

コニー：それは実においしかったよ．

ワヒダは，コニーがボトルをどうしたかを見つけようとします．コニーがゴミ入れから回収したボトルをまだ持っていて，アパート全体に散らかしていることはわかっている．コニーは，今，防衛的となっている．

コニー：私は収集に慣れています．わかりますか，これらのすべてのボトルを空にしなければなりません．人々が捨てて無駄にしているものを！私がここでそれを整理するのは非常に幸運なことです！

コニーは母親が昔から口にしていた言葉やアドバイスを常に心に留めており，今でもそれを忠実に守ろうとしている．新鮮な果物や野菜が体にいいと聞かされていたので，ジャガイモを見つけて生で食べるのが好きだと話した．

ある午後，ワヒダは，むさくるしくため込んだもので囲まれたところにいまだ住んでいる，非常にいらいらしているコニーから電話をされる．

コニー：ここにラップトップ（ノート型PC）をおいていたけど，最後にきたソーシャルワーカーがそれをもっていってしまった．彼女は私に手をかしてくれたけど，それを持って行ってしまった！信じられますか？

随分と捜したあと，ラップトップは，最終的には，ワヒダがコニーの衣服をきれいにするために買った洗濯機（それはほとんどつかわれず無駄であったが）の後ろで見つかった．

ワヒダがラップトップから取り出したノートパソコンを見せると，次のように言った．

コニー：やれやれ！　でもこの人たち，私が気づかないうちにそれをキッチンに戻すなんて，とても賢いわ！

232　パートⅢ：倫理的にそして省察的に実践すること

　ソーシャルワーカーとして，ワヒダは狭い道を歩んでいる．彼女はコニーと働く経験を「陽気でぞっとする」と述べている．そして時々コニーの動きが挑戦的であることはわかっている，その一方で，コニーの知性と独創性（少なからず彼女の生き残り強さ（survival toughness））を賞賛している．ワヒダは，個人的には，コニーのゴミの中から利用できるものを捜す（scavenging）習慣が非礼であることは衛生や礼儀作法に関する彼女の個人の感覚であることを認めている．それでも，ワヒダがコニーの疑わしい人生の選択についてどのように感じたとしても，コニーのような個人を支持して手助けするためのジェネラルソーシャルワークの空間は狭まいことを意識しながら，これを（コニーの人生の選択が疑わしいものであることを）仕事にもちこむことを許すことはない．

　ワヒダの実践知（practive wisdom）は，コニーが彼女の尊厳を維持するようにすること，そしてコニーのでっち上げにあまり多く疑問を呈しないようにすることを，彼女に甚だしい害につながらない限り，確実にすることがどれほど重要であるかを示している．コニーが選ぶ方法で人生を送ることができることと，隣人によって避けられることあるいは実際のコニーの見境のないゴミ収集癖（scavenging habits）によりうっかり自傷行為におよぶようなことにつながる多くの社会規範に逸脱しすぎることとの間にある微妙な境界線は，専門職の懸念の源であるままである．

　コニーのようなケースは，私たちに真の哲学的困難をともなっていることを示している．一方で，彼女は明確に自律性を行使している，しかし他方では，どういう人生がこれであり，それであるかが本当に自由に選ばれたかあるいは単に彼女の嗜癖的行動と洞察力の欠如により影響されているものであるのか？これらの考察は，アイザイア・バーリン Isaiah Berlin（1969）の「消極的自由（negative freedom）」と「積極的自由（positive freedom）」という独創的な哲学的概念に直接関連しており，その後，レイモンド・プラント Raymond Plant のようなソーシャルワークの研究者たちによって，クライエントグループが時に行う生活やしばしば賢明でない選択の多くを照らし出すものとして探求されてきた（Horne, 1999）．

　「消極的自由」は，選択を続ける他者の邪魔をすることから自由でありつづけることを意味する（邪魔はしない）．この例では，コニーがゴミ収集すること

第9章　実践における倫理的ジレンマ　233

を妨げようとしないワヒダのように.

　私たちはしばしば「消極的自由」に関するケースが身体的な虐待やはっきり
とした危険をともなうライフスタイルにもどるところを繰り返されたことを見
てきている. しばしば専門職種, たとえばソーシャルワーカーや警察官は, 人々
が別のやり方でやめるには無力であると感じている. 対照的に,「積極的自由」
は, 人々を可能にするものであり, おそらくより幅広く, より良い情報に基づ
いた選択へと向かわせ, その選択と生活を向上させ, より良い対処と意思決定
(decision-making) の生活術 (life skills) へと導くものである.

　次のケースは,「消極的自由」と「積極的自由」という概念を用いて, ソーシャ
ルワーカーがどのように人々の人生における選択への影響に取り組み始めるか
というジレンマ (dilemma) について考察したものである.

ケーススタディ

　まじめなソーシャルワーカー, マックスについて見てみよう. マックス
は愛想のよい, 知的な, アイルランド系の太った高齢の女性であるテレサ
を紹介されている. テレサは慢性の身体的健康上の問題をもち日常生活に
苦労している. テレサには手足の乾癬水膨れと同様に, 足に潰瘍ができる
傾向があり, 地域看護を必要としている. コニーのように, テレサはため
込む人で, 誰もがぼろぼろの廃棄物と思うだろうものでぐらついている塔
の隙間を横ばいで彼女自身が注意深くうまく動くことでやっと部屋から
部屋への移動ができるくらいに家の中を廃棄物でいっぱいにしている.

　家は, フル回転のヒーターの熱風でとても熱い. テレサと一緒に暮らし
ている8匹の猫がいて, 家は残飯が腐食してハエがぶんぶんしている. テ
レサの激しい収集癖のために (収集物が) 窓を塞ぎ換気がなされていない.

　マックスは, 扱うことの最初の課題はテレサの健康と予防的衛生処置,
たとえば入浴することの手助けであると感じている. しかし, 家がこのま
まである間は, マックスはこれを手配することができないので, 最初のス
テップはテレサがケアを受けられるように,家を十分にきれいにすることで

ある.

　テレサの収集癖が彼女にとってどれほど重要であるかがわかるので，マックスは慎重に理由を話し，物をいくぶん徐々に手放すよう説得を試みている．一般的な入浴と洗髪についての考えが，衣服をきれいにすることに加えて，テレサに最もわかってもらえるように説得がなされている．それでもテレサはその試みにそつなく反撃する，「あなたは，私が精神衛生上の問題を抱えているとでも思っているの？」と．

　マックスはこれについて（このそつのない反撃について）考え，慎重に，そして，思いやりをもち答えている．

　　はい，脳はかなり複雑な機械であり，うまく循環するものでもありません．私たちは皆，何らかの形で生活に影響を与える小さなへこみ（dents）を持っています．今，あなたは，おそらくお家のメンテナンスについて大きな悩みがあるかもしれません．私はそれを手伝うことができます．

　　私はほんとのところあなたのお家をそんなに心配しているわけではありません，けれども，あなたの腕と脚には水膨れがあります，そして，感染してきています——そして，病院に入院がいるかもしれません．私はそのことあなたが望まないことをわかっています．それで，私は，温浴療法のアイデアをもっている在宅ケアチームをいれたいと思っています．しかし，あなたの家がこのような状態であると，彼ら（ケアチーム）は来てくれないと思います．それは理に適わないからです．彼らはその後他の誰かのところへ行かなければならならず，誰かに感染させ病気を発生させてしまうかもしれません．それで，少しの感染の危険を冒すことはできません．

この慎重で丁寧な交渉の最後に，マックスはテレサの同意を得て，部分的に家を片付けて掃除することができるようになった．そのテレサの新しい選択は，古い習慣へのこだわりにまさった．

第9章　実践における倫理的ジレンマ　235

　ここでは，テレサの現在のライフスタイル（彼女の健康を危うくしている，また
さらなる彼女の選択肢を閉じてしまいうる危険を冒している）を変更することを，マッ
クスがどのようにテレサが許容する新しい選択肢を提示することをしているの
か，またテレサの自己実現にむけての動機づけにつなげていくかを見ることが
できる．収集癖の問題は，健康とウェルビーイング（wellbeing）に焦点をあて
た会話で再構築された．また魅力的な方法で助けてくれる人々との楽しい交流
を通じて，同じ目的地に異なるルートから到達することになった．これにより，
テレサの安心を脅かすことなしに，彼女自身の将来を社会的な存在としてコン
トロールする能力を高めることとなった．

本章のまとめ

　この章では，端に押されてしまうか除外される人々にともなうソーシャル
ワークの実践において出現するかもしれないいくつかの倫理的ジレンマを考察
した．これまでの章で紹介してきた知識を引き出しながら，私たちが実践して
いる世界での価値と倫理に関する知識と政治的理解について検討した．この検
討において，すべてを包括的に含むことが不可能であるため，できるだけ出会
うかもしれない，また接近するかもしれない疑問，状況そして実践を提示して
対処する方法を示した．

さらなる読書

Banks, S. (2012) *Ethics and Values in Social Work*, 4th ed. Basingstoke: Palgrave.
　本書は，博学でありながら親しみやすい，人気の高い一冊である．ソーシャルワーカーや
コミュニティワーカー，ユースワーカーなどが直面しがちな現実世界のジレンマを取り上げ，
価値観や倫理における様々な立場の核心に迫る．

Beckett, C., Maynard, A. and Jordan, P. (2017) *Values and Ethics in Social Work*, 3rd ed.
　　London: SAGE.
　この人気のある書籍は，倫理的問題を実践的かつ魅力的な方法で探求しており，読者が起
こりうるジレンマのいくつかを乗り越えるのに役立つ．

Parrott, L. (2014) *Values and Ethics in Social Work Practice*, 3rd ed. London: SAGE.
　パーロットの本は，疑問やジレンマに正解も不正解もないことの多いソーシャルワークに

236　パートⅢ：倫理的にそして省察的に実践すること

おいて生じるやっかいな問題に対する優れた手引き書である．

注
１）ここでの「人（Man）」という用語は，「人々」含むものとして一般的に使用される．

訳注
訳注9-1　フレイル（frailty）は，「虚弱」や「老衰」を意味する．
訳注9-2　アイロニー（irony）については第6章を参照．話し手との価値観などに落差がある場合に，その溝を埋めるためにユーモアを交えたアイロニーを通して働きかける方法とされる．

第10章　ふりかえりと結論
──険しい山道を歩く──

　本書を書くというアイデアが出版社によって議題に上がったとき，私たちは，ソーシャルワークにおいてすでによく踏み固められているように思える領域に，どんな新しいアプローチをもたらすことができるのかと思った．私たちは序論においてこの領域の主要なテキストのいくつかを提示した．しかしながら，それを書く過程でわかったことは，不公正（inequities）と分断（division）をともなう社会的分裂（society riven）の中で専門的仕事をしているソーシャルワークの変遷と関連して，おそらく基本的に，非常に重要なテーマが大いにたくさんあるということであった．さらにまた，専門職業がどのようにこれらの大きな社会問題に関して専門職業自身の位置を定めていくべきかについて，新たな切迫感を見いだした．したがって，ここでは，直接ソーシャルワークで働いているすべての人々に向けてものをいうが，いまだ放棄せず，援助することの専門性を学ぶことにはまだうんざりはしていない，変化のため理想，力強さ，新鮮さそして切望をともなうもっとも緊急性があるとしてソーシャルワークをしているあなたに特に伝えたい．本書は，その情熱の輝きを保つためのいわゆる「現実チェック（reality check）」としての役目を務める．確定していることは何もない．もちろん，多くが過去にしたように，すべての言説とその根底にある前提に異議を唱えることができる．私たちが依拠している位置がサービス利用者，地域活動家，ソーシャルワーク学生，ソーシャルワークのベテラン，ソーシャルワーク管理者，もちろんソーシャルワーク学会員であるか否かに関係なく，ダメージの大きい実践と害をおよぼすレトリックに挑戦するかは，ほんとうに私たち次第である．

　本書は学生に，きわめて重要な知的理解からの根拠ある概念的・理論的基礎とともに時事的問題の基礎知識がここで引き上げられた疑問に結びつけられるよう書かれている．同時に，何がたった今，英国で起こっているかに関して，綿密な「気象観測情報（weather eye）」を提供する！　これはもちろん日々変わ

るもので，私たちの願うところであるが，国家や世界的行事と必ずしも歩調をあわせることはできない．それで，周縁化と差別が現在の社会政治文脈にあるかのすべての局面を集積することはできない．しかし，そのような周縁化と差別がサービス利用者，家族，コミュニティ，そして事実ソーシャルワーカーのために重要性をもつかもしれないことを明らかにすることができる．同様に，ここで報告される時事とニュース記事は現時点での時事問題であるが，他の出来事がそれに取って代わることもある．それでも，社会的不公正（social inequities）がいかに人々を否定的に差別し，周縁化し，傷つき（harm）を力強く示すという点で，ここで取り上げる事例やケースは今後も最新のものであり続けるだろう．

　この傷つきは，しばしば見えないか，それがもはや無視されることができないときまでそうされる．2017年夏のグレンフェル・タワー火災の恐怖はそのモニュメントの一つとして立っている．そのビルで居住していたのは，主として周縁化された「財産のない人（habu nots'）」であった．報道では犠牲者の中にはおよそ80人が未だ行方不明であり，そして，多くの身元が全くわかっていないかもしれないとされた．死に際して彼らが匿名であることは，人生における彼らの存在が，取るに足りない微々の反映だけとして見なすことができる．そして，その結果，彼らの研摩する毎日の苦労がカジュアルな無関心と共に薄情なシステムによって扱われている．そのことが多くの人々の苦しみのスケールに関する象徴である．あまりにもしばしば，悲しいことに，ソーシャルワークが，そのようなシステムに巻き込まれるようになって，そのようなシステムそのものになっている．そして，崇高な使命感を抱いてこの職業に就いた人たちは，あまりにも頻繁に，いつも嫌悪している機械のボイラーの火番をしていることに気づくことがあまりにも多い．

なぜその道を歩くのか？　その理由

　その質問に対する答えは，前のパラグラフの最後に暗に示されている．まさか，ソーシャルワークが，抑圧されている上で抑圧するもう一つの道具になる危険を冒すことを受け入れることはできない．ソーシャルワーカーが教育され

てきたことでその仕事をすることができないことは確かに大きな問題である．繕ってまわりくどい政治的な言い回しとなるが，ソーシャルワーカーが受けている教育が，地方自治体がソーシャルワーカーに求めているものとかけ離れていることを，この時点で再び示唆することができる．これまで議論してきたように，ソーシャルワーカーはかなり官僚化，人手不足化，プロセス主導ソーシャルワークに適応しなければならない．そして，そこで，変わらなければならないのは，仕事の文脈ではなく教育である．私たちは，この議論が近年のソーシャルワークで——歓迎されずに多くの変化を起こしていることを認める．けれどもソーシャルワーク教育が地方公共団体ワーカーの非批判的な大量消費の単なるトレーニングパッケージや限られた組織内でのトレーニングスキームとなるために薄められるべきとすることには完全に意見を異にする．それゆえに，本書の，そしてこの立場がとられる．

代わりに，私たちは大変異なったポジションから議論している．ソーシャルワークは，いつにあっても，それでも，政治的代物である．社会，政治的そして経済的な力によって形成されている社会の中にあって，ソーシャルワークは，人生が社会政策と政治的決定よって影響を及ぼされる人々の代理として，政治化された言説のすき間の中で作用している．ソーシャルワークはそれ自体政治化されて，そして，その結果，私たちは，政治化することが，専門職業と働きかける人々を守るための武器であると信じている．したがって，本書を書いていることは，時に，私たちを怒らせる．怒りは空しい場合があるが，また，それはけっこう役立つこともある．知っているかもしれないように，正義の怒りは金貸しの汚れ（befoulment）から神聖な寺院を救うことができる．そして，そうしたいと思うのなら，ソーシャルワークのためのたとえ話としてこの新約聖書のストーリーをあてはめることができる．ここでのストーリーのキリスト教的要素は，害をおよぼし下劣な汚れからシンプルに善良で高貴な救いとしてすっかり再構成することができる．ソーシャルワークは過去に関わってきた抑圧的実践（Ioakimidis, 2013）にかかわらず，また現在イングランドとウェールズでソーシャルワークを苦しめている問題にかかわらず，ソーシャルワークという専門職の価値を減じ，人間性を失わせる恐れのあるネオリベラリズム主義の考え（neoliberal ideas）から脱却する重要性がある．他に理由がないとしても，

怒りは私たちに，権力に対して真実を語り，クエーカー教徒の言葉を使い，そうすることで，何を守るべきか，何を変えるべきか，どのように変えるべきか，そして何を放棄すべきかを描いていく勇気を与えてくれる．というのも，ソーシャルワークは地域レベルで実践されるものではあるが，実践の指針となる価値やエトス ethos は普遍的なものだからである．英国におけるソーシャルワークとは何か，そしてどうあるべきかという議論について，（ありがたいことに）政治や政治家がソーシャルワークの砂浜を揺るがそうとしているという刹那的な本質がある以上，十分に検討される必要があると考える．

見つけることの途中の意味

すべての時間はどこかの誰かのために「関心深い（interesting）」ものだが，現在の英国での，人生と未来に決定的な結果をもたらす，途方もなく深い不確実な転換期を歩んでいることは真実のようである．この国で私たちは，公的サービスが危機地点に伸ばされそして公的サービス支払い上限（pay caps）は公的セクター労働者と多くの他の勤労者を貧困に追い込んでいることを見ている．貧困は増加して，収入は上昇する家計費に比較し落ち込んでいる．そして社会福祉ネットは以前に比べかなり少ない保証しか提供していない．

ここで提供されたケーススタディは，この社会混乱のいくつかを反映している．それらは例外的であるか極端な性質であるために選ばれているのではなく，私たちに話すことを了承したソーシャルワーカーとサービス利用者によって提供された現実的と理解される一般的な例示として選ばれている．非常に圧力をかけられる，時間そしてプロセスに駆り立てられる，相互的なソーシャルワークの仕事は，ケーススタディの中で生き生きと描写された．そこのところで，実践家には通常活用されるよりもより多くの時間と資源が必要であると思えたまさに「十分によい（good enough）」仕事をすることができたようである．良いソーシャルワーカーであるマックスのケースは，良い仕事をすることを試みたためにペナルティを課せられた（第8章），そしてあからさまなネオリベラル政策を通してソーシャルサービススタッフに，狭量で機能不全的な態度をむりじいされていたことについて雄弁に物語られている．

加えて，思慮深いサービス利用者によって提供された，個人サイドからのオリジナルなケアを見つけるためには硬くなりすぎた専門職の甲羅を突破する試みであるストーリーは，もう一つの啓示的なケーススタディであった（第4章のレイチェル）．これはさらに，実際においてコミュニティでの資源化が十分でない不公正が本当の問題であることが一般的に共有されるときに，システムがどのようにサービス利用者や家族に対して実践家を非援助的に落とすことの危険にさらすのかを明らかにした．

だれが周縁化されるかの問題はもう一つの主張の領域である，難民少年であるアフサーに関するケース，英国での難民家族の評価と支援の失敗した英国においてシステムの犠牲にされるのは家族全体である（第2章）．家族を切り離すことそして子どもは施設でとる，ソーシャルサービスの「援助（help）」のシステム的な受動的攻撃は新救貧法（the Poor Law）（Reform）の恐れられた政策とビクトリアのワークハウスの実行の現代的反復である．その時のように，そのようないわゆる援助は，ふさわしくより必要とされる援助を提供することよりもむしろサポートを求める要求を思いとどまらせて，防ぐように設計されている．

それでは，今日のソーシャルワークの卒業生たちは，苦境に立たされ，資金不足にあえぐ専門職に就くことになるのだろうか？　ディケンズの『二都物語』（*A Tale of two Cities*, 1859）になぞらえれば，ソーシャルワークは最悪の時代を生きているが，もしかしたら最高の時代でもあるのかもしれない．ソーシャルワークの知識ベースは，必要な変化への転換点を生み出すものとして，危機の概念を構築するのが一般的である．これが現在私たちの置かれている状況であることを示唆している．確かに私たちはそう願っている．緩慢で退屈なそして慌てふためく下降の旅は時間がかかったが，スパイラル的な上昇の旅にも時間がかかるだろう．これが起こることがありえて，このことは専門職が生き残るために，起こらなければならないことなのかもしれない．もし変化が起こり，専門職が立ち位置までもどり，足を引きずり，ぼろぼろになったとしても，この国のどこにでも周縁化され社会的不利を被っている個人と家族の利益のために，専門職は自らの手で問題を解決し，これ以上政治的な「ホイップボーイ（whipping boy）」の役割を果たすことを拒否すべきである．もしそれができなければ，少なくとも英国のソーシャルワークは，国際的な基準や価値観を遵守する，認知

された専門職として将来にわたって存続することはできないだろう．もしそう
だとしたら，まさに現代における最大の国家的悲劇に数えられることになるだ
ろう．

訳者あとがき

本書は Jonathan Parker and Sara Ashencaen Crabtree, *Social Work with Disadvantaged and Marginalised People*, SAGE Publications Ltd, 2018, の全訳である．直訳すれば「社会的不利と周縁化におかれた人々にともなうソーシャルワーク」となるであろうが，「Disadvantaged and Marginalised People」を示す用語として「社会的つながりの弱い人々」とすることが日本の読者に本書の内容が伝わりやすいと考え「社会的つながりの弱い人々へのソーシャルワーク」という邦訳にした．

ジョナサン・パーカー Jonathan Parker 教授のソーシャルワークに関する著作は多くあるが日本では『進化するソーシャルワーク──事例に学ぶアセスメント・プラニング・介入・再検討』岩崎浩三・高橋利一監訳，筒井書房（2008）と『これからのソーシャルワーク実習──リフレクティブラーニングのまなざしから』村上信・熊谷忠和監訳，晃洋書房（2012）が翻訳本として出版されている．またパーカー教授は2018年7月に開催された日本ソーシャルワーク学会第35回大会において「イギリスにおけるソーシャルワーク専門職の専門性確立と社会的承認の歴史と現在」をテーマに基調講演し，日本のソーシャルワーク研究者間でも馴染みがあるかもしれない．

訳者の一人である熊谷は2010年から2016年においてパーカー教授のもとで英国の Bournemouth 大学 Health and Social Science School で客員研究員として籍をおいた．その間 IASSW の助成を受けたパーカー教授を代表としたソーシャルワークカリキュラムの国際比較研究「WAVE: Working with Adults who are Vulnerable─A comparison of Curricula, Policies and Constructions, *Revista de Asisteata Sociala, anul XI*, pp. 1 -18. 2012」にも加わった．またもう一人の訳者である植田は2018年のパーカー教授来日の折，植田の研究テーマである「現象学とソーシャルワーク」についてパーカー教授が関心を示したことから出会いが始まった．このようなつながりが本書の日本語版が実現できることになった．二人の著者には本書の日本語版翻訳について快諾していただき，また「日本語版にむけて」を連名で寄稿していただいた．翻訳者として感謝申

し上げたい.

　欧米における対人援助の方法として生まれ, 発展してきたソーシャルワークであるが, 日本においても近年社会的つながりが弱い人々や状況が顕在化する中, その必要性が「地域包括ケアシステム」や「地域共生社会」構想の中で, 政策的にも着目されつつある. 2018年には日本学術会議社会学委員会社会福祉学分科会から「社会的つながりが弱い人への支援のあり方について――社会福祉学の視点から――」の提言がなされソーシャルワーカーの専門性の強化がうたわれた. パーカー教授らによる「日本版にむけて」でも書かれているように, 本書の初版が刊行された2017年頃よりもあるいはそれ以上に「戦争, 飢饉, 異常気象, 世界的なパンデミック, そして貧富の差, 権力者と被権力者, より貧困な南半球と豊かな北半球の格差の拡大」が生じており, 日本においても高齢化・過疎化はそのようなことの対処基盤となってきた地域や家族関係の希薄化, 崩壊がさらに進み, より社会的に孤立した人々は増加しており, 彼らを取り巻く状況はより深刻化していると考えられる. 本書は英国のソーシャルワークが主とされるが著者は「ソーシャルワークの概念, 言説, そして実践の議論は国や政府を横断し超える. したがって異なった横断する国々の組織文化上, 文脈上そして実践上の視点を見失うことなくコアテーマの考察そして実践を述べていく」としている. ついては本書で示されているソーシャルワーカーの拠って立つ価値, 知識, 方法そしてソーシャルワークの政治, 政策への向き合い方, さらにソーシャルワーカーのあきらめない姿勢はわが国の現在でこそ認識されなければならないと考える.

　取り組もうとする状況があまりにも深刻すぎてともすると自信が持てず悩みながら, けれどもソーシャルワーカーを目指そうとしているソーシャルワーク学生に是非この翻訳本を手にすることを望むものである. もちろんソーシャルワーク実践者やソーシャルワーク研究者そして政治家, 政策担当者にもこれからのわが国のソーシャルワークを考えるための一つの資源となることを期待したい.

　　2024年12月

　　　　　　　　　　　　　　　　　　　　熊谷　　忠和
　　　　　　　　　　　　　　　　　　　　植田 嘉好子

参 考 文 献

Agnew, A. and Duffy, J. (2010) Innovative approaches to involving service users in palliative care social work education. *Social Work Education*, 29 (7): 744-759.

Agnew, R. (2006) *Pressured into Crime: An Overview of General Strain Theory*. London: SAGE.

Ahktar, F. N. (2013) *Mastering Social Work Values and Ethics*. London: Jessica Kingsley.

Ahmed, A. and Rogers, M. (2016) Diversity and exclusion in context, in Ahmed, A. and Rogers, M. (eds.) *Working with Marginalized Groups: From Policy to Practice*. Basingstoke: Palgrave, pp. 6-20.

Ahmed, S. (2017) *Living a Feminist Life*. Durham, NC: Duke University Press.

Al-Krenawi, A., Graham, J. R. and Habobov, N. (eds.) (2016) *Diversity and Social Work in Canada*. *Toronto*: Oxford University Press.

Anderson, M. and Hill Collins, P. (2007) Why race, class and gender still matter, in Anderson, M. and Hill Collins, P. (eds.) *Race, Class and Gender : An Anthology*, 6th ed. Belmont, CA: Thomson Wadsworth.

Anka, A. and Taylor, I. (2016) Assessment as the site of power: a Bourdieusian interrogation of service user and carer involvement in the assessments of social work students. *Social Work Education*, 35 (2): 172-185.

Ashencaen Crabtree, S. (2013) Research ethics approval processes and the moral enterprise of ethnography. *Ethics and Social Welfare*, 7 (4): 359-378.

Ashencaen Crabtree, S. (2017a) Social work with Muslim communities: treading a critical path over the crescent moon, in Crisp, B. (ed.) *Routledge Handbook of Religion, Spirituality and Social Work*. Abingdon, Oxon: Routledge.

Ashencaen Crabtree, S. (2017b) Problematizing the context and construction of vulnerability and risk in relation to British Muslim ME groups. *Journal of Religion and Spirituality in Social Work*, 36 (1-2).

Ashencaen Crabtree, S. and Husain, F. (2012) Within, without: dialogical perspectives on feminism and Islam. *Religion and Ger l der*, 2 (1): 128-149.

Ashencaen Crabtree, S. and Parker, J. (2013) *The Kindertransport movement: an exercise in humanitarianism through British sociological history*. Available at http://blogs.bournemouth. ac.uk/research/2013/11/26/the-kindercransporc-movemenc-an-exercise-in-humanitarianism-chrough-british-sociological-hiscory-2 / (accessed 2 August 2017).

Ashencaen Crabtree, S. and Parker, J. (2014) Being male in female spaces: perceptions of masculinity among male social work students on a qualifying course. *Revista de Asistenta Sociala*, XIII (4): 7-26.

Ashencaen Crabtree, S., Husain, F. and Spalek, B. (2016) *Islam and Social Work: Culturally Sensitive Practice in a Diverse World*, 2nd ed. Bristol: Policy Press.

Austin, M. (2014) *Social Justice and Social Work: Rediscovering a Core Value of the Profession*. Thousand Oaks, CA: SAGE.

Baier, M. (ed.) (2016) *Social and Legal Norms: Towards a Socio-legal Understanding of Normativity*. London: Routledge.

Bailey, R. and Brake, M. (eds.) (1975) *Radical Social Work*. London: Edward Arnold.

Banks, S. (2012) *Ethics and Values in Social Work*, 4th ed. Basingstoke: Palgrave.

Baron, M. W., Pettit P. and Slote, M. (1997) *Three Methods of Ethics*. Oxford: Blackwell.

Bartoli, A. (ed.) (2013) *Anti-Racism Social Work Practice*. St. Albans: Critical Publishing.

BBC (2016) *EU referendum: the results in maps and charts*. Available at http://www.bbc.eo.uk/news/uk-policics-36616028 (accessed 2 August 2017).

BBC (2017a) *Pair jailed for 'Dark Ages' murder of vulnerable man*. Available at http://www.bbc.co.uk/news/uk-england-tyne-40416578 (accessed 20 June 2017).

BBC (2017b) *Red Cross NHS description 'proportionate'*. Available at http://www.bbc.eo.uk/news/av/uk-policics-38611671/dr-saleyha-ahsan-on-nhs-bumanicarian-crisis-claims (accessed 17 April 2017).

BBC (2017c) *Red Cross warning 'irresponsible and overblown'*. Available at http://www.bbc.co.uk/news/av/uk-policics-38586665/pmgs-may-rejects-red-cross-nhs-hwnanicarian-crisis-waroing (accessed 18 April 2017).

Becker, H. (1963) *Outsiders: Studies in the Sociology of Deviance*. New York: The Free Press.

Becker, H. (1967) Whose side are we on? *Social Problems*, 14 (3): 239-247.

Beckett, C., Maynard, A. and Jordan, P. (2017) *Values and Ethics in Social Work*, 3rd ed. London: SAGE.

Beddoe, L., Davys, A. and Adamson, C. (2013) Educating resilient practitioners. *Social Work Education*, 32 (1): 100-117.

Benatar, D. (2012) *The Second Sexism: Discrimination Against Men and Boys*. Chichester: Wiley-Blackwell.

Berg, M. and Seeber, B. K. (2016) *The Slow Professor*. Toronto: University of Toronto Press.

Berlin, I. (1969) *Two Concepts of Liberty*. Glasgow: Oxford University Press.

Bernades, J. (1997) *Family Studies: An Introduction*. London: Routledge.

Berthrong, J. H. (1998) *Transformations of the Confucian Way*. Boulder, CO: West view Press.

Berthrong, J. H. and Berthrong, E. N. (2000) *Confucianism: A Short Introduction*. Oxford: Oneworld Publications.

Beveridge, W. (1942) *Social Insurance and Allied Services*. Cmnd 6404. London: HMSO.

Bhatti-Sinclair, K. (2011) *Anti-Racist Practice in Social Work*. Basingstoke: Palgrave Macmillan.

Biestek, F. P. (1961) *The Casework Relationship*. London: George Allen and Unwin (尾崎新・福田俊子・原田和幸 (訳)『ケースワークの原則 [新訳改訂版]――援助関係を形成する技法――』誠信書房, 2006).

Black, M. (1996) *Thirsty Cities: Water, Sanitation and the Urban Poor*. London: WaterAid.

Black Activists Rising Against Cuts (BARAC) (2017) *Grenfell Tower press release by leading BME organisations, lawyers and residents* (BELawyers 4 Grenfell), 3 July 2017. Available at http://blackaccivisrsrisingagainsccurs.blogspot.co.uk/2017/07/press-release-press-release-press.html (accessed 3 July 2017).

Blumer, H. (1969) *Symbolic Interactionism: Perspective and Method*. Englewood Cliffs, NJ: Prentice-Hall (後藤将之 (訳)『シンボリック相互作用論――パースペクティヴと方法――』勁草書房, 1991).

Bolton, P. (2016) *Free School Statistics*. Briefing paper no. 7033, 2 December 2016. London:House of Commons Library. Available at http://researchbriefings.parliamenc.uk/ResearchBriefing/Summary/SN07033#fullreport (accessed 19 July 2017).

Bourdieu, P. (1977) *Outline of Theory of Practice*. Cambridge: Cambridge University Press.

参考文献　　247

Bourdieu, P. (1996) On the family as a realized category. *Theory, Culture, and Society*, 13 (3): 19-26.

Bourdieu, P. and Wacquant, L. (1999) The cunning of imperialist reason. *Theory, Culture, and Society*, 16 (1): 41-57.

Brammer, A. (2015) *Social Work Law*. Basingstoke: Palgrave.

Braye, S. and Preston-Shoot, M. (2016) *Practising Social Work Law*, 4th ed. Basingstoke: Palgrave.

Brayne, H., Carr, H. and Goosey, D. (2015) *Law for Social Workers*, 13th ed. Oxford: Oxford University Press.

Brindle, D. (2013) Social work training reforms: it takes five weeks to create a social worker? *The Guardian*, 21 May 2013. Available at http://www.guardian.eo.uk/sociecy/2013/may/21/asocial-work-training-reforms (accessed 2 July 2013).

British Association of Social Workers (2012) *The Code of Ethics for Social Work: Statement of Principles*. Available at http://cdn.basw.co.uk/upload/basw_95243-9.pdf (accessed 17 May 2017).

British Association of Social Workers (2015) *The Professional Capabilities Framework*. Available at https://www.basw.co.uk/pcf/ (accessed 1 October 2016).

Brown, G.W. and Harris, T. (1978) *The Social Origins of Depression: A Study of Psychiatric Disorder in Women*. London: Tavistock.

Brown, J. (2013) Scandal: just how corrupt is Britain? Rotten banks, dodgy cops, MPs on the fiddle. A conference on public life has evidence co topple long-held assumptions. *The lndepent*, 10 May 2013. Available at http://www.independent.co.uk/news/uk/crime/scandaljust-how-corrupt-is-britain-8610095.html (accessed 2 August 2017).

Brown, M. (2017) Disabled people are to be 'warehoused'. We should be livid. *The Guardian*. Available at https://www.cheguardian.com/commencisfree/2017/jan/25/disabled-people-disabilities-health-care-homes (accessed 25 January 2017).

Bryson, A. and Forth, J. (2017) Wage growth in pay review body. Report to the Office of Manpower Economics. Available at https://www.gov.uk/government/uploads/system/uploads/attachment_data/file/623810/Wage_Growcb_in_PRB_Occupations_-_fioal_report_3_. pdf (accessed 3 June 2017).

Bulman, M. (2016) Two thirds of prisons overcrowded prompting warnings UK penal system has reached' toxic' levels. *The Independent*, 15 April 2017. Available at http://www. independent. co.uk/news/uk/home-news/prisoos-overcrowding-prisoners-ministcy-of-justice-howard-league-a7685641.html (accessed 30 June 2017).

Burgess, H., Barcham, C. and Kearney, P. (2014) Response co Taylor and Bogo, 'Perfect opportunity-perfect storm'. *British Journal of Social Work*, 44: 2067-2071.

Burke, P. and Parker, J. (eds.) (2007) *Social Work and Disadvantage: Addressing the Roots of Stigma Through Association*. London: Jessica Kingsley.

Cabiati, E. and Raineri, M. L. (2016) Learning from service users' involvement: a research about changing stigmatizing attitudes in social work students. *Social Work Education*, 35 (8): 982-996.

Campbell, D. (2017) Nurses will see their pay 'cut' by 12% over a decade. *The Observer*, 29 April 2017. Available at https://www.cbeguardian.com/sociecy/2017/apr/29/nhs-nurses-pay-cut-12-per-cenr-over-decade (accessed 5 July 2017).

Catchpole, K. (2013) Towards the monitoring of safety violations in BMJ Quality and Safety, doi:10.1136/bmjqs-2012-001604. Available at http://qualirysafety.bmj.com/content/early/2013/04/10/bmjqs-2012-001604.abstract (accessed 5 April 2016).

Chamberlain, J. M. (2015) *Criminological Theory in Context*. London: SAGE.

Cheung, S. O-N. (2015) Pedagogical practice wisdom in social work practice teaching: a kaleidoscopic view. *Social Work* Education, 34 (3): 258-274.

Chu, W. C. K. and Tsui, M.-S. (2008) The nature of practice wisdom in social work revisited. *International Social Work*, 51 (1): 47-54.

Clifford, D. (2017) Charitable organisations under austerity. *Journal of Social Policy*, 46 (1): 1-29.

Clifford, D. and Burke, B. (2009) *Anti-Oppressive Ethics and Values in Social Work*. Basingstoke: Palgrave.

Cobb, S. (1976) Social support as a moderator of life-stress. *Psychosomatic Medicine*, 38: 300-314.

Cohen, S. and McKay, G. (1984) Social support, stress and the buffering hypothesis: a theoretical analysis. In Baum, A., Singer, J. E. and Taylor, S. E. (eds.) *Social Psychological Aspects of Health*, vol. IV. Hillsdale, NJ: Erlbaum.

Collins, M., Vignoles, A. and Walker, J. (2007) *Higher Education Academics in the UK*. London: Centre for the Economics of Education. Available at http://cee.lse.ac.uk/ceedps/ceedp75.pdf (accessed 2 July 2017).

Conservative Party (2017) *Forward Together: The Conservative Manifesto*. Available at https://www.conservacives.com/manifesto (accessed 1 June 2017).

Cooper, K. and Stewart, K. (2017) *Does Money Affect Children's Outcomes?* CASE report. London: London School of Economics. Available at http://sticerd.lse.ac.uk/dps/case/cp/casepaper203.pdf (accessed 6 June 2017).

Corrigan, P. and Leonard, P. (1978) *Social Work under Capitalism: A Marxist Approach*. London: Macmillan.

Crenshaw, K. (1991) Mapping the margins: intersectionality, identity policies, and violence against women of color. S*tanford Law Review*, 43 (6): 1241-1299.

Crenshaw, K., Gotanda, N., Peller, G. and Thomas, K. (1995) *Critical Race Theory: The Key Writings that Formed the Movement*. New York: The New Press.

Crisis (2011) *Homelessness: A Silent Killer*. London: Crisis.

Crisp, B. R. and Gillingham, P. (2008) Some of my students are prisoners: issues and dilemmas for social work educators. *Social Work Education*, 27 (3): 307-317.

Crowder, R. and Sears, A. (2017) Building resilience in social workers: an exploratory study on the impacts of mindfulness-based intervention. *Australian Social Work*, 70 (1): 17-29.

Dalrymple, J. and Burke, B. (2006) *Anti-Oppressive Practice, Social Care and the Law*, 2nd ed. Maidenhead: Open University Press.

Dewey, J. (1935) *Liberalism and Social Action*. New York: Putnam (明石紀雄 (訳)『ジョン・デューイ 自由主義と社会的行動』研究社出版, 1975).

Dickens, C. (1838/2003) *Oliver Twist*. London: Penguin Classics (唐戸信嘉『オリバー・ツイスト』光文社, 2020).

Dickens, C. (1843) *A Christmas Carol*. Any unabridged edition (池央耿『クリスマス・キャロル』光文社, 2006).

Dickens, C. (1858/2003) *A Tale of Two Cities*. London: Penguin Classics (池央耿『二都物語 (上)(下)』光文社, 2016).

Dickens, J. (2013) *Social Work, Low and Ethics*. London: Routledge.

Dominelli, L. (2002) *Anti-Oppressive Social Work*: Theory and Practice. Basingstoke: Palgrave.

Dominelli, L. (2008) *Anti-Racist Social Work*, 3rd ed. Basingstoke: Palgrave.

Dominelli, L. (2012) *Green Social Work : From Environmental Crises to Environmental Justice*. Cambridge: Polity Press.

Dominelli, L. and McLeod, E. (1989) *Feminist Social Work*. London: Macmillan.

Durkheim, E. (18951/1982) *The Rules of Sociological Method*. New York: The Free Press (宮島喬 (訳)『社会学的方法の規準』岩波文庫, 1978).

Duschinsky, R., Lampitt, S. and Bell, S. (2016) *Sustaining Social Work: Between Power and Powerlessness*. Basingstoke: Palgrave Macmillan.

Dybicz, P. (2004) An inquiry into practice wisdom. *Families in Society*, 85 (2): 197-203.

Eaton, G. (2017) Theresa May's police cuts have returned to haunt her. *The New Statesman*, 5 June 2017. Available at http://www.newstatesman.com/politics/june2017/2017/06/theresa-mays-police-cuts-have-returned-haunt-her (accessed 30 June 2017).

Eberth, J. and Sedlmeier, P. (2012) The effects of mindfulness meditation: a meta-analysis. *Mindfulness*, 3: 174-189.

Egan, G. (1998) *The Skilled Helper*, 6th ed. Pacific Grove, CA: Brooks Cole.

Electoral Commission (2016) *2016 EU Referendum*. Available at http://www.elecroralcommission. org.uk/_data/assets/pdf_file/0008/215279/2016-EU-referendum-reporr.pdf (accessed 11 July 2017).

Esping-Anderson, G. (1990) *The Three Worlds of Welfare Capitalism*. Cambridge: Policy Press.

Farand, C.(2017) Brexit: nearly 60% of Leave voters would now pay co retain EU citizenship. *The Independent*, 2 July 2017. Available at http://www.independent.co.uk/news/uk/homenews/leave-voters-ready-pay-ro-keep-eu-citizenship-brexic-poll-lse-opinium-a781900l.hcml (accessed 2 July 2017).

Farchi, M., Cohen, A. and Mosek, A. (2014) Developing specific self-efficacy and resilience at first responders among students of social work and stress and trauma studies. *Journal of Teaching in Social Work*, 34 (2): 129-146.

Feldon, P. (2017) *The Social Worker's Guide to the Care Act 2014*. St Albans: Critical Publishing.

Ferguson, H. (2016) Researching social work practice close up: using ethnographic and mobile methods to understand encounters between social workers, children and families. *British Journal of Social Work*, 46 (1): 153-168.

Ferguson, I. (2008) *Reclaiming Social Work: Challenging Neo-liberalism and Promoting Social Justice*. London: SAGE (石倉康次・市井吉興 (監訳)『ソーシャルワークの復権──新自由主義への挑戦と社会正義の確立──』クリエイツかもがわ, 2012).

Ferguson, S. (2015) *What does a radical model of theory and practice have to offer social work Practitioner in contemporary social work with adults?* Social Work Action Network (SWAN). Available at http://www.socialworkfurure.org/arcicles-resources/uk-articles/77-radical-social-work-practice-adults (accessed 11 July 2017).

Fletcher, J. (1966) *Situation Ethics: The New Morality*. Philadelphia, PA: Westminster.

Fook, J. (2016) *Social Work: A Critical Approach to Practice*, 3rd ed. London: SAGE.

Foster, J. (2000) Social exclusion, crime and drugs. *Drugs: Education, Prevention and Policy*, 7 (4): 317-330.

Francis, R. (2013) *Report of the Mid Staffordshire NHS Foundation Trust Public Inquiry*. HC 947. London: The Stationery Office.

Fraser, D. (2009) *The Evolution of the British Welfare State*, 4th ed. Basingstoke: Palgrave Macmillan.

Friedman, H. and Meredeen, S. (1980) *The Dynamics of Industrial Conflict: Lessons from Ford*. London: Croom Helm.

Freire, P. (1972) *The Pedagogy of the Oppressed*. London: Penguin.

Furedi, F.(2017) *What's Happened to the University? A Sociological Exploration of Its Infantilisation*. London: Routledge.

Galfe, S. (2014) Age poverty in relation to gender issues and social problems: an analysis of the German perspective. In Ashencaen Crabtree, S. (ed.) *Diversity and the Processes of Marginalisation and Otherness*. London: Whiting and Birch, pp. 105-116.

Galvani, S. and Thurnham, A. (2014) Identifying and assessing substance use: findings from a national survey of social work and social care professionals. *British journal of Social Work*, 44 (7): 1895-1913.

Gardner, A. (2014) *Personalisation in Social Work*, 2nd ed. London: SAGE.

Gaskell, E. (1848/1996) *Mary Barton: A Tale of Manchester Life*. London: Penguin.

Gentleman, A. (2015) After hated Aros quits, will Maximum make work assessments less arduous? *The Guardian*, 18 January 2015. Available at https://www.cbeguardian.com/sociecy/2015/jan/18/after-haced-acos-quics-will-maximus-make-work-assessmencs-less-arduous (accessed 20 February 2017).

Gilligan, C. (1982) *In a Different Voice*. Cambridge, MA: Harvard University Press.

Gilligan, C. (1988) *Mapping the Moral Domain: A Contribution of Women's Thinking to Psychological Theory and Education*. Cambridge, MA: Harvard University Press.

Gomez-Jimenez, M. L. and Parker, J. (eds.) (2014) *Active Ageing? Perspectives from Europe on a Vaunted Topic*. London: Whiting and Birch.

Gov. UK (2017) *Wage growth in pay review body occupations*. Office of Manpower Economics. Available at https://www.gov.uk/government/publicacions/wage-growch-in-pay-review-body-occupations (accessed 5 July 2017).

Grant, L. and Kinman, G. (2012) Enhancing wellbeing in social work students: building resilience in the next generation. *Social Work Education*, 31 (5): 605-621.

Gray, M. and Webb, S. A. (eds.) (2010) *Ethics and Value Perspectives in Social Work*. New York: Palgrave Macmillan.

Greer, J. (2016) *Resilience and Personal Effectiveness for Social Workers*. London: SAGE.

Guo, W.-H. and Tsui, M.-S. (2010) From resilience co resistance: a reconstruction of the strengths perspective in social work practice. *International Social Work*, 53 (2): 233-245.

Guru, S. (2012) Under siege: families of counter-terrorism. *British journal of Social Work*, 42 (8): 1151-1173.

Habermas, J. (1987) The Theory of Communicative Action, vol. 11, : *Life world and System*. Boston, MA: Beacon (河上倫逸・他 (訳)『コミュニケイション的行為の理論 上』未來社, 1985, 藤澤賢一郎・丸山高司 (訳)『コミュニケイション的行為の理論 中』未來社, 1986, 丸山高司・丸山徳次 (訳)『コミュニケイション的行為の理論 下』未來社, 1987).

Halwani, R. (2003) Care ethics and virtue ethics. *Hypatia*, 18 (3): 161-192.

Hanisch, C. (1970/2006) *The Personal Is Political: The Women's Liberation Movement Classic, with a new explanatory introduction*. Available at http://www.carolhanisch.org/CHwritigs/PIP. html (accessed 5 July 2017).

Hanna, S. and Nash, M. (2012) 'You don't have to shout': vocal behaviour in social work communication. *Social Work Education*, 31 (4): 485-497.

Hardwick, L. and Worsley, A. (2011) *Doing Social Work Research*. London: SAGE.

Hardy, T. (1874/1993) *Far from the Madding Crowd*. London: Wordsworth Classics.

Hargie, O. D. W. (ed.) (1997) *The Handbook of Communication Skills*, 2nd ed. New York: Routledge.

Harris, B. (2004) *The Origins of the British Welfare State: Social Welfare in England and Wales*, 1800-1945. Basingstoke: Palgrave.

Hatton, K. (2017) A critical examination of the knowledge contribution service user and carer involvement brings to social work education. *Social Work Education*, 36 (2): 154-171.

HCPC (2012) *Standards of Proficiency: Social Workers in England*. London: Health and Care Professions Council. Available at www.hpc-uk.org/publicacions/scandards/index.asp?id=569 (accessed 13 January 2014).

Healy, L. M. (2008) Exploring the history of social work as a human rights profession. *International Social Work*, 51 (6): 735-748.

Heaslip, V., Hean, S. and Parker, J. (2016) The etemic model of Gypsy Roma community vulnerability: is it time to rethink our understanding of vulnerability? *Journal of Clinical Nursing*, Early View.

Heath, A. and Li, Y. (2014) *Reducing poverty in the UK: a collection of evidence reviews*. Joseph Rowntree Foundation. Available at https://www.jrf.org.uk/sices/defaulc/files/jrf/migraced/ftles/Reducing-poverty-reviews-FULL_0.pdf (accessed 7 January 2016).

Higgins, M. (2016) How has the Professional Capabilities Framework changed social work education and practice in England? *British Journal of Social Work*, 46: 1981-1996.

Higgins, M. and Goodyer, A. (2015) The contradictions of contemporary social work: an ironic response. *British Journal of Social Work*, 45: 747-760.

Hill, A. (2017) Hidden carers: the sixty somethings looking after parents and grandchildren. *The Guardian*. Available at https://www.theguardian.com/membersbip/2017/feb/13/new-reciremenc-ageing-responsibiliry-carers-pareocs-children-care-crisis (accessed 20 March 2017).

Hill Collins, P. and Bilge, S. (2016) *Intersectionality*. Cambridge: Policy Press.

Hills, J. (2017) *Good Times, Bad Times: The Welfare Myth of Them and Us*. Bristol: Policy Press.

HM Government (2015) Revised Prevent Duty Guidance. Available at https://www.gov.uk/government /uploads/system/uploads/attachment_data /file/44 5977/3799_Revised_Prevent_Duty_Guidance_England_Wales_V2-lnteractive.pdf.(accessed 3 November 2015).

Hodgson Burnett, F. (1905/2002) *A Little Princess*. London: Penguin Classics（岡田好惠（編訳）『小公女セーラス』学研プラス，2014）.

Hollis, F. (1964) *Casework: A Psycho-Social Therapy*. New York: Random House.

Horne, M. (1999) *Values in Social Work*, 2nd ed. Aldershot: Ashgate.

Houston, S. (2009) Communicating, recognition and social work: aligning the ethical theories of Habermas and Honneth. *British Journal of Social Work*, 39: 1274-1290.

Howe, D. (2009) *A Brief Introduction to Social Work Theory*. Basingstoke: Palgrave（杉本敏夫（監訳）『ソーシャルワーク理論入門』みらい，2011）.

Hugman, R. (1998) *Socia Welfare and Social Value*. Basingstoke: Macmillan.

Hugman, R. (2010) *Understanding International Social Work: A Critical Analysis*. Basingstoke: Palgrave Macmillan.

Hugo, V. (1831/1993) *The Hunchback of Notre Dame*. Hertfordshire: Wordsworth Edition（大友徳明（訳）『ノートル＝ダム・ド・パリ』角川文庫，2022）.

Hutchings, A. and Taylor, I. (2007) Defining the profession? Exploring an international definition of social work in the China context. *International Journal of Social Welfare*, 16 (4): 382-390.

Ife, J. (1997) *Rethinking Social Work: Towards Critical Practice*. London: Longman.

Illich, I. (1972/2011) Disabling professions, in Illich, I., Zola, I. K., McKnight, J., Caplan, J. and Shaiken, H. (eds.) *Disabling Professions*. London: Marion Boyars（尾崎浩（訳）『専門家時代の幻想〈イリイチ・ライブラリー 4〉』新評論，1984）.

Independent Police Complaints Commission (2011) *IPCC publishes findings into police response to incidents involving Michael Gilbert*, Available at https://www.ipcc.gov.uk/news/ipcc-publishes-findings-police-response-incidents-involving-michael-gilbert (accessed 17 November 2016).

International Federation of Social Workers/International Association of Schools of Social Work (IFSW/IASSW) (2012) *Global Standards for the Education and Training of the Social Work Profession*. Available at http://ifsw.org/policies/global-srandards/ (accessed 6 June 2016).

International Federation of Social Workers (IFSW) (2014) *Global Definition of Social Work*. Available at http://ifsw.org/get-involved/global-definition-of-social-work/ (accessed 6 June 2016).

Ioakimidis, V. (2013) Beyond the dichotomies of cultural and political relativism: arguing the case for a social justice based 'global social work' definition. *Critical and Radical Social Work*, 1 (2): 183-199.

Irvine, J., Molyneux, J. and Gillman, M. (2015) 'Providing a link to the real world': learning from the student experience of service user and carer involvement in social work education. *Social Work Education*, 34 (2): 138-150.

Jackson, S. (1998) *Britain's Population: Demographic Issues in Contemporary Society*. London: Routledge.

Johns, R. (2017) *Using the Low in Social Work*, 7th ed. London: SAGE.

Johnson, T. (1972) *Professions and Power*. London: Macmillan.

Jones, R. (2014) *The Story of Baby P: Setting the Record Straight*. Bristol: Policy Press.

Jones, S. (2010) Blue Lagoon murder. *The Guardian*, 26 April 2010. Available at https://www.the guardian.com/uk/2010/apr/26/family-jailed-blue-lagooo-murder-michael-gilberc (accessed 11 January 2017).

Jones, T. (2013) The harsh reality of the forgotten rural poor. *The Guardian*, 24 January 2013. Available at https://www.theguardian.com/commenrisfree/2013/feb/24/rural-poverty-invisible (accessed 18 January 2017).

Kainer, G. (2012) *Faith, Hope and Clarity: A Look at Biblical and Situation Ethics*, US: Lule.com.

Kane, M. N., Lacey, D. and Green, D. (2009) Investigating social work students' perceptions of elders' vulnerability and resilience. *Social Work in Mental Health*, 7 (4): 307-324.

Kapoulitsas, M. and Corcoran, T. (2015) Compassion fatigue and resilience: a qualitative analysis of social work practice. *Qualitative Social Work*, 14(1): 86-101

Karban, K. and Smith, S. (2010) Developing critical reflection within an inter-professional learning programme, in Bradbury, H., Frost, N., Kilminster, S. and Zukas, M. (eds.) *Beyond Reflective Practice: New Approaches to Professional Lifelong Learning*. London: Routledge.

Katiuzhinsky, A. and Okech, D. (2014) Human rights, cultural practices, and state policies: implications for global social work practice and policy. *International Journal of Social Welfare*,

23 (1): 80-88.

Klein, W. C. and Bloom, M. (1995) Practice wisdom. *Social Work*, 40 (6): 799-807.

Koprowska, J. (2014) *Communication and Interpersonal Skills in Social Work*, 4th ed. London: SAGE.

Krill, D. (1990) *Practice Wisdom*. Thousand Oaks, CA: SAGE.

Laird, L. D., Amer, M. M., Barnett, E. D. and Barnes, L. L. (2007) Muslim patients and health disparities in the UK and the US. *Archives of Diseases in Childhood*, 92 (10): 922-926.

Laird, S. (2008) *Anti-Oppressive Social Work: A Guide to Developing Cultural Competence*. London: SAGE.

Lamb, N. (2013) *New rules to stop cover ups in care*. Available at http://normanlamb.org.uk/wp/2013/new-rules-co-stop-cover-ups-of-poor-care/ (accessed 3 April 2015).

Laming, H. (2003) *The Victoria Climbie Inquiry Report*. Cm 5730. London: The Stationery Office.

Langan, M. and Day, L. (eds.) (1992) *Women, Oppression and Social Work*. London: Routledge.

Larkin, G. (1983) *Occupational Monopoly and Modern Medicine*. London: Tavistock.

Lavalette, M. (ed.) (2011) *Radical Social Work Today: Social Work at the Crossroads*. Bristol: Policy Press（深谷弘和・石倉康次（訳）『現代のラディカル・ソーシャルワーク——岐路に立つソーシャルワーク——』クリエイツかもがわ，2023）.

Layder, D. (2006) *Understanding Social Theory*, 2nd ed. London: SAGE.

Lee, L. (1969) *As I Walked Out One Midsummer Morning*. London: Andre Deutsch.

Lefevre, M. (2015) Integrating the reaching learning and assessment of communication with children within the qualifying social work curriculum. *Child and Family Social Work*, 20: 2011-2222.

Lemert, E. (1967) *Human Deviance: Social Problem and Social Control*. Englewood Cliffs, NJ: Prentice-Hall.

Lemieux, C. M., Plummer, C. A., Richardson, R., Simon, C. E. and Ai, A. L. (2010) Meneal health, substance use, and adaptive coping among social work students in the aftermath of Hurricane Katrina and Rita. *Journal of Social Work Education*, 46 (3): 391-410.

Lewis, O. (1968) *A Study of Slum Culture*. New York: Random House.

Lindsay, S., Tétrault, S., Desmaris, C., King, G. and Piératt, G. (2014) Social workers as 'cultural brokers' in providing culturally sensitive care to immigrant families raising a child with a physical disability. *Health and Social work*, 39 (2): 10-20.

Lipsky, M. (1980) *Street Level Bureaucracy: Dilemmas of the Individual in Public Services*. New York: Russell Sage Foundation.

Lorenz, W. (1993) *Social Work in a Changing Europe*. London: Routledge.

Lundy, C. (2011) *Social Work, Social Justice, and Human Rights: A Structural Approach to Practice*, 2nd ed. Toronto: University of Toronto Press.

Macdonald, K. M. (1995) *The Sociology of the Profession*. London: SAGE.

Maier, S. F. and Seligman, M. E. P. (1976) Learned helplessness: theory and evidence. *Journal of Experimental Psychology: General*, 105: 3-46.

Marsh, S. (2016) Mindfulness therapy for mental health problems? It's more useful than drugs. *The Guardian*. Available at https://www.cheguardian.com/commencisfree/2016/may/18/mindfulness-therapy-mental-health-drugs (accessed 15 June 2017).

Matthies, A.-L. and Uggerhøj, L.(eds.) (2014) *Participation, Marginalization and Welfare Services: Concepts, Politics and Practices across European Countries*. Farnham: Ashgate.

Mayer, A. (2017) Social capital, economic hardship, and health: a test of the buffering hypothesis in transition and nontransition countries. *Sociological Spectrum*, 37 (2): 111-126.

Mazza, E. (2015) Experiences of social work educators working with students with psychiatric disabilities or emotional problems. *Journal of Social Work Education*, 51: 359-378.

McDuff, P. (2017) Grenfell shows us there's no north/south divide. The gap is between rich and poor. *The Guardian*, 28 June 2017. Available at https://www.theguardian.com/commentisfree/2017/jun/28/grenfell-nortb-south-divide-rich-poor (accessed 28 June 2017).

McKerrell, N. (2016) *A young person's perspective*. NCB. Available at https://www.ncb.org.uk/news-opinion/news-highlights/brexit-young-persons-perspective (accessed 5 July 2017).

McNicoll, A. (2016) Sharon Shoesmith on Baby P, blame and social work's climate of fear. *Community Care*, 25 August 2016. Available at http://www.communitycare.co.uk/2016/08/25/sharon-shoesmith-baby-p-blame-social-works-climate-fear/ (accessed 30 June 2017).

Mead, G. H. (1934) *Mind, Self and Society*. Chicago, IL: Chicago University Press (山本雄二 (訳)『精神・自我・社会』みすず書房, 2021).

Meer, N. (2014) *Key Concepts in Race and Ethnicity*. London: SAGE.

Meissner, F. and Vertovec, S. (eds.) (2015) Comparing super-diversity, special issue. *Ethnic and Racial Studies*, 38: 4.

Merton, R. K. (1938) *Social structure and anomie. American Sociological Review*, 3 (5): 672-682.

Mills, C. W. (1959) *The Sociological Imagination*. New York: Oxford University Press (鈴木広 (訳)『社会学的想像力』紀伊國屋書店, 1995).

Milner, J. (2001) *Women and Social Work : Narrative Approaches*. Basingstoke: Palgrave.

Monbiot, G. (2017) Our democracy is broken, debased and distrusted, but there are ways to fix it. *The Guardian*, 25 January 2017. Available at https://www.theguardian.com/commentisfree/2017/jan/25/democracy-broken-distrusted-trump-brexit-political-system (accessed 28 January 2017).

Mooney L., Knox, D. and Schacht, C. (2016) *Understanding Social Problems*, 10th ed. Belmont, NJ: Wadsworth.

Morgan, D. (1996) *Family Connections*. Cambridge: Policy Press.

Morgan, D. (1999) Risk and family practices: accounting for change and fluidity in family life, in Silva, E.B. and Smart, C. (eds.) *The New Family*. London: SAGE.

Munro, E. (2011) *Munro Review of Child Protection: Final Report-A Child-Centred System*. CM 8062. London: The Stationery Office.

Murray, C. (1994) *Losing Ground: American Social Policy 1950-1980*. New York: Basic Books.

Muslim Council of Grear Britain (MCB) (2015) *British Muslims in Numbers: A Demographic, Socio-Economic and Health Profile of Muslims in Britain Drawing on the 2011 Census*. London: Muslim Council of Grear Britain.

Natland, S. (2015) Dialogical communication and empowering social work practice. *Journal of Evidence-Informed Social Work*, 12: 80-91.

Newman, D. M. (2009) *Families: A Sociological Perspective*. New York: McGraw-Hill.

Nozick, R. (1974) *Anarchy, State and Utopia*. Oxford: Basic Books (嶋津格 (訳)『アナーキー・国家・ユートピア——国家の正当性とその限界——』木鐸社, 1994).

NSPCC (2016) *Statistics on child abuse: how many children are abused or neglected in the UK?* Available at https://www.nspcc.org.uk/services-and-resources/research-and-resources/sraciscics/ (accessed 7 July 2017).

Orme, J. (2001) *Gender and Community Care*. Houndsmill, Basingstoke: Palgrave.

Orwell, G. (1933) *Down and Out in Paris and London*. Any unabridged edition（小野寺健（訳）『パリ・ロンドン放浪記』岩波文庫，1989）．

Orwell, G. (1937) *The Road to Wigan Pier*. Any unabridged edition（土屋宏之・上野勇（訳）『ウィガン波止場への道』ちくま学芸文庫，1996）．

Orwell, G. (1949/2013) *Nineteen Eighty-Four*. London: Penguin Modero Classics（田内志文（訳）『1984』角川文庫，2021）．

Palma-Garcia, M. and Hombrados-Mendieta, I. (2017) Resilience and personality in social work students and social workers. *International Social Work*, 60 (1): 19-31.

Parker, J. (2001) Interrogating person-centred dementia care in social work and social care practice. *Journal of Social Work*, 1 (3): 329-345.

Parker, J. (2006) Developing perceptions of competence during practice learning. *British Journal of Social Work*, 36 (6): 1017-1036.

Parker, J. (2007) Disadvantage, stigma and anti-oppressive practice, in Burke, P. and Parker, J. (eds.) *Social Work and Disadvantage: Addressing the Roots of Stigma Through Association*. London: Jessica Kingsley, pp. 146-157.

Parker, J. (2010) *Effective Practice Leaming in Social Work*, 2nd ed. London: SAGE（村上信・熊谷忠和（監訳）『これからのソーシャルワーク実習──リフレクティブ・ラーニングのまなざしから──』晃洋書房，2012）．

Parker, J. (2017) *Social Work Practice*, 5th ed. London: SAGE（（初版翻訳本）岩崎浩三・高橋利一（監訳）『進化するソーシャルワーク──事例で学ぶアセスメント・プランニング・介入・再検討──』筒井書房，2008）．

Parker, J. and Ashencaen Crabtree, S. (2014a) Fish need bicycles: an exploration of the perceptions of male social work students on a qualifying course. *British Journal of Social Work*, 44 (2): 310-327.

Parker, J. and Ashencaen Crabtree, S. (2014b) Covert research and adult protection and safeguarding: an ethical dilemma? *Journal of Adult Protection*, 16 (1): 1-12.

Parker, J. and Ashencaen Crabtree, S. (2014c) Ripples in a pond: do social work students need to learn about terrorism? *Social Policy and Social Work in Transition*, 3 (2): 50-73.

Parker, J. and Ashencaen Crabtree, S. (2016) *Ethnographic research as social work practice*. JSWEC. Open University Milton Keynes, 15 July, conference paper.

Parker, J. and Doel, M. (eds.) (2013a) *Professional Social Work*. London: SAGE.

Parker, J. and Doel, M. (2013b) Professional social work and the professional social work Identity, in Parker, J. and Doel, M. (eds.) *Professional Social Work*. London: SAGE, pp. 1-18.

Parker, J. and Randall, P.(1997) *Using Social and Psychological Theories*. London: Open Learning Foundation/BASW.

Parker, J., Ashencaen Crabtree, S., Chui, W. H., Kumagai, T., Baba, I., Azman, A., Haselbacher, C., Ashkanani, H. R. and Szto, P. (2012a) WAVE: working with adults who are vulnerable – a comparison of curricula, policies and constructions. *Revista de Asistenta Sociala*, XI (3/2012): 1-18.

Parker, J., Ashencaen Crabtree, S., Baba, I., Carlo, D. P. and Azman, A.(2012b) Liminality and learning: international placements as a rite of passage. *Asia Pacific Journal of Social Work and Development*, 22 (3): 146-158.

Parker, J., Ashencaen Crabtree, S. and Azman. A. (2016a) Treading the long path: social work education in Malaysia, in Taylor, I., Bogo, M., Lefevre, M. and Tearer, B. (eds.) *The Routledge International Handbook of Social Work Education*. London: Routledge, pp. 84-95.

Parker, J., Habib, N. and Brown, B. (2016b) *History and biography in the sociology of welfare: the importance of student fieldwork*. Available at http://blogs.bournemouch.ac.uk/research/2016/12/07/hiscocy-and-biography-in-the-sociology-of-welfare-the-imporcance-of-student-fieldwork/ (accessed 7 December 2016).

Parker, J., Ashencaen Crabtree, S., Reeks, E., Marsh, D. and Vasif, C. (forthcoming)' River! That in silence windest. 'The place of religion and spirituality in social work assessment: sociological reflections and practical implications, in Spatschek, C., Ashencaen Crabtree, S. and Parker, J.(eds.) *Methods and Methodologies of Social Work: Reflecting Professional Interventions*. London: Whiting & Birch.

Parrott, L. (2014) *Values and Ethics in Social Work Practice*, 3rd ed. London: SAGE (倉田和四生 (訳)『社会システム概論』晃洋書房，1978).

Parsons, T. (1951) *The Social System*. London: Routledge.

Payne, M. (2005) *The Origins of Social Work: Continuity and Change*. Basingstoke: Palgrave.

Payne, M. (2013) Being a social work professional, in Parker, J. and Doel, M. (eds.) *Professional Social Work*. London: SAGE, pp. 19-38.

Penhale, B. and Parker, J. (2008) *Working with Vulnerable Adults*. London: Routledge.

Perlman, H. (1957) *Social Casework*. Chicago, IL: University of Chicago Press (松本武子 (訳)『ソーシャル・ケースワーク――問題解決の過程――』全国社会福祉協議会，1966).

Pfeffer, J. and Salancik, G. R. (1978) *The External Control of Organizations: A Resource Dependence Perspective*. New York: Harper and Row.

Phillips, T., Goehing, C., Shaw, I. and Oram, J. (2010) Personalisation, support brokerage and social work–what are we teaching social work students? *Journal of Social Work Practice*, 24 (3): 335-349.

Pithouse, A. (1987) *Social Work: The Social Organisation of an Invisible Trade*. Aldershot: Ashgate.

Popple, K. (2000) *Analysing Community Work*. Maidenhead: Open University Press.

Priestley, J. B. (1945/2000) *An Inspector Calls*. London: Penguin Classics.

Prochaska, F. (2006) *Christianity and Social Services in Modern Britain*. Oxford: Oxford University Press.

Prost, S. G., Lemieux, C. M. and Ai, A. L. (2016) Social work students in the aftermath of Hurricanes Katrina and Rita: correlates of post-disaster substance use as a negative coping mechanism. *Social Work Education*, 35 (7): 825-844.

Razack, N. (2009) Decolonizing the pedagogy and practice of international social work. *International Social Work*, 52 (1): 9 -21.

Reamer, F. G. (2013) *Social Work Values and Ethics*, 4th ed. New York: Columbia University Press (秋山智久 (訳)『ソーシャルワークの哲学的基盤――理論・思想・価値・倫理――』明石書房，2020).

Richardson, H. (2017) Jamie Oliver: axing free school lunches a disgrace. BBC, 19 May 2017. Available at http://www.bbc.co.uk/oews/education-39969155 (accessed July 2017).

Rigby, L. (2017) Sure Start worked. So why is Theresa May out to kill it? *The Guardian*, 6 February 2017. Available at https://www.theguardian.com/commencisfree/2017/feb/06/sure-start-children-worked-why-theresa-may-out-to-kill-it (accessed 3 March 2017).

Ring, C. (2014) Social work training or social work education? An approach to curriculum design.

Social Work Education, 35 (8): 1101-1108.

Robbins, K. (2005) Geographies of England: the north-south divide, imagined and material. *English Historical Review*, 120 (488): 1108-1110.

Robertson Elliot, F. (1996) *Gender, Families and Society*. New York: St Martin's Press.

Romero, M. (2017) *Introducing Intersectionality*. Cambridge: Policy Press.

Rosenhan, D. L. (1973) On being same in insane places. *Science*, 179: 250-258.

Rostow, W. W. (1960) *The Stage of Economic Growth: A Non-Communist Manifesto*. London: Cambridge University Press (木村健康・他 (訳)『経済成長の諸段階——一つの非共産主義宣言——』ダイヤモンド社, 1961).

Rothman, D. and Morris, N. (1995) *Oxford History of the Prison: The Practice of Punishment in Western Society*. Oxford: Oxford University Press.

Runnymede Trust (1977) *Islamophobia: A Challenge for Us All*. London: Runnymede Trust.

Ryan, F. (2015) Death has become a part of Britain's welfare system. *The Guardian*, 27 August 2015. Available at https://www.theguardian.com/commencisfree/2015/aug/27/deach-bricains benefits-system-fit-for-work-safety-net (accessed 20 March 2017).

Ryan, L. (2011) Muslim women negotiating collective stigmatization: 'We're just normal people'. *Sociology*, 45 (6): 1045-1060.

Samson, P. L. (2015) Practice wisdom: the art and science of social work. *Journal of Social Work Practice*, 29 (2): 119-131.

Scheff, T. (1974) The labeling theory of mental illness. *American Sociological Review*, 39 (3): 444-452.

Schofield, T. (2015) *A Sociological Approach to Health Determinants*. Pore Melbourne, Australia: Cambridge University Press.

Schools Week (2016) *Free schools struggle to meet national GCSE standards*. Available at http://schoolsweek.co.uk/free-schools-struggle-to-meet-national-gcse-standards/ (accessed 1 May 2017).

Scott, A., Gilbert, A. and Gelall, A. (2007) *The Urban-Rural Divide: Myth or Reality?* Aberdeen: The Macaulay Institute.

Scott, D. (1990) Practice wisdom: the neglected source of practice research. *Social Work*, 35 (6): 564-568.

Scourfield, J. B. (2001) Constructing men in child protection work. *Men and Masculinities*, 4 (1): 70-89.

Scourfield, J. B. (2006) Placing gender in social work: the local and national dimensions of gender relations. *Social Work Education*, 25 (7): 665-679.

Scullion, L. and Brown, P. (2016) Understanding the social exclusion of Roma, in Ahmed, A. and Rogers, M. (eds.) *Working with Marginalised Groups*. London: Palgrave, pp. 70-82.

Seebohm Rowntree, B. (1901/2000) *Poverty: A Study of Town Life*, 2nd ed. Bristol: Policy Press (長沼弘毅 (訳)『貧乏研究』ダイヤモンド社, 1959).

Sheppard, M. (2012) *Social Work and Social Exclusion: The Idea of Practice*. Farnham: Ashgate.

Sherwood, H. (2017) Imams refuse funeral prayers to indefensible London Bridge attackers. *The Guardian*, 5 April 2017. Available at https://www.theguardian.com/uk-news/2017/jun/05/imams-refuse-funecal-prayers-co-indefensible-london-bridge-accackers (accessed 11 July 2017).

Shoesmith, S. (2016) *Learning from Baby P*. London: Jessica Kingsley.

Sibley, D. (1995) *Geographies of Exclusion*. London: Routledge.

Singh, G. and Cowden, S. (2013) The new radical social work professional, in Parker, J. and Doel, M.

(eds.) *Professional Social Work*. London: SAGE, pp. 81-97.

Skoura-Kirk, E., Backhouse, B., Bennison, G., Cecil, B., Keeler, J., Talbot, D. and Watch, L. (2013) Mark my words! Service user and carer involvement in social work academic assessment. *Social Work Education*, 32 (5): 560-575.

Slawson, N. (2017) Woman deported from UK despite being married to Briton for 27 years. *The Guardian*, 26 February 2017. Available at https://www.theguardian.com/uk-news/2017/feb/26/graodmother-deporced-from-uk-despite-being-married-to-briron-for-27-years (accessed 26 February 2017).

Smith, D. E. (1987) *The Everyday World as Problematic: A Feminist Sociology*. Boston, MA: Northeastern University Press.

Sodha, S. (2017) Is Finland's basic universal income a solution to automation, fewer jobs and lower wages? *The Guardian*, 19 February 2017. Available at https://www.cheguardian.com/society/2017/feb/19/basic-income-finland-low-wages-fewer-jobs (accessed 30 June 2017).

Stanford, S. (2010) 'Speaking back' to fear: responding to the moral dilemmas of risk in social work practice. *British Journal of Social Work*, 40: 1065-1080.

Stevens, S. and Tanner, D. (2006) Involving service users in the teaching and learning of social work students: reflections on experience. *Social Work Education*, 25 (4): 360-371.

Stewart, H. (2017a) Women bearing 86% of austerity burden, Commons figures reveal. *The Guardian*, 9 March 2017. Available at https://www.theguardian.com/world/2017/mar/09/women-bearing-86-of-auscericy-burden-labour-research-reveals?CMP=share_brn_link (accessed 2 August 2017).

Stewart, H. (2017b) Michael Gove mounts defence of university tuition fees. *The Guardian*, 2 July 2017. Available at https://www.cheguardian.com/policics/2017/jLtl/02/michael-gove-mounts-defence-of-university-tuition-fees (accessed 2 July 2017).

Swinford, S. (2017) Parents responsible for care of their mothers and fathers as much as their own children, minister says. *The Telegraph*, 31 January 2017. Available at http://www. telegraph. co.uk/news/2017/01/31/parents-responsible-care-elderlymorhers-farhers-much-children/ (accessed 4 February 2017).

Taylor, D. (2017) Mark Duggan shooting: court considers appeal against inquest verdict. *The Guardian*, 2 March 2017. Available at https://www.theguardian.com/uk-news/2017/mar/02/mark-duggan-shooting-court-considers-appeal-against-inquesc-verdicr (accessed 2 March 2017).

Taylor, I. and Bogo, M. (2014) Perfect opportunity- perfect storm? Raising the standards of social work education in England. *British Journal of Social Work*, 44: 1402-1418.

Teater, B. and Baldwin, M. (2009) Exploring the learning experiences of students involved in community profiling projects. *Social Work Education*, 28 (7): 778-791.

Temerlin, M. K. (1968) Suggestion effects in psychiatric diagnosis. *Journal of Mental Disorders*, 147 (4): 349-353.

Thane, P. (2010) Unequal Britain: equalities since 1945. *History and Policy*. Policy papers. Available at http://www.historyandpolicy.org/policy-papers/papers/unequal-britain-equalities-in-britain-since-1945 (accessed 12 June 2017.)

Thatcher, M. (1993) *The Downing Street Years*. London: Harper Collins (石塚雅彦 (訳)『サッチャー回顧録——ダウニング街の日々——』日経BPマーケティング，日本経済新聞社：New 版，1993).

Thomas, H. (1999) *The Slave Trade: The Story of the Atlantic Slave Trade: 1440-1870*. New York:

Simon & Schuster.

Thompson, L. J. and West, D. (2013) Professional development in the contemporary educational context: encouraging practice wisdom. *Social Work Education*, 32 (1): 118-133.

Thompson, N. (2009) *Understanding Social Work*, 3rd ed. Basingstoke: Palgrave（（初版翻訳本）杉本敏夫（訳）『ソーシャルワークとは何か──基礎と展望──』晃洋書房，2004）.

Thompson, N. (2013) The emotionally competent professional, in Parker, J. and Doel, M. (eds.) *Professional Social Work*. London: SAGE, pp. 68-80.

Thompson, N. (2016) *Anti-Discriminatory Practice: Equality, Diversity and Social Justice*, 6th ed. Basingstoke: Palgrave.

Thompson, S. (2005) *Age Discrimination*. Lyme Regis: Russell House.

Tolstoy, L. (1877) *Anna Karenina*. Any unabridged edition（望月哲男（訳）『アンナ・カレニーナ 1 - 4』光文社，2008）.

Topping, A. (2017) Woman, 89, trapped in hospital for six months despite being fie to leave. *The Guardian*, 6 February 2017. Available at https://www.theguardian.com/sociecy/2017/feb/06/woman-89-trapped-hospital-six-months-despite-fit-leave-iris-sibley (accessed 6 February 2017).

Travis, A. (2017a) UK asylum seekers housing branded disgraceful by MPs. The Guardian, 31 January 2017. Available at https://www.cheguardian.com/uk-news/2017/jan/31/uk-asylum-seekers-housing-branded-disgraceful-by-mps-yvette-cooper (accessed 1 February 2017).

Travis, A. (2017b) Prisons inspector warns of staggering declines in safety in youth jails. *The Guardian*, 18 July 2017. Available at https://www.cheguardian.com/society/2017/jul/18/youtb-jails-sraggering-decline-standards-england-wales-peter-darke-prisons-inspector-report (accessed 18 July 2017).

Travis, A. and Taylor, D. (2017) PM accused of closing door on child refugees as 'Dubs' scheme ends. *The Guardian*, 8 February 2017. Available at https://www.theguardian.com/world/2017/feb/08/dubs-scheme-lone-child-refugees-uk-closed-down (accessed 2 August 2017).

Trevithick, P. (2014) Humanising managerialism: reclaiming emotional reasoning, intuition, the relationship, and knowledge and skills in social work. *Journal of Social Work Practice*, 28 (3): 287-311.

Triggle, N. (2017a) Frail elderly people 'left to struggle alone'. BBC, 18 February 2017. Available at http://www.bbc.eo.uk/news/healch-38984925 (accessed 19 February 2017).

Triggle, N. (2017b) Life expectancy rises grinding to halt in England. BBC, 18 July 2017. Available at http://www.bbc.co.uk/news/bealth-40608256 (accessed 18 July 2017).

Turner, V. (1969) *The Ritual Process: Structure and Anti-Structure*. Chicago, IL: Adline（富倉光雄（訳）『儀礼の過程』筑摩書房，2020）.

Valadez, L. and Hirsch, D. (2016) *Child Poverty Map*. Loughborough: Centre for Research in Social Policy, Loughborough University.

van Gennep, A. (1906) *The Rites of Passage*. London: Kegan Paul（綾部恒雄・綾部裕子（訳）『通過儀礼』岩波書店，2012）.

Varoufakis, V. (2017) *And the Weak Suffer What They Must: Europe, Austerity and the Threat to Global Stability*. London: Vintage.

Vertovec, S. (2007a) Super-diversity and its implications. *Ethnic and Racial Studies*, 30 (6): 1024-1054.

Vertovec, S. (2007b) *New Complexities of Cohesion in Britain: Super-Diversity, Transnationalism ad Civil-Integration*. Wetherby: Commission on Integration and Cohesion.

Vertovec, S. (2014) *Super-Diversity*. London: Routledge.

Vize, R. (2017) Governments response co UK soaring prison suicide rate is pitiful. *The Guardian*, 5 May 2017. Available at https://www.theguardian.com/healchcare-nerwork/2017/may/05/government-response-to-uks-soaring-prison-suicide-race-has-been-pitiful (accessed 7 July 2017).

Wacker, R. and Dziobek, I. (2016) Preventing empathic distress and social stressors at work through nonviolent communication training: a field study with health professionals. *Journal of Occupational Health Psychology*, Advance Access http: sx.doi.org/10.1037/ocp0000058.

Walker, J., Crawford, K. and Parker, J. (2008) *Practice Education in Social Work: A Handbook for Practice Teachers, Assessors and Educators*. Exeter: Learning Matters.

Walker, P. (2011) Fiona Pilkington case: police face misconduct proceedings. *The Guardian*, 24 May 2011. Available at https://www.theguardian.com/uk/2011/may/24/fiona-pilkington-police-misconduct-proceedings (accessed 3 April 2017).

Warwick Digital Collections (n.d.) *To the Citizens of London*. Available at http://contentdm.warwick.ac.uk/cdm/ref/collection/tav/id/4921 (accessed 3 May 2017).

White, C., Bruce, S. and Ritchie, J. (2000) *Young People's Politics: Political Interest and Engagement Amongst 16–24 Year Olds*. York: Joseph Rowntree Foundation.

Wilkinson, R. and Pickett, K. (2010) *The Spirit Level: Why Equality Is Better/or Everyone*. London: Penguin.

Williams, C. and Graham, M. J. (2016) *Social Work in a Diverse Society: Transformative Practice with Black and Minority Ethnic Individuals and Groups*. Bristol: Policy Press.

Williams, T. (1955/2009) *Cat on a Hot Tin Roof*. London: Penguin Classics.

Williams, Z. (2017) Curs are a feminist issue, so what would suffragettes do? *The Guardian*, 13 March 2017. Available at https://www.theguardian.com/commencisfree/2017/mar/13/cucs-feminist-issue-suffragette-austerity? CMP=share_btn_link (accessed 2 August 2017).

Wilson, K., Ruch, G., Lymberry, M. and Cooper, A. (2008) *Social Work: An Introduction to Contemporary Practice*. Harlow: Pearson Longman.

Wicz, A. (1992) *Professions and Patriarchy*. London: Routledge.

WynJones, R. (2016) Why did Wales shoot itself in the foot in this Referendum? *The Guardian*, 27 June 2016. Available at https://www.theguardian.com/commentisfree/2016/jun/27/wales-referendum-remain-leave-vote-uk-eu-membership (accessed 3 January 2017).

Zabat–Zinn, J. (2013) *Full Catastrophe Living: Using the Wisdom of Books Your Mind and Body to Face Stress, Pain and Illness*. New York: Random House.

Zizek, S. (2011) Shoplifters of the world unite! London Review of Books Online, 11 August 2011. Available at https://www.lrb.co.uk/2011/08/19/slavoj-zizek/shopliftecs-of-che-world-unite (accessed 13 July 2017).

人名索引

〈ア 行〉

アクター（Ahktar, F. N.）　132
アグニュー（Agnew, R.）　69
アフサン（Ahsan, S.）　94
アフマド（Ahmed, S.）　17, 23
アリストテレス（Aristotle）　128
アンダーソン（Anderson, M.）　23
アンデルセン（Esping-Andersen, G.）　99
イーガン（Egan, G.）　147, 157
イリイチ（Illich, I.）　169
ヴァン・ジェネップ（van Geneep, A.）　83
ウィッツ（Witz, A.）　168
ウェッブ（Webb, S. A.）　133
オーウェル（Orwell, G.）　46, 58, 107
オーム（Orme, J.）　99
オケ（Okech, D.）　199
オリバー（Oliver, J.）　105

〈カ 行〉

カーン（Sadiq Khan, S.）　227
カチュージンスク（Katiuzhinsky, A.）　199
ガルバーニ（Galvani, S.）　45
カルバン（Karban, K.）　171
ギャスケル（Gaskell, E.）　38
キャメロン（Cameron, D.）　104
クーパー（Cooper, K.）　100
グッデヤ（Goodyer, A.）　140, 215
クライン（Klein, W. C.）　174
クラウダー（Crowder, R.）　182
クラブツリー（Crabtree, A.）　58, 59, 142
グリア（Greer, J.）　180
クリフォード（Clifford, D.）　96
クリル（Krill, D.）　174
グレイ（Gray, M.）　133
クレンショー（Crenshaw, K.）　23

〈サ 行〉

ケーブル（Cable, V.）　105
孔子　96
ゴーブ（Gove, M.）　101
コクレーン（Cochrane, K.）　117
コプロフスカ（Koprowska, J.）　147, 152
コリンズ（Hill Collins, P.）　23

サーンハム（Thurnham, A.）　45
サランチク（Salancik, G. R.）　166
シアーズ（Sears, A.）　182
シェフ（Scheff, T.）　73
ジョーンズ（Johns, T.）　192
ジョンソン（Johnson, T.）　167
スタンフォード（Stanford, S.）　216
スチュアート（Stewart, K.）　100
スミス（Smith, S.）　171
セイン（Thane, P.）　117

〈タ 行〉

ダブス（Dubs, A.）　49
ダン（Donne, J.）　228
チェン（Cheung, S. O-N.）　173
チェンバレン（Chanlain, N.）　49, 66, 71
チャーマーズ（Chalmers, T.）　39
デイヴィース（Davies, J.）　90
ディケンズ（Dickens, C.）　36, 133, 239
ディビッチ（Dybicz, P.）　174
デュルケム（Durkheim, E.）　63, 64, 66, 167
デューイ（Dewey, J.）　66
ドミネリ（Dominelli, L.）　21
トルストイ（Tolstoy, L.）　53
トンプソン（Thompson, N.）　20, 21, 122, 172

〈ナ 行〉

ナッシュ（Nash, M.）　147

ナットランド（Natland, S.） 155

〈ハ 行〉

パーカー（Parker, J.） 41, 84, 141
ハーギー（Hargie, O. D. W.） 147
バージェス（Burgess, H.） 215
パーソンズ（Parsons, T.） 63-65
ハーディー（Hardy, T.） 36
バートベック（Vertovec, S.） 24, 25
バーナード（Bernades, J.） 79
ハーバーマス（Habermas, J.） 156
バーリン（Berlin, I.） 232
ハグマン（Hugman, R.） 171
バフチン（Bakhtin, M.） 155
パロット（Parrott, L.） 133
バンクス（Banks, S.） 132
ハンナ（Hannna, S.） 147
ヒースリップ（Heaslip, V.） 55
ヒギンズ（Higgins, M.） 140, 215
ヒューストン（Houston, S.） 156
ビルジ（Bilge, S.） 23
ファーガソン（Fergusn, I.） 22
ファルチ（Farchi, M.） 182
ブース（Charles Booth, W.） 39
フック（Fook, J.） 23
プフェファー（Pfeffer, J.） 166
プラント（Plant, R.） 232
ブルーマー（Blumer, H.） 66
ブルーム（Bloom, M.） 174
ブルデュー（Bourdieu, P.） 25, 67, 76
フレッチャー（Fletcher, J.） 130
プロハスカ（Prochaska, F.） 39
ペイン（Payne, M.） 34
ベケット（Beckett, C.） 133
ベッカー（Becker, H.） 72, 73

ベンサム（Bentham, J.） 126
ボルドウィン（Baldwin, S.） 50

〈マ 行〉

マードック（Murdoch, G. K.） 65
マートン（Merton, R. K.） 63, 64, 67, 69
マクドナルド（Macdonald, K. M.） 168
マッカレル（Mckerrell, N.） 105
マルクス（Marx, K.） 74
ミード（Mead, G. H.） 66
ミール（Meer, N.） 23
ミルズ（Mills, C. W.） 118
メイ（May, T.） 49, 94, 104
モーガン（Morgan, D.） 79
モンビオ（Monbiot, G.） 103

〈ヤ 行〉

ユーゴー（Hugo, V.） 55
ユンケル（Jucker, J.-C.） 105

〈ラ 行〉

ライアン（Ryan, L.） 59
ラウントリー（Seebohm Rowntree, B.） 39
ラファレット（Lavalette, M.） 22
リー（Lee, L.） 46
リーマ（Reamer, F. G.） 133, 215
リプスキー（Lipsky, M.） 169
ルフェーベル（Lefevre, M.） 147
レマート（Lemert, E.） 72
ローゼンハン（Rosenhan, D. L.） 73
ローチ（Loach, K.） 94
ロジャース（Rogers, M.） 17, 23
ロストウ（Rostow, W. W.） 166
ロメロ（Romer, M.） 22

事 項 索 引

＜アルファベット＞

MENCAP　44
PCF　29, 61, 87, 211, 215, 225

〈ア 行〉

愛国的行進　104
アイロニー　215, 234
アノミー　66, 67
閾　26, 83
　――にあるソーシャルワーカー　84
生き残り強さ　230
イギリス検察庁（CPS）　44
移行　83
イスラム教徒　53, 57, 58
イスラム恐怖症　56, 58
一次的逸脱　72
逸脱した適応　68
逸脱者　32, 33, 69, 71, 72
逸脱理論　xxi, 63, 66
一匹狼専門職　31
医療と社会的ケアの一枚岩　95
院外救済　35, 36
英国王立動物虐待防止協会（RSPCA）　37
エイジズム　22
王立救命艇協会（RNLI）　37
オーガニゼーション　38

〈カ 行〉

回転ドア　45
回復力　137, 162, 177, 180, 184
学習された無力　107
学習障害　42, 44-46
活動的感覚　81
下部構造　74
関係崩壊　46

観察者　80, 81
感情移入反応（感情移入アプローチ）　32,
　213, 227
完璧な嵐　96
機械的連帯　63
規則的感覚　81
機能主義的アプローチ　xxi, 63, 65, 66, 167
義務論　125, 126, 129
急進的ソーシャルワーク　108
救世軍　38, 39
救貧法　35
　新――　36, 241
キリスト教青年会（YMCA）　37
儀礼的過程　83, 84
緊縮政策　89, 90, 93, 94, 100, 203, 213
キンダートランスポート　49, 50
クリンビー調査　25
グレンフェル・タワー火災　199, 227, 228,
　238
グローバル定義（2014）　xvii, 108, 194
ケア基準法　42, 177, 190
経済的疎外　74
警察苦情処理委員会　43
ケインズ学派　90
ケースワーク　21
ゲートキーパー　32
健康管理手帳（CHC）　218, 223, 227
交差性（インターセクショナリティ）　4, 17,
　23, 115, 124
国民医療サービス（NHS）　40
公民権運動　xvii, 117
功利主義的/帰結主義的アプローチ　126
高齢認知症虚弱混合ユニット（EMI）　97, 217
五巨頭　40
国際ソーシャルワーカー連盟　xvii, 108, 205
国際ダブリン規約　47, 48

国民投票　xvi, 14, 103-105, 210

個人的・文化的・社会的（PCS）モデル　20, 135

こまめな省察　86

コミュニティワーク　50

雇用支給給付（ESA）　94

コンプライアンス　31, 220

コンフリクト理論　xxi, 63

〈サ 行〉

再帰的省察　83

搾取　74, 177, 182

差別　17, 114, 117, 122, 136, 192, 193, 198

サポート仲介者　220

ジェノサイド　56

シカゴ社会学学派　66

自己成就予言　66

自己の活用　143, 159

システム思考　63

慈善救済物乞い抑制組織協会　38

慈善組織協会（COS）　38

実践知　xxii, 162, 172-175, 184, 194, 204, 230

児童虐待防止協会（NSPCC）　38

支配的儀式　72

支配のマトリクス　23

ジハード聖戦者　57

資本主義システム　74

市民権　xv

社会学的方法の規準　67

社会規範　8, 72, 230

社会空間的周縁化　13

社会的規則　66, 72

社会的行為者（当事者）　80, 81

社会的実体　78

社会的世界　6, 71, 73

社会の疎外　214

社会的不公正　228

社会的不利　xiii, xiv, 4, 5, 9, 10, 27, 63, 114, 115, 136

社会的連帯　63

社会福祉課　97, 98

社会民主主義レジーム　99

シュア・スタート　100

周縁化　xiii, xiv, 4, 11, 12, 27, 63, 98, 115, 121, 122, 183, 195, 198, 211

宗教の自由主義　57

収集癖　231

自由主義レジーム　99

集団的スティグマ化　59

重度障害給付（SDA）　94

就労不能手当（IB）　94

障害者手当金（DLA）　91

障害者福祉給付（PIP）　90

状況倫理　129, 130, 199

消極的自由　232, 233

省察的アプローチ　xxiii, 124

常習的貯蔵人　229

上部構造　74

勝利至上主義プロパガンダ　105

職業　102

人権アプローチ　196, 203

人権法　114, 192, 195, 198, 201

新自由主義　11, 101, 222

人種差別　110, 124, 154

新植民地主義　xix

シンボリック相互作用論　66, 71

スピナームランド制　35

政治の周縁化　14, 103

政治的ソーシャルワーカー　209

脆弱性　41, 42, 162, 178-180, 184

精神分析学的ケースワーク　xvii

性の周縁化　15

制度的人種差別　55, 154

積極的自由　232, 233

セーフガード　215

選挙権　xiv

全国児童虐待防止協会（NSCPP）　101

専門職　xviii, xx, 9, 31, 33, 41, 45, 80, 99, 102, 108, 140, 162-165, 167-174, 184, 199, 203, 224, 229

──アイデンティティ　172

相対的貧困　51

疎外　74

ソーシャルケースワーク　38

ソリシター　98

〈タ　行〉

大衆教育　102

ダブススキーム　49

仲介者　220

抽象的機関　80

超多様性（スーパーダイバーシティ）　4, 24, 25, 115, 124, 149

地理的周縁化　13, 14

通過儀礼　83

　──とリミナリティ　82, 83

統合　83

逃避　68, 69

ドクサ　26, 76

独立系機関　222

徳倫理　128, 129, 131

トラッセルトラスト　50, 51

トーリー党　52, 101

〈ナ　行〉

難民　14, 47-49, 72, 76, 77, 121, 123, 124, 159, 195, 241

二次的逸脱　72

日常感覚的　81

日常生活実践　76, 79

ニーモニック（SOLER）　157

人間の苦悩　34

ネオリベラル主義　91, 239

ネグレクト　50, 100

〈ハ　行〉

媒介者　220

バーナードホーム　38

ハビトゥス　26, 76, 77

反抗　68

犯罪仲間　44

反差別の実践（トンプソンの七つのポジティブ・ステップ）　122

反人種差別主義　22

反精神医学学派　73

反抑圧的実践　21, 22, 26, 27

非異性家族　65

非言語コミュニケーション　155

ひずみ理論　xxi, 63, 66, 67, 69

非政府機関　32

非西洋哲学的アプローチ　131

ビバレッジ報告書　37

批判的人種理論と反人種差別ソーシャルワーク　115, 207, 224, 227

平等法　8, 15, 64, 117, 119, 124, 192, 193, 201-203, 210

病人役割理論　65, 73

貧困　xvii, xxi, 9, 11, 30, 34, 36, 38, 39, 50, 51, 240

ファウスト的衝動　110

ファウルライン　31

フェイススクール　106

フェミニスト　22, 58, 99, 129, 209

福祉制度と結びつく死　94

福祉レジーム論　98

不公平　6, 10, 202, 237

不法移民　207

ブライドウエル拘置所　36

プリベントプログラム　58, 77

ふるまい　76

フレイル　214

ブレグジット（Brexit）　91, 103, 104, 227

プロフェッショナリズム　161, 165

文化的仲介者　218

分離　83

ヘイトクライム　43

ベヴァリッジの福祉国家　40

ベバリッジビジョン　89

弁証法的展開　83

包括的組織　224

亡命者　46, 72

保守主義レジーム　99
保守党　xvii, 89, 95, 106

〈マ　行〉

マージナリア　15, 16
マルキストアプローチ　22
マレーシア非政府組織　84

〈ヤ　行〉

有機的連帯　63
優生集団の規範　55
抑圧　17, 122, 124

〈ラ　行〉

ラディカルソーシャルワーク　22
ラベリング理論　xxi, 63, 66, 69, 71, 77

ラミニードトラスト　58
欄外　11, 12, 16
利害関係者　221
リミナル　84, 85
流動的感覚　81
流浪民　55
倫理的ジレンマ　xxiii, 235
歴史と伝記の連結化　81
連結感覚　81
連続する性向　76
労働党　xvii, 11, 14, 95, 101, 104, 110
労働無能力　35
労働力のある貧民　35, 36
路上生活者　46, 72
ロマジプシー移動集団　53-56, 214

《訳者紹介》

熊谷忠和（くまがい ただかず）［序論，第1章，第2章，第3章，第4章，第9章，第10章］
龍谷大学大学院社会学研究科博士課程（後期）単位取得満期退学，九州保健福祉大学
にて博士（社会福祉学）取得．
現在，日本医療大学総合福祉学部ソーシャルワーク学科教授．
主要業績
『ソーシャルワークの固有性を問う——その日本的展開をめざして——』（共編著），
　　晃洋書房，2005年．
"WAVE: Working with Adults who are Vulnerable—A comparison of Curricula,
　　Policies and Constructions"（共著），*Revista de Asisteata Sociala, anul XI*, pp.
　　1-18, 2012.
『ソーシャルワークの方法とスキル——実践の本質的基盤——』（共監訳），みらい，
　　2016年．
『多面的視点からのソーシャルワークを考える——研究と実践をつなぐ新たな整理
　　——』（共編著），晃洋書房，2016年．

植田嘉好子（うえだ かよこ）［第5章，第6章，第7章，第8章］
大阪大学人間科学部卒業後，JA兵庫南生活福祉課勤務を経て，川崎医療福祉大学大
学院修士・博士課程修了，博士（医療福祉学）．
現在，川崎医療福祉大学医療福祉学部医療福祉学科准教授．
主要業績
『ボランティア教育の現象学——他者支援を教えるとは何か——』文芸社，2011年．
『質的研究のための現象学入門——対人支援の「意味」をわかりたい人へ——（第2版）』
　　（共著），医学書院，2013年．
『多面的視点からのソーシャルワークを考える——研究と実践をつなぐ新たな整理
　　——』（共著），晃洋書房，2016年．

社会的つながりの弱い人々への ソーシャルワーク

2025年4月10日　初版第1刷発行		＊定価はカバーに 表示してあります

著　者	J．パーカー S．A．クラブトゥリー
訳　者	熊　谷　忠　和 植　田　嘉好子
発行者	萩　原　淳　平
印刷者	河　野　俊一郎

発行所　株式会社　晃　洋　書　房

〒615-0026　京都市右京区西院北矢掛町7番地
電　話　075(312)0788番（代）
振替口座　01040-6-32280

装丁　㈱クオリアデザイン事務所　　印刷・製本　西濃印刷㈱
ISBN 978-4-7710-3872-1

JCOPY 〈㈳出版者著作権管理機構　委託出版物〉
本書の無断複写は著作権法上での例外を除き禁じられています．
複写される場合は，そのつど事前に，㈳出版者著作権管理機構
（電話 03-5244-5088，FAX 03-5244-5089，e-mail:info@jcopy.or.jp）
の許諾を得てください．